全媒体运营教程

QUANMEITI
YUNYING JIAOCHENG

全媒体专业教材编委会　编
湖北省网络视听协会　组编

华中科技大学出版社
http://press.hust.edu.cn
中国·武汉

图书在版编目（CIP）数据

全媒体运营教程 / 全媒体专业教材编委会编；湖北省网络视听协会组编 . -- 武汉：华中科技大学出版社，2024.1
ISBN 978-7-5680-9603-4

Ⅰ.①全… Ⅱ.①全… ②湖… Ⅲ.①传播媒介—运营管理—教材 Ⅳ.① G206.2

中国国家版本馆 CIP 数据核字（2024）第 016676 号

全媒体运营教程　　　　　　　　　　　　　　　　　　全媒体专业教材编委会　编
Quanmeiti Yunying Jiaocheng　　　　　　　　　　　湖北省网络视听协会　组编

策划编辑：曾　光

责任编辑：姜雯霏

封面设计：小徐书装

责任监印：朱　玢

出版发行：华中科技大学出版社（中国·武汉）　　电话：（027）81321913
　　　　　武汉市东湖新技术开发区华工科技园　　邮编：430223

印　　刷：武汉市科华包装印刷有限公司

开　　本：787mm×1092mm　1/16

印　　张：15.5

字　　数：270 千字

版　　次：2024 年 1 月第 1 版第 1 次印刷

定　　价：49.00 元

本书若有印装质量问题，请向出版社营销中心调换
全国免费服务热线：400-6679-118　　竭诚为您服务
版权所有　侵权必究

全媒体专业教材
编委会

总 顾 问：罗建辉　于慈珂　岑　卓　沈　涛　王瀚东
顾　　问：姜公映　王正中　邓秀松　何志武　代志武　郭小平
　　　　　曾　光
编委主任：沈　涛　陈志义　阮　瑞
编　　委（按姓氏笔画）：
　　　　　丁兰兰　万君堂　王　娟　王　婷　王　鹤　王世勇
　　　　　王兆楠　冉　军　代志武　代媛媛　朱永胜　向　东
　　　　　刘立成　刘蓓蕾　闫　萍　许翠兰　阮　瑞　孙喜杰
　　　　　李　华　李汉桥　吴俊超　吴海燕　岑　卓　邹旭化
　　　　　沈　涛　张　冲　张　静　张凌云　陈　威　陈　瑛
　　　　　陈志义　范文琼　林庆明　易柯明　周泯君　屈定琴
　　　　　洪　维　秦　贻　徐志清　席　静　黄　亮　黄　磊
　　　　　常志良　斛玉娟　望海军　董松岩
总 主 编：陈志义　吴俊超
本册主编：李汉桥
副 主 编：吴俊超　邹旭化

序　言

无处不在无人不用的全媒体

二十世纪初期以来，"全媒体"一词被国内外学者、媒体从业者广泛传播与应用。大批研究者就全媒体在网络科技与新闻信息传播、媒介运营管理等方面的理论和应用展开了研究，但对其概念的界定尚未形成统一认识。"全媒体"一词源自美国的MSO公司，涉及报纸、杂志、电台、电视、网站等多种媒体类型。结合国内外业界、学界对"全媒体"概念的研究，我们可以将全媒体概括为泛媒体化的媒介形态，把其定义为：全媒体是在信息通信技术和媒介数字化智能化的推动下，综合运用文字、图片、音频、视频等媒介资源，整合各类生产要素，融合形成的形态多样、互动便捷、传播立体的媒体形态。

一、全媒体发展历程

1994年，中国正式接入国际互联网，部分民众通过拨号上网方式获取网站资讯。其后几年，网络媒体以其海量讯息和互动交流的特色获得用户青睐。伴随着互联网的广泛运用，逐步出现了网络视听节目，虽然受网络传输速度的影响，观看体验不佳，但这种图文+视频的网络新媒体形态仍然得到了越来越多人的认可。全媒体的发展大致经历了以下三个阶段。

（一）2G网络时代，视频网站媒体形态登上历史舞台

进入新千年后，很多互联网公司试水网络视频播放业务，例如新浪、搜

狐、网易、互联星空等，由于网络点播卡顿，视频消费以下载到本地观看为主。2005年2月15日，美国视频网站YouTube上线，以视频分享服务作为其运营定位，受到全球网民追捧，迅速发展为影响力甚广的视频网站，其运营模式被中国视频网站广为借鉴。

  在此前后，国内的土豆网、56网、PPTV、PPS网络电视、酷6网、优酷网等视频网站相继出现，并确立了各自发展的侧重点。土豆网、56网主要定位为视频分享，视频内容以用户上传为主。PPS网络电视、PPTV则运用P2P技术定位为网络电视客户端。酷6网聚焦用户生成内容模式，内容涵盖影视节目及自拍网播剧等。优酷网借鉴YouTube的视频分享模式，打造"快速播放、快速发布、快速搜索"的平台特性。

  以上各大视频网站的发展侧重点虽然不同，但不管是采用视频分享模式还是作为网络视频客户端，这些视频网站大多没有自行生产内容的能力，所播放的网络视听节目的主要来源依然是电视台的节目和其他一些影视作品。在此阶段，这些网站通常采取的方式是对视频进行拆条、二次加工后于电脑端播放。借助网络的即时性、传播速度快、受众年轻化等特点，广播电视节目得以扩大受众群体，延伸传播路径。

（二）3G网络时代，视频制作大众化、普及化

  随着网络传输效率快速提升，各类网络视频平台如雨后春笋般涌现出来，如暴风影音、腾讯视频、爱奇艺等。通过网络下载或在线观看视听节目，成为当时公众新的、普遍的娱乐方式，成为上网用户使用最多的服务之一。

  2007年8月8日，北京奥运会倒计时一周年，优酷网借此契机正式揭幕"优酷狂拍客！中国一日24小时主题接力"主题活动。优酷网在视频行业首次提出"拍客无处不在"的理念，提倡每个人都当拍客，通过参与活动的拍客达人们的精彩演绎，充分彰显"拍客视频时代"的标签内涵。此类活动也推动了网络视听节目草根化、大众化，为更多人所接受。

  这一阶段，随着摄像机的小型化，数码摄像机在家庭普及，越来越多的人化身为拍客，将所摄制的视频上传至网络平台。民众由网络视听节目的观看者

转换为主动制作者、参与者,这使得网络视听节目的受众群体进一步扩大,网络新媒体内容更接地气。

(三)4G/5G 网络时代,视频传播移动化、碎片化

网络通信技术的发展催生了智能手机的迅速普及,2013 年底,TD-LTE 牌照发放至三大网络运营商,开启 4G 网络商用时代。2014 年始,4G 智能手机、平板电脑及各类 App 得到广泛运用,使得网络视听节目更加深入大众生活。

2020 年 5G 通信技术落地推广,5G 手机及智能可视设备再次发力,视频平台多样化,网络直播风靡一时,短视频爆火。人们通过各种移动终端移动观看各种视频,各类媒体平台呈现出数量海量化、内容精品化、时长碎片化、观影移动化等特点。这一阶段,抖音、快手、爱奇艺、腾讯视频、bilibili、斗鱼等全民参与的视频终端平台繁荣发展。

总的来说,网络视听节目的发展受生产力发展水平、科学技术水平,尤其是信息通信技术水平的制约和影响,在不同阶段呈现不同发展趋势和特点,并推动各类媒体融合发展。网络新媒体从移植报刊文章、电视节目、影视剧转变到成为人们创作、表达的工具,活跃的网络视听节目用户则实现了从"看客""拍客"到"自媒体"的角色转换。人们在纸媒、广播、电视、户外电子屏、网络新媒体等汇集而成的"信息塔"式全媒体矩阵中自由遨游。

二、全媒体的未来发展

5G 时代的传输技术推动全媒体长足发展,新的发展趋势将颠覆现有媒体使用方式、带来沉浸式体验和场景化、便利化的交互方式,甚至可能出现以非语言或触摸指令进行传播的媒体新模式,摆脱终端屏幕的束缚,传播资源也会愈加丰富。在个性化需求彰显的时代,传播者需要以一种不同于传统行为主义、功能主义的新思路来思考消费者的个性特征与主观心态。

"推动媒体融合发展、建设全媒体成为我们面临的一项紧迫课题。"2019年 1 月 25 日上午,习近平总书记在主持中共中央政治局集体学习时强调,要做大做强主流舆论,巩固全党全国人民团结奋斗的共同思想基础,为实现"两

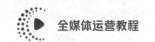

个一百年"奋斗目标、实现中华民族伟大复兴的中国梦提供强大精神力量和舆论支持。

全媒体不断发展，出现了全程媒体、全息媒体、全员媒体、全效媒体，信息无处不在、无所不及、无人不用，使得舆论生态、媒体格局、传播方式发生深刻变化，新闻舆论工作面临新的挑战。

为使主流媒体具有更加强大的传播力、引导力、影响力、公信力，形成网上网下同心圆，使全体人民在理想信念、价值理念、道德观念上紧紧团结在一起，让正能量更强劲、主旋律更高昂，加快推动媒体融合发展，形成形态多样、互动便捷、传播立体的全媒体，是我国传媒业界、学界需要研究和实践的重要任务。

（一）全媒体融合发展是趋势和规律

坚持导向为魂、移动为先、内容为王、创新为要，在体制机制、政策措施、流程管理、人才技术等方面加快融合步伐，建立融合传播矩阵，打造融合产品。要坚持一体化发展方向，加快从相加阶段迈向相融阶段，通过流程优化、平台再造，实现各种媒介资源、生产要素有效整合，实现信息内容、技术应用、平台终端、管理手段共融互通，催化融合质变，放大一体效能，打造一批具有强大影响力、竞争力的新型主流媒体。

（二）推动全媒体向纵深发展

融合发展全媒体不仅仅是新闻单位的事，还要把新闻单位、科技企业、政府部门所掌握的社会思想文化公共资源、社会治理大数据、政策制定权的制度优势转化为巩固壮大主流思想舆论的综合优势。首先，做好顶层设计，打造新型传播平台，建成新型主流媒体，扩大主流价值影响力版图，让党的声音传得更开、传得更广、传得更深入。其次，全媒体传播要在法治轨道上运行，对传统媒体和新兴媒体实行一个标准、一体管理。再次，主流媒体要承担正确引导社会舆论的主体责任，准确及时发布新闻消息，为其他合规的媒体提供新闻信息来源，要全面提升技术治网能力和水平，规范数据资源利用，防范大数据等新技术带来的风险。

（三）全媒体发展需要深入开展理论研究和实践探索

党的二十大报告指出，加强全媒体传播体系建设，塑造主流舆论新格局。进入新发展阶段，全媒体纵深发展需要在实践形式、创新手段和传播方式上寻求突破，在全媒体时代做强主流、占据主导，牢牢掌握舆论场上的主动权、话语权，贯彻新的发展理念，构建新的发展格局。要想在多元中立主导、在多样中谋共识、在多变中把方向，更好地发挥舆论压舱石、社会黏合剂、价值风向标的作用，让正能量更强劲、主旋律更高昂，需要深入开展理论研究和实践探索，进一步推动全媒体传播力、引导力、影响力、公信力再上新台阶。

结合湖北省高校众多、学者云集的优势，湖北省网络视听协会联合高校学者和知名文化传媒专家，编写了这套全媒体专业教材。教材包括《全媒体运营教程》《全媒体营销教程》《全媒体信息审核教程》《全媒体动画片基础教程》《网络视听内容创作教程》。

本套全媒体专业教材涉及全媒体运营、视频制作、信息审核、动画片基础、直播带货等内容，教材中列举了经典案例与名师评析，指导高校培养全媒体人才，提升在校大学生的知识水平及实践能力，服务大学生就业创业，服务整个全媒体行业。

陈志义　吴俊超
2023 年 3 月

目　　录

第一章　全媒体概述 … 1
　第一节　何谓全媒体 … 3
　第二节　全媒体的特点 … 7
　第三节　全媒体的要求 … 14
　思考题 … 16

第二章　全媒体运营的要素与形态 … 17
　第一节　全媒体运营概述 … 17
　第二节　全媒体运营要素与形态 … 19
　第三节　全媒体运营的主体 … 25
　思考题 … 27

第三章　全媒体运营人才的要求 … 28
　第一节　全媒体运营者的职业素养 … 29
　第二节　全能型人才的要求 … 34
　思考题 … 39

第四章　全媒体运营方式 … 41
　第一节　内容运营 … 42
　第二节　活动运营 … 57
　第三节　社群运营 … 59
　第四节　粉丝运营 … 62
　第五节　数据运营 … 68
　思考题 … 72

第五章　全媒体运营与媒体融合发展 … 73
　第一节　主流媒体融合发展概述 … 73
　第二节　全媒体融合的技术创新与服务职能 … 77

第三节　案例分析 ……………………………………………… 84
　　思考题 …………………………………………………………… 89

第六章　全媒体运营策划 …………………………………………… 90
　　第一节　运营策划的常用思维 …………………………………… 90
　　第二节　全媒体运营的流程 ……………………………………… 94
　　第三节　全媒体运营的策略 ……………………………………… 101
　　思考题 …………………………………………………………… 104

第七章　微信、微博自媒体的运营 ………………………………… 105
　　第一节　微信的运营 ……………………………………………… 106
　　第二节　微博的运营 ……………………………………………… 157
　　思考题 …………………………………………………………… 172

第八章　移动客户端 App 的运营 …………………………………… 173
　　第一节　App 的运营推广 ………………………………………… 174
　　第二节　App 的类型与盈利模式 ………………………………… 183
　　第三节　实践操作 ………………………………………………… 188
　　思考题 …………………………………………………………… 193

第九章　网络视频平台运营 ………………………………………… 194
　　第一节　网络视频的运营推广 …………………………………… 194
　　第二节　网络视频的发展与盈利模式 …………………………… 200
　　第三节　实践操作 ………………………………………………… 209
　　思考题 …………………………………………………………… 213

第十章　其他新媒体的运营 ………………………………………… 214
　　第一节　自媒体运营 ……………………………………………… 214
　　第二节　二维码运营 ……………………………………………… 218
　　第三节　知识运营 ………………………………………………… 223
　　思考题 …………………………………………………………… 230

参考文献 ……………………………………………………………… 231

第一章　全媒体概述

【目标】

通过本章的学习，使学生了解全媒体的基本概念及发展历程；使学生掌握四全媒体的特点和要求，了解融合媒体下的四全媒体和传统媒体、新媒体的区别；使学生从全媒体的发展趋势中提高对全媒体的认知。

2019年1月25日，中共中央政治局在人民日报社就全媒体时代和媒体融合发展举行集体学习，强调要坚持马克思主义在意识形态领域指导地位的根本制度，站在党和国家事业发展全局的高度，推动媒体融合发展，为建设"四全媒体"传播体系指明了前进方向。

在当今的互联网时代，人们的生产生活已经越来越离不开各种外在的媒介（随着自媒体概念的兴起，甚至可以说人本身也是一种媒体），故而在正式论述所谓全媒体这一概念之前，我们有必要先厘清几个基本关键词。

一、媒体

加拿大媒体学者麦克卢汉曾提出一个有趣的问题："生活在水中的鱼儿能否感知到自己是湿的呢？"答案是不言而喻的，只有当鱼儿来到陆地上，它才能以知道自己"干了"的形式反推出（我们先假设它有这样的逻辑思维能力）自己以前在水中是湿的。

媒体是人的感官或者感觉的延伸。印刷生产的纸质媒介，如报纸、期刊等是人的视觉的延伸，广播节目等是人的听觉的延伸，电视、电影等则是人的综合感官的延伸。人们能接受到多少种形式的感官刺激，就意味着同时处于多少种传播媒体的影响之下。这些媒体曾经以一种异于第二者的形式独自发挥着自己"不可代替"的传播媒体效力，如报纸就必然使用"某某社讯""某某报讯"，电视新闻就必然使用"本台消息"，诸如此类。

媒体又或可称为大众传媒、大众媒介，它是对以大规模的方式运作，在或多或少的程度上，能够触及并影响社会中每一个人的传播方式的简称，包括我们熟悉的书籍、报纸等传统媒体，以及互联网、手机等新兴媒体。目前这些大众媒体在以一种肉眼可见的速度，或主动或被动地开展着全面融合的进程。这方面做得比较好的，即全媒体化进程走在前列的，就有前身为《东方早报》的上海报业集团全媒体新闻资讯平台"澎湃新闻"项目，关于它的详细情况容后再叙。

二、媒体场

可以不夸张地说，我们每一个人生来即接收着各方媒介传递来的信息：呱呱坠地后父母的一言一行，步入学堂后阅读的书籍资料，踏入社会后获取的各种信息……莫不如是！为了跨过所谓的信息鸿沟、数字鸿沟，我们必须从周身环绕着的媒体场中撷取到我们所应该、所需要、所必须知道的信息。到底是我们在运用媒介进行日常的生产生活，还是媒介（们）在媒介化我们呢？这是个值得我们媒体运营人深思的问题。

大众媒体所呈现给我们每一个人的关于这个世界的样貌，不仅是它对现实世界的客观反映，更是它对这个世界进行的一种有目的、有导向的建构。对于个人来讲，我们在一定程度上有必要了解它是如何建构这个世界，以及如何在建构这个世界并呈现给我们的同时施加影响于其上的；对于我们全媒体运营者而言，则更有必要学习并把握其中的运行规律与操作技巧。

三、媒体文本

一条信息的表现形式将极大地影响我们对任何媒介文本的解码和理解方式。在媒体融合的大背景下，各种媒体文本的呈现形式并非单一的，相应地，其产生的传播效用也是相互作用的。

同样是发布一条关于"蚂蚁集团被央行约谈"的消息，公众号"新金融洛书"（2021年4月12日）以近乎连篇累牍的形式，图文并茂地向其订阅用户介绍了这一情况，而微博账号"新浪科技"（2021年4月12日）仅用了一张图及一个200字以内的梗概加以说明。不难看出，仅仅是两微一端里的微信公众平台与新浪微博，对同一件事就有两种相差不可谓不大的媒体文本形式：一个求细而全，要求基本面面俱到；一个求快而简，以彰显其即时性、新鲜性。

这无疑给了我们全媒体运营者一个至关重要的启发：媒体会融合也必将融合，

但我们目前应充分认识到各个媒体之间的差异性，用不同的平台编辑符合平台传播特点的媒体文本信息，才能发挥出全媒体运营的威力——而不是同一条媒体文本分不同平台发出而已。全媒体运营的关键之处即在于此。

全媒体运营过程中的重要一环是以手机为第一媒介（媒体）的网络视听新媒体的运营，然而新媒体却并非一个"新"概念。新媒体是一个相对概念，与之相对的自然是"旧媒体"，即可理解为以报刊、广播、电视为代表的传统媒体。讲到媒体融合，势必谈及新旧媒体的一些基本问题，那让我们先对所谓传统媒体做一个简单了解。

第一节　何谓全媒体

传统媒体并非无根之水、无本之木，不言而喻，它自脱胎便大放光彩，即便现如今在其"式微"之时，仍在骄傲地发挥作用。传统媒体大致可分为印刷媒体（书籍、报纸、杂志）和视听媒体（广播、电视、电影）两部分。

一、印刷媒体

不消说外国，单论本国的书籍发展历史，我们也不难发现这一人类进步的阶梯的媒介形式，从甲骨、金石、竹木、缣帛到纸一路发展而来。书籍对人类实现信息的体外记录、保存和传播可谓居功至伟，其书写符号（即文字）、知识内容、物质载体，至今还在为我们所灵活运用以传播基本的信息，它是最重要的印刷媒介代表。

而报纸是新闻信息的载体，是随着人类印刷技术的改进而兴起的又一印刷媒介代表。虽然在网络新媒体环境之下，报纸也开始借助多种技术手段以突破困境、拓展生存空间（如《广州日报》有微信小程序应用，再如《泉州晚报》也早在数年前就推出了数字版报纸），但作为印刷出版物的报纸也自有其不可替代的一面。数字版报纸就算发行也可被撤回，而印刷出版物则少有这等便利可言。这在一定程度上可以算作一种倒逼机制：报业利用其固有的先过滤再出版原则规范自身乃至整个行业。就算在网络新媒体时代，我们同样可以武断地认为：我们不缺少内容，但缺少一份正经、严肃且优质的内容。

报纸如是，杂志亦如是！

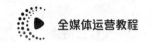

新旧媒体之间的取代论近来甚嚣尘上，社会上的不少人也大有"亡传统媒体之心不死"之意，但这是媒介本身的错吗？或者说新旧媒体之间为什么不能在一段时间内长期共存与博弈呢？

二、视听媒体

电影、电视的诞生，将人类的传播活动带入了影像时代，其口语化、世俗化、娱乐化的特点，使它相较于略显严肃的印刷媒体而言，有了更大的传播范围。以电视媒体为例，它虽也具有一般印刷媒体中的文字符号，但却有着更为特殊的传播功能及作用：其一，通过边听边看的形式，电视中的画内文字及画面字幕在结合了声音、图像等传播形式之后，无疑更能加深受众的理解与记忆；其二，通过影视画面的多种标记手段，诸如一些重要会议文件的文本内容更能引起受众的注意。

电视、电影这种视听传播形式以其音画兼有、参与感强、可信度高的特点，在特定的历史时期无疑是传媒市场上的不二选择，但是它不便携带、储存、互动的弊端也正让受众们逐渐倾向于网络新媒体。随着信息技术的发展与媒体融合的推进，电视、电影在传播媒体市场上的一亩三分地还不至于全线失守！

三、全媒体

网络新媒体的发展历程即一部国内互联网的发展史，互联网时代各个阶段的新媒体（媒介）的发轫与勃兴直接受到互联网应用技术的影响。

20世纪末21世纪初，PC端网站信息聚合技术发展情形之下，网站到用户进行单向传播，向访问用户提供各种即时的聚合新闻和资讯，是为Web 1.0时代。在随后几年内，随着宽带互联网渐渐铺开，PC端网站注意到此前一个时代的网络传播存在缺乏互动性的缺陷，因而开始更加注重与用户的交互，用户生产内容（UGC）以诸如博客、社区的形式开始以几何倍数增加；由此，一大批社会化媒体如人人网、QQ空间也应运而生，是为Web 2.0时代。时间再往后至今，宽带互联网提速降费，随着3G、4G以及无线网的普及应用，我们的社会也正式进入了Web 3.0时代：不同终端相互兼容，信息不止在PC这一终端上进行传播，还进入了手机、机顶盒、IPTV……从Web 1.0时代的单向传播网站，到Web 2.0时代的社会化媒体，到Web 3.0时代的综合社交门户媒体，再到现如今大有媒体融合之势的网络视听新媒体，一个属于全媒体运营者的时代已经到来！

第一章　全媒体概述

"全媒体"（Omnimedia）这个概念最早出现在美国，这是一个合成词——由前缀 omni（全）和核心语素 media（媒体）构成，但它只是一个在线媒体网站，不是真正意义上的全媒体。也有学者对"全媒体"一词不太认同，比如学者彭兰就采用"全媒体化"来加以解释，她认为："全媒体化的含义，应该体现在四个方面：首先，在一个全媒体的市场格局中寻找自身新的定位，构建自己的产品体系。其次，在全媒体的思维下，去重新思考媒体的业务模式。再次，全媒体化不仅要为媒体自身的产品提供传播途径，也要为受众的参与提供空间。第四，全媒体化不仅是传媒机构内部的流程再造，也是一个重新定义自己在产业链中的位置、寻找合适的外部合作伙伴的过程。"另外，还有人直接不承认所谓全媒体，而是冠之以"融媒体""新媒体"之类的名称。

党的十八大以来，以习近平同志为核心的党中央着眼党和国家事业长远发展需要，深刻洞察全媒体时代的媒体发展大局，对构建全媒体传播格局提出了意见及要求：加强全媒体建设，推动媒体融合发展，构建新时代以四全媒体为导向的媒体发展格局。2019年1月25日，习近平在主持中共中央政治局第十二次集体学习时强调："全媒体不断发展，出现了全程媒体、全息媒体、全员媒体、全效媒体，信息无处不在、无所不及、无人不用，导致舆论生态、媒体格局、传播方式发生深刻变化，新闻舆论工作面临新的挑战。我们要因势而谋、应势而动、顺势而为，加快推动媒体融合发展，使主流媒体具有强大传播力、引导力、影响力、公信力，形成网上网下同心圆，使全体人民在理想信念、价值理念、道德观念上紧紧团结在一起，让正能量更强劲、主旋律更高昂。"

2019年，刘英、谢少华两位学人曾合力刊文，大致梳理了全媒体发展的三个阶段：

第一阶段，2007—2013年，传媒视角下的新型媒体。"全媒体"一词主要出现在各类媒介上，往往指的是不同媒体形态的综合运用，常等同于新媒体。代表性的观点有三种：其一为媒介运营说，彭兰认为全媒体不再是一元支撑的单一形态媒介，而是在多元平台（报纸、广播、电视、网络）基础上全覆盖、多样化传播的一种全新的媒介运营模式。其二为传播形态说或媒介形态说，刘小帅、张世福认为全媒体是综合运用各种表现形式（文、图、声、光、电）来立体、全方位地展示传播内容的媒介形式，是内容、载体形式以及技术平台的集大成者。罗鑫认为，全媒体是在汲取传统媒体要素基础之上的一种多样态、多元素、多平台的媒介形态，囊括了传统媒介与新兴的现代媒介。其三为媒介整合说，最具代表性的是全媒体出版，即将同一内容同时发布在互联网、手机、纸媒以及手持阅读器等多种媒介上，尽可能覆盖全类型读者的出版形式。综上，这一期间的学者多从媒介形态和运行方式来探究全媒体的概念和内涵，未有权威性的核心定义诞生。

第二阶段，2014—2018年，技术视角下的现代传播体系。2014年8月18日，习近平在中央全面深化改革领导小组第四次会议上提出，要推动传统媒体和新兴媒体的深度融合与发展，以形成立体多样、融合发展的现代传播体系。2015年12月25日，习近平在视察解放军报社时强调了新闻媒体的内容创新、形式创新、手段创新的同等重要性。2016年2月19日，习近平主持召开党的新闻舆论工作座谈会时再次强调，要推动媒体融合发展，要主动借助新媒体传播优势，要创新理念与内容、方法与手段、形式与体裁、体制与机制等。这期间，伴随着移动信息技术对"全媒体"的优化升级，国家政策层面也开始关注到新、旧媒体的融合发展与技术革新问题。该阶段的"全媒体"在前一阶段的基础上新增了技术革新与整合应用的丰富内涵。

第三阶段，2019年至今，文化语境和政治视角下的媒体融合发展。党的十八大以来，习近平多次考察调研、谋篇部署，全面推进媒体融合发展这一紧迫课题。2019年1月25日，习近平再次走进人民日报社并指出，全媒体在我国不断发展，出现了"全程、全息、全员、全效"媒体，已呈无处不在、无所不及、无人不用之势，推动我国舆论生态、媒体格局、传播方式深刻变革。该论述为"全媒体"赋予全新的文化视角和政治地位。习近平对全媒体时代的深刻洞察，对媒体融合发展的科学谋划，充分彰显了党中央对全媒体发展大势的敏锐判断，为新时代的媒体发展把脉定向。这也标志着媒体融合发展自此从传媒与技术领域拓展至文化与政治领域，并上升为国家意志。这是立足前两个阶段的发展成果对全媒体做出了最新、全面、系统的解读。

由此可见，全媒体理念的诞生不是一蹴而就的，而是长期沉淀使然，是习近平新时代中国特色社会主义思想体系的又一崭新成果。中国人民大学宋建武教授认为，该理论是一个对于现代传播环境和媒体特点的全新的、全面的论述，与通常的认识不同的是，这里的"全媒体"主要不是指媒体种类的"全"，而是强调当前人类信息交互的"全程、全息、全员、全效"等特性。

综上，本书所探讨的所谓全媒体即是以"四全媒体"为追求目标，以媒体融合为行为路径的网络视听新媒体。

第二节　全媒体的特点

2019年1月25日，习近平总书记在主持中共中央政治局第十二次集体学习时强调："全媒体不断发展，出现了全程媒体、全息媒体、全员媒体、全效媒体，信息无处不在、无所不及、无人不用。"为建设"四全媒体"传播体系，全国媒体无论大小，都在努力适应分众化、差异化的传播趋势，传播当代中国价值观念。《人民日报》从一纸报刊，到人民网网站，再到手机客户端App，以至现在人民日报、侠客岛等多平台同主体账号共有18个之多——"两微一端"的格局让《人民日报》"成了"人民日报"，"人民系"媒体矩阵应运而生，全媒体运营的典范初见端倪。全媒体当然不仅仅是传播媒介的累加之全，前文已给出全媒体的本体论定义，现在我们再来厘清全媒体的"全"，即四全媒体的组织形式。

大家一直没有停止关于四全媒体的思考，2019年4月，期刊《传媒》曾在其"微观点"栏目就"媒体融合新方向"这一命题采访了几位学人，现撷取部分观点供大家参考。

殷陆君：无论是媒体融合发展还是新闻舆论工作，都必须把握手段和目的、战术和战略的关系。全程、全息、全员、全效的基本特征要求我们，要让党的声音传得更开、传得更广、传得更深入，壮大主流思想舆论，让主流价值影响力版图更大，新闻媒体就必须在全过程、全方位、全员、全面传播中讲政治、导向、价值，在创新理念、形式、方法、手段、内容、体制、机制、业态中既要尊重规律又要用科学理论指引，既要追求创新发展的高线又要遵守科学发展的底线，既要守土有责、守土尽责又要占领新兴媒体舆论阵地和国际传播的高地，巩固党的宣传思想阵地。

邓香莲：从新闻生产角度看，全程媒体就是要在选题策划的萌芽阶段、新闻产品的创意设计环节，以及市场营销推广环节，全程实现媒介的参与。全息媒体要求具有全媒介产品的策划意识，积极利用AR、VR等新技术，既提高内容的表现力，又促进传统媒体与新媒体的融合，实现传统媒体和新媒体的优势互补。全员媒体要求新闻业在打造、传播精品的过程中，既要有面向全员传播精品内容的意识和观念，又要充分发挥全员的积极性、主动性和创造力，让他们加入到精品内容的推广和传播网络中来。全效媒体要求我们对新闻产品的传播效果进行评估，包括传统媒体传播渠道和新媒体的传播渠道、思想价值引导效果和读者服务效果、经济效益和社会效益，也可以说是要追求全面的传播效果。

张涛甫："四全媒体"论断是对新媒体全面崛起之后的传播格局、舆论生态做出的科学判断，全面深刻地阐释了当下中国所面临的媒体格局。全程媒体是指媒体突破了时空之限，不再受制于时间与空间的约束。全息媒体是指媒体的表现形式是全方位的，文字、图片、声音、视频等均可在一个端口、一张屏上展示，多介质融合，多种形态聚合。全员媒体是指媒体的传播不再是传者垄断的单行道，原先受者作为"沉默的螺旋"被打开，传者与受者的互动性大幅度增强。全效媒体是指媒体突破了单一功能的限制，集内容、信息、社交、服务等多种功能于一体，泛传播使得宣传舆论的功能边界扩大了。

大家的看法基本认同了四全媒体的说法以及背后的学理逻辑，下面我们对全程媒体、全息媒体、全员媒体、全效媒体这"四全媒体"进行梳理。

一、全程媒体的特点

全程媒体从时空的角度来定义全媒体。传统媒体或多或少会受到时间、空间上的限制，再突发、再重大的新闻，也须翌日才能在头版头条发出，而这其中所投入的传媒成本与传媒收益不成正比。但是，近来随着人工智能技术的发展、互联网生态的日益成熟，以及网络传输速率的大幅提升，新闻媒体的发声逐渐呈现出与新闻事实的发生时空同步的趋势，媒体的信息传播开始近似于能够跨越时空距离的限制。

也就是说，全程媒体是呈直播态向用户传播信息，传播主体可以依托现代化技术实现即时的信息采集与宣发，无论是重大社会事件的持续跟踪报道，还是局部地区的突发事件，均始终处于全媒体的全程关注与复现流程之下。这一点对主流媒体及各企事业单位的对外宣传口专职人员来说，尤其要引起重视，最及时、最准确、最迅速的回复是必不可少的，这是全媒体时代的宣传工作最基本的职责。当然，深层次、全方位思考之后的深度报道与公告也需要具备，但那是后一时空维度的事情了。

比如在微信订阅号消息栏中，能直接显示当下正在直播的账号，如图1-1。一个媒体类微信公众账号不仅仅能每天即时编辑发送图文消息，还能径直对某一事件进行现场直播，你想关注的事情的方方面面它基本上都能兼顾到。只有你不想看，没有它不给你看的。再如2020东京奥运会期间，微信看一看栏目的"奥运金牌榜"就能实时更新各国代表团的奖牌数量，此后也有置顶话题"疫情动态"实时更新疫情的最新消息。另外，还有诸如微博热搜榜、头条系App的更新内容，无一不在对社会事件进程的各种角度进行直播更新。

第一章　全媒体概述

图1-1

全程媒体就是全流程跟踪事件动态，全方位、全角度切入事件内核，然后通过己方的全媒体系统或平台将信息发布给用户，供用户择取浏览。这一过程可能同时伴随着用户的全程参与，无论是知情者爆料还是现场用户通过评论区进行信息传递，都在将事件朝着更加清晰化、具体化的方向推进。但这中间需要注意用户参与时的舆论走向，应保证或者尽量保证舆论积极向上发展，否则媒体化的个人用户有时会受不良群体心理的裹挟，极端化在所难免。

二、全息媒体的特点

全息媒体从技术的角度来定义全媒体。在三网融合的大背景之下，电信网、广播电视网、互联网及物联网+5G技术的飞速发展与融合重新定义了媒介传播的形式，使得客观世界与数据世界在技术尺度上的隔阂几乎荡然无存，二者之间得以做到真正意义上的无差别还原与转化。例如在2019年"两会"期间，以中央人民广播电视总台为代表的媒体依托业已成熟的5G信号传输技术，以"5G+4K+VR"的模式尝试性地报道了本次盛会，全景、实时、高清地还原了"两会"现场。国家梯队的媒体机构为全媒体开了个好头。

诚然，全息媒体使得物理世界与数字世界之间的信息传输近乎无差别，但这也意味着作为技术支撑的媒体技术需要发展到一定高度，即媒体运营成本绝不会很低，每一次内容产品的全方位、多层次展示，都是一次传播技术与传播制度更新的结果，所以高质量的输出效果同时也伴随着高成本的运营投入。全息程度的高度与运营成本的投入基本成正比，所以这也在一定程度上限制着全息媒体运营的准入门槛。例如2019年"两会"期间，央视推出的"VR漫游'街里街坊看两会'"系列作品就是"VR沉浸式新闻"的范本，这样的报道形式及呈现方式，并非一般自媒体之类的运营主体所能企及。如图1-2。

图 1-2

三、全员媒体的特点

全员媒体从社会的角度来定义全媒体。人人皆可为媒体，在泛媒体时代，每一个信息的接收者同时也可以是信息的传播者，那么在一定意义上，每一个用户都是一个潜在的"个人媒体"（或者叫自媒体）。发一条节假日出行游玩的朋友圈，在微博上编辑一则对某热搜词条的观点，在知乎平台从个人专业角度回答对某个提问的看法，这些用户生产的内容与其他类型的内容一起构成了全媒体时代的内容场。信息生产力被最大限度地解放出来，国家、社会、个人等各类主体都开始直接或间接地参与到信息生产活动中。如图 1-3。

图 1-3

全员媒体指的是人人都是传播者，全员参与、全局互动、全面视角、全域采集，新闻事件从肇始到结束，其传播路径上的每一个节点都具有媒体属性。信息生产和发布的权利不再囿于新闻专业生产人员，这主要得益于智能手机的普及，智能手机的持有及智能应用的使用让信息素材得以智能编辑并实时发布——简单地说，就是信息采集、编辑、整理及发布的成本大大降低了，人人都可以是信息传播的发起者（源头）与参与者（扩散关节）。

国内的视频网站优酷就是较早注意到用户生产内容的长视频应用之一，哪怕现在依然有众多早期用户上传的视频在站内可供搜索与观看，有句玩笑话说："说相声的郭德纲要是没有优酷用户上传其相声视频到优酷网，他才不会红呢！"这也在一定程度上说明了用户作为一级传播主体的重要性所在。而现在众多应用平台主打的就是用户自己上传内容，然后在平台内传播，从而形成平台聚集用户、用户反哺平台的盈利模式。例如B站的"UP主"，再如今日头条号的"头条主体"，甚至可以说，每一个需要你键入信息并公开发布相应内容的移动应用，都在进行用户生产内容的运营。另一方面，智能化算法规则下的推荐、分发与互动机制则可以让用户清楚地查看人与人、人与内容、内容与内容之间相互连接的信息链全貌，海量"UGC"生产内容汇入的入口不再是媒体资讯端，而是内容型社交网络平台。

全员媒体有利也有弊，其利好方面就不多说了，其弊端却也是显而易见的，那就是用户生产的内容良莠不齐，有些内容粗制滥造、泥沙俱下。所以在全员媒体这个问题上，无论作为旁观者还是局中者都要做到两点：其一，全员皆媒体，那就要尽量守好作为传播媒体的基本行业素养及道德要求；其二，作为全员媒体的一员，也要综合运用好多种传播工具及平台。

第一，媒体行业的基本素养及道德要求就是人人可发布，但不可乱发布。首先，传播不实信息、造谣生事扰乱社会正常秩序、恶意虚假宣传等都是应当被我们所坚决抵制并摒弃的。其次，"UGC"应该在主流媒体的指挥下积极融入主旋律内容进行传播，这样才是真正能激发受众情感共鸣与互动的潜在优质内容。最后，用户生产并不一定限定于用户本人直接生产的相关内容，也可以是借助技术手段归纳整理的内容，比如在有条件的前提下，可以借助"AI技术"及调用"MGC机器"生产内容，也就是说我们不见得非得是写手，也可以是编辑。

第二，全媒体在一定程度上也可以说是多种媒体类型的累积，所以我们在重大新闻事件的报道过程中不必局限于某一种传播介质，尽可以发挥聪明才智将相同的内容按照传播渠道的不同进行差异化发布；图文平台、音视频平台、直播平台、电商平台等，只要内容过关，没有不可以成为我们的发布渠道的平台。如此一来，当不同平台聚集的用户汇到一处，或者看到的都是同一运营传播主体所发出的内容时，我们才能真正做到在内容与内容、人与人、人与内容三个不同层面上产生更大的传播效用。

四、全效媒体的特点

全效媒体从效益的角度来定义全媒体。一方面，效率、效果与效能，是每一个人格化的传播主体在全媒体时代应运而生的绩效考核指标，只有信息传播效果精准化、聚合化，才能真正实现全效媒体这一命题的求证；另一方面，除了信息传播本身的功能之外，附载功能的应用也是全效媒体的价值追求之一。"全效"就意味着媒体外延属性的扩大，从内容到社交，从社交再蔓延至服务业务的开展，都是全媒体时代新形成的传播生态系统。简单地说，媒体运营主体不单单具有传播效用，还可以有其他附载效用。全媒体运营还是以内容为王，优质的内容可以渗透过社群壁垒和技术隔阂。例如2020年新冠疫情期间，人民网、央视等平台就以自身庞大的用户群体为依托，开展了一系列"湖北专场"的公益直播，这就是以媒体之形式行变现之实际，或者说是"媒体搭台，经济唱戏"。

全效媒体的转换效能可以超越其表现形式、媒介类型、受众语种和技术平台。当一个媒体机构或者自媒体个人想要在媒体效用本身之外再创造其他异形却同质的效益时，需要注意其运营的方式与方法。

其一，以用户为根本，以优质内容为抓手。媒体运营主体本身有其固定的用户受众，用户画像也相对受限，但这也正好可以帮助我们精准预判既有用户的阅读喜好，从而根据用户的阅读收听习惯来安排策划和决定最后的投放内容及样式，以实现传播效果及附载效果的最大化。广东共青团在这方面就做得比较好，其微信公众平台及其他平台同主体账号都在内容上深挖、在形式上创新、在互动中留人。比如其微信公众平台账号于2021年10月17日发出的推文《那只导盲犬哭了》，就是用长图漫画的形式讲述导盲犬与视障人士在日常生活中容易碰到的问题，以此呼吁大家关注这一方面的情况并在日常生活中予以方便。再如中华人民共和国成立70周年之际，由陆军政治工作部文工团出品的爱国主义教育动画作品《那年那兔那些事儿》在当年10月1日正式复播，各大平台用户反响强烈，"此生无悔入华夏，来世还入种花家"成了现如今大家表达对祖国清澈纯真的爱的一句俗语。这些事例都充分说明，只有优质内容才能为大家所喜闻乐见，继而才能在特定的用户群体及社群中引起广泛的共鸣。

其二，想用户之所想，全媒体运营不能仅仅止步于提供信息，还要尽力开发服务功能。在信息爆炸的时代，人们可以从不同平台及多样化的渠道获取信息，并不会只看某一家媒体，所以这也在倒逼媒体运营者发展除信息发布这一功能之外的其他附载功能。之所以如此，一方面是由于媒体运营主体需要这一板块发挥增墒的作用；另一方面也是因为只有在新媒体平台建设过程中突破单一功能的限制，在信息服务的基础上增添政务、电商等功能，才能降低平台跳失率。比如人民日报微信公众号的对话框界面就有"丰收季寻味清单"跳转按钮，助力三农产品销售；再如智能应用App夸克的默认界面也有诸如"夸克学习""夸克健康"等板块，这些板块都是用户日常使用的一些小应用，用它就要点开该App；凡此种种，不胜枚举。如图1-4。

图 1-4

总的来说，全效媒体是指要摆脱传统的新闻媒体。新闻报道"一招鲜，吃遍天"的思维，社会时代发展至今，"新闻＋"的发展模式已经越来越成熟，且实践显示这种模式越来越可行。"新闻＋"的第二顺位可以是政务、服务、电商等其他附载功能，不过要说明的是，"新闻"仍是我们运营过程中的主营业务，其他附载功能可以有，但不能喧宾夺主。

综上所述，习近平总书记提出的"四全媒体"及其含义规则，就是我们在实际全媒体运营当中要努力追求的目标。时代是思想之母，实践是理论之源。在信息化时代，我们要在实践中建设全流程、全过程的全程媒体，全体验、全方位的

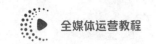

全息媒体,全参与、全链条的全员媒体,全领域、全功能的全效媒体,讲好中国故事,传播好中国声音,让世界更好地了解中国,这就是对全媒体在不同维度上的再定义。

第三节 全媒体的要求

全媒体这一概念如果径直从本体论的角度来定义,容易盲人摸象,所以只能大致规定其运作方式及运用特征,从各个具体的角度来论述何谓全媒体,其中"四全媒体"就是对"全媒体"这一概念最为合乎情理的定义。中国人民大学彭兰教授认为:"全媒体"探索首先触及的是媒介融合的一个基本层面,那就是媒介业务形态的融合,即"全媒体化",运用所有媒体手段和平台来构建大的报道体系。不难发现,信息科学技术的进步直接推动了全媒体的发展,所以这些促使进步的因素也在倒逼媒体机构及媒体个人提升各自的技术要求及管理标准。

一、全程媒体的要求

全程媒体的特点决定其需要有基于人工智能的选题系统,基于人工智能的写作系统,基于人工智能的评论分析系统,基于人工智能和大数据的历史新闻库,基于人工智能的新闻问答系统,基于人工智能的认知学习系统,基于人工智能的自适应推荐系统,以及基于人工智能的进程信息、流程管理、历程演化、过程推进分析系统。为了在新闻报道过程中把握先机,当下我们还需要在社交媒体信息流、开机Push流、社交网络朋友圈中以争分夺秒但又准确精细的姿态抢占信息第一落点。

媒体需要真正参与到舆论演化的关键篇章中去,即使其中的信息由网友给出,媒体仍然应该真正负担起该有的调查责任,为公众洞察风险,为社会弘扬正能量。全程媒体的关键是把握节奏,抓住舆论事件的几个关键节点,成为舆论进程中的关键力量,这要求媒体人在参与舆论推进时有很好的节奏感和洞察力。

二、全息媒体的要求

全息媒体的特点决定其需要有基于人工智能和大数据的全生命周期的人生伴随系统,如终身伴随飞行的无人机接力机群;基于人工智能的大尺度认知工具,如放大数百倍到数万倍的便携式显微镜；全生命周期的网络 ID 分析系统；全生命周期的网络事件分析系统；跨越不同媒介形式的一键发布系统；不同媒介形态的受众整合系统；更加智能的标签标注工具。

由上文可知，全息媒体的要求主要集中在对象的生命周期、认知的尺度和颗粒度、多模态的整合系统性等方面。全息媒体决定了媒体发展的技术方向。凡是能够提升全息度的技术都拥有更好的替代性，直到这种全息度超越人类本身的感知程度。例如分辨率，人们有强烈的需求去提升其数值，直到分辨率超越了人眼的识别限度，这种提升速度和需求就会大幅度减缓。全息媒体的关键是让大众能以最便利和最低成本的方式获取信息量最大的资讯，同时也能以最舒适的方式消耗最大量的时间。尽管后一点常常存在争议，但也正在成为事实。

三、全员媒体的要求

全员媒体的特点决定其需要有基于人工智能的跨平台发布系统；基于人工智能的跨平台信息接收系统；基于人工智能的跨平台人力资本整合系统；基于人工智能的跨平台传播策略分析系统；基于人工智能的模拟 ID 系统，包含模拟主播、模拟写手、模拟受众等；基于人工智能的全员传播绩效考核系统；基于人工智能的网络信息分发众包系统。

全员媒体的核心要求是激活所有人的创作热情和网络参与感，在参与中进行评论和分享，同时这种操作遵循相关道德规范、职业要求和法律规定。全员媒体中的活跃节点更多地来自内在网络连接动力，因为今天的全员媒体并没有上班、下班的概念。永远在线、永不休息的网络演化促使人们追求更加灵活的激励机制，也促使媒体系统内的每个人去寻找更适合自己的参与态。全员媒体的关键是要培育出高影响力、高公信力的 KOL（关键意见领袖）账号或平台。

四、全效媒体的要求

全效媒体的特点决定其需要有基于人工智能的效果转换分析系统、基于人工智能的效能转换策略分析平台、基于人工智能的多效态整合系统、基于人工智能的舆论模拟环境平台、基于人工智能的精准触达平台。

全效媒体的关键是要找到最有效的转换路径，实现社会正能量的传播环境，实现真正的好效果和真效益。全效媒体要求把受众分析放在更高的位置，从受众的需要出发，满足受众又高于受众，降低其使用疲惫感，提升转换效能。

思考题

一、什么是全媒体？

二、四全媒体的特点和要求有哪些？

三、什么是全媒体运营？全媒体运营者需要具备哪些基本能力？

四、在你的认知范畴内，你有意或者无意接触过哪些全媒体平台或者品牌呢？能试着搜集相关信息并简要分析其"融"在何处吗？

五、身处各种媒体的"重重包围"中，可以说它们所呈现给我们的内容在一定程度上建构了我们的三观，那么我们作为媒体人应当具备什么样的媒介文化素养呢？

第二章 全媒体运营的要素与形态

【目标】

通过本章的学习，使学生了解全媒体运营的基本概念；使学生初步了解全媒体在运营过程中的要素和表现形态；使学生了解全媒体的运营主体是什么，如何区分不同视角下全媒体运营的主体；让学生更加了解全媒体运营的特点与作用。

全媒体运营并非什么时髦新词，或者说我们其实早已置身于一个全媒体的时代，只是身在其中而不自知。当我们打开社交软件，如朋友圈、QQ空间、微博广场、知乎圈子等，这些社群当中不乏来自各种信息发布平台的各类资讯信息；当我们启动搜索引擎，无论是手机自带的浏览器还是从各大应用商店下载的搜索工具，里面的各条信息想必要么来自"今日头条号"，要么来自"大鱼号"或者其他信息发布平台；即便是翻开一张纸质报纸或一本杂志，你也有极大可能会在报纸头版最显眼的位置，或在杂志的封面或扉页找到可以扫描的二维码……这背后起码有一半浸透着全媒体运营者的勠力之心。

第一章宏观论述了"全媒体"的概念，它的具体表现形式即为"四全媒体"。本章则从相对具体的方面来介绍有关全媒体运营的组成要素及形态样式。

第一节 全媒体运营概述

全媒体运营的要素大致包括图文、音视频和临场介入三种，这是在"全息媒体"的生产协助下，媒体运营表现形态丰富的体现。而全媒体运营所借助的具体形式，则是由于多元主体的参与，即在"全员媒体"的基础上，媒体运营所基本必备的四种内容生产方式：职业作者生产、专业作者生产、用户个人生产和机器辅助生产——多元主体参与内容生产，其传播结构也由传统的上对下、一对多模式变为多向互动的协作模式。

其中，尤其是"UGC"几乎在整个传播链的每一个环节都有所涉足，个人用户的大量原创内容以图文、长短视频、直播等形式在社交平台上发布并获得传播；微信、微博、抖音、知乎、Facebook等平台也让这一件件事实上的"新闻作品"通过其大数据推荐机制，如"朋友在看""热搜榜单""知乎广场"等产生不同维度、不同层面的传播效果，从而产生或主动、或被动的运营效果。诚然，"UGC"不容小觑，但它们也应该在一定程度上被规范起来，大致可以通过下面三个方面。

一、主流媒体

主流媒体应扮演好"主唱、指挥"的角色。例如，2019年国庆前夕，人民日报社推出"家国梦"系列融媒体产品，包括公益手机游戏App"家国梦"、《人民日报》系列图片报道、绘本读物《神奇中国少年行·家国梦》、H5产品"家国梦答题专列"等。产品紧扣时代主题、寓教于乐，引导普通用户特别是青年群体深度参与，共同书写中国梦是"国家富强、民族振兴、人民幸福"的时代话题。在这一过程中，主流媒体定频设调，发挥领唱作用，进而激发用户参与活动、游戏和话题讨论，促成广大网民共同谱曲、同声合唱的传播生态。

二、普通用户

引导普通用户生产内容（UGC）和谐汇入主旋律。比如，作为都市主流媒体的《钱江晚报》，以"壮丽70年奋斗新时代"为主题，推出了"自选动作——红色暑期实践"征集活动和"我们一起走过"亲历报道。报道从互动性、贴近性出发，把新中国成立70周年的大主题融入普通百姓的小日子，在与受众紧密互动中让小人物现身说法，讲述老百姓"身边的故事"，激发了受众的情感共鸣和互动热情。

三、人工智能技术

灵活运用人工智能技术，让AI机器人成为信息生产的生力军。在2019年两会期间，新华社"媒体大脑"推出《一杯茶的工夫读完6年政府工作报告，AI看出了啥奥妙》《携号转网、便利店、同心圆……AI读了这些新词后"内心"有啥变化？》等 MGC 新闻产品，通过学习政府报告、对比同类数据、分析词频等技术手段，"媒体大脑"给出了关于"人民生活因何而便利？""中国经济发展有哪些成就？"等问题的答案，高效准确的 AI 机器人信息生产令网友惊叹。

第二节　全媒体运营要素与形态

全媒体运营要素及其表现形态大致可分为三种：图文型、音视频型、临场型，一般这三种形态多为交叉使用或是分情境选择性使用。其中，图文型是最基础、最经典、最常见的，音视频型多半配合图文型交叉使用，而临场型多应用于重大场合活动或突发性新闻事件的报道中。

一、图文型：纯文字、纯图片、图文结合

单纯的文字内容或者单纯的图片内容，理论上都可以作为一条内容发布出去，但是在运营的过程中大家都默认使用"图片＋文字"的形式，理由其实也不难想象，纯文字看起来累，而纯图片又会让人觉得没有重点可言。比如，哪怕是在微博首页搜索相关内容，然后限定显示内容格式为图片，可当鼠标光标移动至具体图片处时，它还是会显示该图片的相关话题或者文字介绍内容。如图 2-1。

图 2-1

图片加文字属于经典搭配,在文字内容之外添加图片可以缓解用户的视觉疲劳,另外,一些必要的图片还能展示品牌或产品相关信息,易让人在浏览时产生代入感。就连传统纸质媒体都在适当区域插入图片增添文章美感,作为网络新媒体的全媒体的运营又怎能不注意这一点呢?比如人民日报微信公众号每日的"新闻早班车"推送便深谙此道,注重图文间杂排版,这样才不至于有呆板的视感。如2021年10月29日的清晨推送《来了!新闻早班车》。如图2-2。

图2-2

图文型除了基础的图文形式,还可以是漫画式、可视化图表式等新兴形式。比如,微信公众号"广东共青团"2021年10月29日转载自三三星球的文章《每天和遗体打交道的人,会看到不该看的东西吗?》,就是用漫画模拟剧本杀形式,以真实的控告申述案件为基础写就的一篇漫画式文章。再如微信公众号"出版人杂志"发布的文章《过去一个月哪家出版机构公号做得最好?新媒体影响力指数排行(2021年9月—10月)》,就是统计了2021年9月15日—2021年10月14日期间出版社、图书公司和渠道的微信公众号表现情况,然后用图表完成了数据的可视化呈现。如图2-3。

图 2-3

二、音视频型：音频、视频、音视频混合

图文型内容应用之广、适应性之强自有其优势所在，但音视频同样不遑多让。微信公众号的视频文件插入和视频号应用，微博、抖音及快手的短视频市场，都是全媒体运营中不可或缺的一部分。如图 2-4。

图 2-4

2016年起，以抖音App和快手App为主要竞争对手的短视频平台开始了激烈竞争，各家都在抢占市场和争夺用户的过程中使尽浑身解数；在大致有了"南抖音，北快手"的市场基本格局后，它们又开始在调整主营业务、优化细分赛道、更好留存用户这几个方面发力。

其中，快手成立较早，2011年被推出伊始还只是一个GIF工具（其前身即为"GIF快手"），不多久转型为社区型产品后，成了一个用短视频记录和分享视频资料的平台——"每一个最普通的人都值得被记录"，走的是用户生产内容（UGC）为主的路子。而抖音相较快手则成立较晚，2016年由今日头条公司推出，是一个专注于新生代的音乐短视频社区——"记录美好生活""有趣、潮酷、年轻"。此二者的共同点有：其一，用户年轻化，在用户体验上做文章，引导分享从而裂变用户；其二，内容为王，无论是快手隐含的口号"高手在民间"，还是抖音社区里大家默认的"音乐＋才艺"，在去中心化的同时让大众都有了"看"与"被看"的途径；其三，流量变现之便，内容生产者们的变现可以是视频广告植入、口播商品信息或者直接由品牌方（产品方）发布内容，曝光量大、效果好、可定向投放的优势在这里很是明显。

而在短视频内容中，除了传统的新闻类样式的呈现，还大致有这三种展现形式：其一，口播类，"一人＋一场景＋一套说辞"即可，而说辞也大致按照"提出问题＋阐述观点＋引导（关注或分享）"的模式；其二，Vlog类，有些网红凭一己之力带火Vlog这种以视频记录生活的方式，他们拍摄的Vlog主要围绕自己的日常生活，其基本格式为"我是谁＋我做了什么＋结果如何"；其三，剧情类，可以大致理解为一个小的叙述单元，按"5秒招徕用户＋10秒附近剧情反转＋15秒左右引导关注"分配时长，至于具体形式可以是一人主演，还可以加旁白推动情节发展，还可以多演员出镜，"剧情＋X"的内容展现形式很难不受欢迎。

此外，除了短视频，还有以音频单独作为内容主体的形式，主要发布在喜马拉雅、蜻蜓等音频分享平台，一般用户除了可以收听节目之外，还可以自己申请成为主播并发布音频作品。

三、临场型：VR、AR、MR及Live直播

2021年10月28日，Facebook首席执行官马克·扎克伯格在Facebook Connect大会上宣布，Facebook将更名为"Meta"，该词来源于"元宇宙"（metaverse）。扎克伯格表示，我们经历了从台式机到网络再到手机，从短信到照片再到视频的发展过程，但这并不是终点。"下一个平台和媒介将是更加身临其境和具体化的互联网，你将置身于体验之中，而不仅仅是作为旁观者，我们称之为元宇宙。"

社交巨头 Facebook 将未来全部押注于虚拟现实和增强现实。而与之配套的技术为"3R"，即 VR（虚拟现实）、AR（增强现实）、MR（混合现实）。

早前在 2015 年，获得谷歌五亿美元融资的技术公司 Magic Leap 在 WSJD 展会中放出了一段实录视频，引起了不小的骚动。如今也有媒体称他们为 MR 公司。那么 VR、AR、MR 之间到底有什么区别呢？

（一）虚拟现实

虚拟现实（virtual reality，简称 VR，又译作灵境、幻真）是近年来出现的高新技术，也称灵境技术或人工环境。虚拟现实是利用电脑模拟产生一个三维空间的虚拟世界，为使用者提供视觉、听觉、触觉等感官的模拟，让使用者如同身临其境，可以及时、没有限制地观察三维空间内的事物。

（二）增强现实

增强现实（augmented reality，简称 AR），也被称为混合现实。它通过电脑技术，将虚拟的信息应用到真实世界，真实的环境和虚拟的物体实时地叠加到了同一个画面或空间内得以同时存在。

（三）混合现实

混合现实（mixed reality，简称 MR），包括增强现实和增强虚拟，指的是合并现实和虚拟世界而产生的新的可视化环境。在新的可视化环境里，物理和数字对象共存并实时互动。系统通常具有三个主要特点：其一，它结合了虚拟和现实；其二，在虚拟的三维空间内（3D 注册）；其三，实时运行。

其中，除开 MR 先不谈，VR 同 AR 的区别为：简单来说，虚拟现实（VR），看到的场景和人物全是假的，是把你的意识带入一个虚拟的世界；增强现实（AR），看到的场景和人物一部分是真一部分是假，是把虚拟的信息带入到现实世界中。二者的交互区别则是：因为 VR 是纯虚拟场景，所以 VR 装备更多地用于用户与虚拟场景的互动交互，如位置跟踪器、数据手套（5DT 之类）、动捕系统、数据头盔等；由于 AR 是现实场景和虚拟场景的结合，所以基本都需要摄像头，在摄像头拍摄的画面基础上，结合虚拟画面进行展示和互动，比如 Google Glass（其实严格来说，ipad、手机这些带摄像头的智能产品，都可以用于 AR，只要安装 AR 的软件就可以）。

在技术上，VR 类似于游戏制作，创作出一个虚拟场景供人体验，其核心是 Graphics 的各项技术的发挥，我们接触最多的就是在游戏上的应用，可以说是传统游戏娱乐设备的一个升级版。VR 制作者主要关注虚拟场景是否有良好的体验，而与真实场景是否相关，他们并不关心。VR 设备往往是浸入式的，典型的设备包括 Oculus、Rift。而 AR 则应用了很多 Computer Vision 的技术。AR 设备强调复原人类的视觉功能，比如自动识别跟踪物体，而不是人们手动指出；自主跟踪并且对周围的真实场景进行 3D 建模，而不是人们打开 Maya 照着场景做一个极为相似的虚拟场景。典型的 AR 设备就是普通移动端手机，升级版如 Google、Project、Tango。

当然这些技术应用的大众化程度还有待加强，并且随着技术层次的更新，它们只会越来越"深入田间地头"，比如 VR 设备代表 Oculus 和 AR 设备代表 HoloLens。此外，技术要求更高的 MR 技术能很自然地让人联想到，对于各行各业的售后服务，都可以通过 MR 实现身临其境的远程支持，这客户体验，真是棒极了。说不定不久后，淘宝、天猫、京东上网购，也能支持 MR 体验。再比如影像现实（cinematic reality，简称 CR），虚拟场景像电影特效一样逼真，以达到欺骗大脑的目的。CR 这个"黑科技"还比较超前，它与"3R"一样还在进行技术调整与优化，全媒体运营暂时只会在一部分程度上接触到诸如 VR 的应用，比如 2019 年"两会"期间央视网的"VR 带你观两会"。

与"3R"技术相比，明显 Live 直播的门槛更低（对场地、物料等需求较少，成本低）、内容更多样（新闻实时发布、试吃试玩试用等）、流量更大（无须另外的穿戴设备，打开手机即可观看），是全媒体运营的主要形态之一。如图 2-5。

图 2-5

第三节 全媒体运营的主体

在 2019 年"两会"期间，新华社"媒体大脑"推出《一杯茶的工夫读完 6 年政府工作报告，AI 看出了啥奥妙》《携号转网、便利店、同心圆……AI 读了这些新词后"内心"有啥变化？》等 MGC（机器生产内容）新闻产品，通过学习政府报告、对比同类数据、分析词频等技术手段，"媒体大脑"给出了关于"人民生活因何而便利？""中国经济发展有哪些成就？"等问题的答案，高效准确的 AI 机器人信息生产令网友惊叹。

人们不禁要想，机器什么时候也能生产内容了？是的，它也可以！就像普通用户或职业内容生产者一样，机器也是内容生产的"主体"之一，即全媒体运营中内容生产的主体之一。全媒体运营主体的本质就是内容生产的主体是谁，我们从不同视角来切入大致有四种主体。

一、大众视角下的用户主体

用户生成内容（user generated content，UGC）是发轫于 Web 2.0 环境下的一种新兴网络资源创作与组织模式，即用户在网络空间创作文字、图片、音频及视频等内容。作为互联网技术赋能的产物，UGC 是变革传统信息传播的重要力量，具有内容个性化、视角多元化、社会关系虚拟化和传播扁平化等特征。

总体来说，UGC 机制下用户为主体生产出来的内容正呈井喷式增长。从早些年的腾讯 QQ 空间到现在的微信朋友圈，问答平台知乎，视频分享平台抖音、快手和 B 站等等，UGC 已经成为"最自媒体"性质的内容形式。

二、专家视角下的专业主体

专业生产内容（professionally generated content，PGC）的生产创作主体由专业精英构成，其发展历程早于 UGC，生产程序偏向专业性，内容质量可控性更强，但对生产者知识背景和专业资质的要求较高。尤其是媒体领域的知识生产者，往往要求他们系统学习并掌握新闻学专业知识，或是具有较高的传媒素养及专业技能。这表现在两个方面：一方面，打造 PGC 内容矩阵，立足于"尺有所短，寸有所长"的差异化定位，按擅长方向选取任务，包括新闻鉴定、文案文本写就等板块；另一方面，开辟 PGC 垂直生态服务，即关注特定新闻与相关信息和专门用户群体，如面向政府职能部门提供专家咨询服务。

三、职业人员视角下的职业主体

职业生产内容（occupationally generated content，OGC）的生产主体主要是来自相关领域的职业人员，其创作行为属于职责义务，是履行人事契约的体现。媒体领域的生产者是各类新闻门户网站、论坛、App的专兼职人员，他们受新闻机构聘用并获取相应报酬，其职责包括：聚焦网络环境下的新闻知识场景，如新媒体传播和专题内容发布；负责媒介平台运营，为受众提供获取新闻信息的场景；以任务为导向开展职业行为，这属于新闻机构自上向下的业务范畴，如围绕新闻公共服务数字转型而开展的专门项目。值得注意的是，OGC生产者的知识结构并非局限于新闻学，他们往往是跨学科从业，多来自计算机科学、自然语言处理、软件开发等领域。

传播学领域认为，UGC、PGC、OGC三者存在明显界限：UGC和PGC以有无专业学识、资质为区别；PGC和OGC以是否获取报酬、职业认证为边界；UGC和OGC并无交集，用户和提供者被视为相对关系。其中，UGC研究具有强烈的跨学科、跨领域色彩，能为信息文本生产提供更多借鉴并注入生命力，尤其在数字环境下，用户的行为更受关注。

四、工业视角下的机器主体

在成都举行的第五届中国新兴媒体产业融合发展大会上，新华社发布了首条MGC（机器生产内容）视频新闻，这条时长2分08秒的视频由"媒体大脑"中的"2410（智能媒体生产平台）"系统制作，计算耗时只有10.3秒。"媒体大脑"由新华社社长在第四届世界互联网大会上首次披露，引发中外媒体期待。新华社于2017年12月26日正式发布的"媒体大脑"，提供基于云计算、物联网、大数据、人工智能（AI）等技术的八大功能，覆盖报道线索、策划、采访、生产、分发、反馈等全新闻链路。据了解，"媒体大脑"的八大功能包括：2410（智能媒体生产平台）、新闻分发、采蜜、版权监测、人脸核查、用户画像、智能会话、语音合成。国内各媒体机构均可在认证后使用"媒体大脑"的各项功能和产品。

大数据策略的实施，已经改变了传统纸媒业务的生产流程和惯性，传统纸媒PGC的内容生产模式不再是唯一的数据信息生产模式，更多的UGC以及基于互联网开放平台、政府公共平台的内容信息将成为大数据资源的重要来源。随着可穿戴设备以及公共监控系统等更多的智能物联网设备的使用，MGC（机器生产内容）将成为未来大数据生成的主体内容。

思考题

一、全媒体运营的要素有哪些？

二、全媒体运营的形态与方式相同吗？

三、说说常见的用户运营、活动运营，可以归为其形态一类吗？

四、用户生产内容（UGC）既然这么重要，是不是直接大力发展它就好？另外你是否想过如何对它进行规范呢？试论述具体措施。

五、专业生产内容与职业生产内容有联系也有区别，有无可能二者本来就是一体，你能举例说明吗？

第三章　全媒体运营人才的要求

【目标】

通过本章的学习，使学生了解全媒体运营对人才的基本需求，使学生初步了解全媒体从业人员需要具备的专业素养和需要承担的社会责任有哪些，使学生初步了解在运营过程中如何运用专业素养来策划全媒体的运营，使学生初步了解如何区分不同平台的运营策划，让学生更加了解全媒体运营的关键是培养全媒型人才。

在推动媒体深度融合发展的进程中，培养全媒型人才是关键一环。

从业界与学界对于全媒型人才的定位来看，其要求可以归纳为四个层面：从思维层面看，要具备全媒体、互联网思维，以及大传媒、大融合理念；从技术层面看，要掌握不同媒介和渠道的技术特点及操作方法，生产不同形态的内容产品以适应不同终端与层次的需求；从专业能力看，多媒体报道能力、跨媒体报道能力、整合传播能力、分析判断能力、团队协作能力等是基于全媒体传播规律和理念变革而提出的更高层次的能力要求；从专业知识来看，主要集中于本专业知识的精深、相关学科知识的广博，以及人文、科学类知识的涉猎。

也有观点认为，所谓全媒型人才指的是具有创新性传播理念、具备全媒体知识和技能的新闻人才。全媒型新闻人才不仅要熟练掌握全媒体信息采集、加工以及处理的技能，掌握全媒体信息发布的渠道和流程，更应具备较强的全媒体思维和意识。全媒型新闻人才应在遵循新闻伦理和保持新闻敏感性的同时，破除传统媒体思维的窠臼，善于运用全媒体的知识和技能应对全媒体时代下新闻媒体的变革。

第一节　全媒体运营者的职业素养

全媒型人才，是一种意识，是一种思维，是一种理念，需要有机贯穿于新闻的采编流程，乃至新闻机构建设发展的各个环节，不应只是简单的产品嫁接、跨平台移植，也不应是对新闻工作者技能层面"多才多艺"的求"全"，而是对整个新闻人才培养体系变革的内在要求，是对新闻采编全流程的重塑。

一、全媒体记者

从传统的文字、图片，到视频、短视频、直播，再到海报、图解、动漫、H5、VR全景、AI主播，从PC端到移动端，从国内到海外……随着媒体融合的深度推进，新闻产品的创新层出不穷，传播平台不断更新迭代，传播手段不断丰富多样。在"移动互联网+社交化传播"的格局下，新闻工作者面对的新要求、新挑战与日俱增。这也就催生了所谓"全媒体记者"这一概念——我们试着从这里来找寻论述全媒型人才的灵感。

新闻人万小广在其著作《媒体融合新论》（新华出版社，2015）中曾谈到全媒体记者，他认为："全媒体记者"的前提条件是出现具有全媒体特征的新业务模式，这种新业务模式的产生及其具备的全媒体特征是基于用户和受众的新闻需求，而不是为了创新而创新、为了全媒体而全媒体；全媒体记者的关键在于如何发掘用户和受众的需求，如何针对这种需求设计和提供相应的全媒体信息服务，而不仅仅是让记者个体成为全能型记者。此语可谓一语中的，总而言之，新闻需求决定全媒体的业务模式，而业务模式决定全媒体记者的能力结构。

如今，新的业务模式已然来临，用户对资讯信息的获取开始变得有选择性，这也倒逼各个运营主体不断探索研发新产品与新业务模式，这方面新京报的微信公众号做得不错，其"容我想想"系列视频就是在热点的基础上以科普、辟谣的基调进行内容生产，比如《"无糖"是智商税？实测结果出乎意料》这一期就是一个很好的例子。如图3-1。

目前很多个人主体的媒体品牌也具备了全媒体的基本特征，包括齐全的符号内容、终端，以及经营业态，那么它们下一步就需要结合市场和用户的需求打造更多定位清晰的精品内容，分工细化、专业化程度只会有增无减，这样才能不断完善人才管理体系，才能使发展全媒体所需要的人才聚拢起来，作为一个有机的整体协同作战。

图 3-1

综上,新闻业务层面的全媒体记者即具备全媒体功能的新闻采编团队中的有机个体,而不仅仅是指全天候、全能型的单个记者。那什么是四全媒体语境下的全媒型人才呢?

二、全媒型人才

全媒型人才,即四全媒体对全媒体运营者的要求是全能型人才。广东省广播电影电视协会副会长在接受《中国广播影视》杂志专访时这样说道:"痛点"找得准,"爽点"能发扬,"怒点"及时消除。专访中针对"痛点"做了详细论述,并以此统摄了其余观点。

(一)平台建设的痛点

考核全媒体运营最主要的要素就是平台建设,平台建设又分大平台也就是App 建设,以及公众号、微博等小平台建设。平台建设之所以成为一个痛点,那是因为如果没有自己的传播渠道和平台,作品永远通过别人的平台去传播,自有的传播意识就会被削弱。省级以上媒体,以及一些有能力的市级媒体,应该建设自有App。App建设不一定特别适合县级，对于县级媒体来说，通过公众号或者小程序也是一种方式，但大台一定要建设完善的、自有的App平台。

App建设要注意三点：第一，"痛点"要找得准，定位一定要准确，这决定了要建设一个什么样的App。第二，"爽点"要及时了解到，"爽点"即用户在使用中爱不释手的点，将它发扬光大，让它继续迭代越来越好。第三，也是最主要的，一定要小心App里的"怒点"。很多App下载以后又会马上被删除掉，就是因为"怒点"没有及时消除。所以，一旦发现有问题就要马上改，切记不能像传统媒体一样走很烦琐的程序，一两个月后才能改掉，这在互联网的世界里是行不通的，一夜就会让很多用户流失掉。

（二）用户思维的痛点

过去运营者或者说从业者的用户思维很弱，因为广播和电视刊播出去后，很难了解是谁在听、谁在看，不能拿到及时的数据，但是互联网能够通过红外测试获取热力图，捕捉用户习惯和喜好，形成一个完整的用户偏好画像。

（三）移动传播的痛点

广播电视台过去的传播都是固化的传播思维，通过发射台和有线网络把信号传出去后就完成了，但是现在在互联网上变成了移动传播。移动传播的特点是云计算、大数据、人工智能等技术要素的融合度更高，完全打破了传统的传播思维，这是过去在传统媒体里面没有的，要及时掌握移动传播技能和手段，增强移动传播技术的运用。

上述话语虽然主要针对全媒体机构，但是全媒体机构的四梁八柱归根结底还是各运营人才，所以要培养好全媒型人才势必从这几点出发，而具体的人才素养将在下一部分展开说明。

三、全媒型人才的素养

（一）运营者的专业素养：技术、渠道、内容

技术应用、渠道投放、内容优化是全媒体运营过程中会具体碰到的三个方面的问题。在技术应用层面，如果是前期终端的开发设计，大概不属于运营者的工作范畴，但若是具体作用到内容上的工具类技术（如音视频剪辑、图片后期），则可以归属到运营工作的内容中，这里不再赘述。

关于渠道与运营者最切身的关联是：应尽量找到合适的发布平台，发布符合这一运营平台的信息文本内容，才能起到事半功倍的传播效果。比如腾讯系社交平台：微信公众号是不可忽视的运营轴心，其对于自媒体个人、企事业单位品牌的塑造具有不可忽视的效果；而朋友圈同时不失为一种利用熟人进行传播的媒介工具，看看朋友圈里的微商、私人教练、保险经理、房产经理发布的内容便一目了然；微信商城、微视、QQ 等都有其特有的传播特点及功能。再如电商、资讯类平台：淘宝头条、京东快报、有好货等都是做好一件产品很值得去实践的流量、内容入口。而视频、音频类平台也是全媒体运营过程中不可忽视的一环，以粉丝运营为核心的抖音直播、以无门槛分享个人音频为主打宣传的喜马拉雅、以素人主播培养为宣传吸引点的荔枝 FM 等，无一不是在各自细分领域内做到了够好。另外，在内容优化上则包括一些更加复杂的部分。

1. 内容优化

内容优化即所谓文案编辑要精、准、快。运营者在获取了产品或者资讯（可视为信息产品）等相关信息后，就得着手内容选题、编辑与排版，以及推送、整合与推荐等一系列工作。举个例子，微信公众号"Sir 电影"2021 年 4 月 10 日的次条文章，就以貌似影评资讯的题目《上头神作，专治社畜》写就了一篇营销售卖某款香薰的软文，阅读 4.3 万，不可谓不高级！

2. 活动运营

活动运营简单地讲就是活动策划，具体包括但不限于组织开展直播、减价优惠券的派发、朋友圈集赞抽奖等。例如 2020 年 8 月，微信公众号（微信公众号真称得上是全媒体运营的首选平台）"丁香医生服务号"就"剖腹产"这一话题发文组织了一场关于剖腹产知识的科普直播（而并非其文章标题噱头"直播剖腹产"），直播过后就是招募会员、发展社群——多么熟悉的套路啊！

3. 用户运营

用户运营就是围绕用户进行老用户留存、拉新、引导消费变现等相关的一些编辑后服务。这种方式在各种资源型应用程序的运营中使用较多，比如"ProcessOn 思维导图"在线制作网站就有邀请好友注册使用，然后邀请人自身可获得相关会员权利的活动；再如"网易云音乐"每年的年度歌单活动也为它的用户留存画上了浓墨重彩的一笔。

4. 社群运营

这一点相对上述三点来讲足够新媒体，因为这本来就是近年来逐渐步入运营者们的视线内并引起重视的一部分内容，而此前之所以没得到重视，在一定程度上是由于技术手段不够完善。现如今看来，社群运营主要是指积累一部分用户并保持他们的活跃度，在条件成熟的情况下，通过管理、刺激和激励等运营手段增强他们对处于产品型社群中的产品与管理者的信任。比如小米手机，其社群运营最值得我们借鉴与学习的就是其社群规范与社群仪式，前者以粉丝社群的层次角色、权益权利作为社群的惩罚奖励措施，使其铁杆粉丝们在好胜心的驱使下加强了对小米手机的膺服程度；而后者则在社群的品牌崇拜中，建立起一些诸如"同城会""米粉节"的传统仪式以增强其品牌的仪式感、参与感。

（二）运营者的人文素养

2013年6月，著名媒体人陈序发表了《主编死了》一文，这不啻平地一声惊雷，将新闻人、媒体人的恐慌情绪推到了又一个新高潮。文章指出："互联网令获取、制作、编辑、传播新闻从一种职业技能普及为每个人自由表达的能力"，即"人人皆记者"。

不久，2014年10月，同为媒体人的骆轶航也在Ping West中文网发表文章《再见陈彤，主编未死》，关于"主编到底死了没有"，他的回答则是："主编是用数据决定内容的生产倾向，用数据判断受众普遍趣味的人；主编是内容整合、推送和自由流动的运营者；主编是受众趣味的启发者和催化剂；主编是平衡内容质量、传播效果和社会伦理的艺术大师。"

不管主编"生死"如何，更值得关注的是现在作为全媒体运营者该如何自处的问题，职业素养之外便是人文情怀！作为全媒体运营者的人文情怀，抑或是人文素养无非两点：一为共情能力，一为合理表达。

全媒体人的共情能力归根结底就是能设身处地为他人（主要是新闻当事人）着想，例如"杭州女子取快递被造谣"事件的主人公"吴女士"，便是媒体人与当事人之间达成默契——化名，以保护当事人不再遭受不必要的社会关注及舆情评论；再如最近在视频网站B站热度居高不下的《谭谈交通》，节目主持人回访"二仙桥大爷"时说，网友们对老人的关心与祝愿，他已经代为转告，请大家千万不要再来打搅大爷的平静生活了。运营者除了培养为当事人着想的共情能力之外，最终呈现给读者、听众、观众的具体内容的表达也务必臻于合理，不可唯流量是从。"标题党"（诸如泛滥的悬念标题党，就是阻碍透明传播的公害）、制造噱头以哗众取宠（噱头很大，内容很空，全无益处）、打黄赌毒相关内容的擦边球（违规违法，全社会应当坚决抵制）等，凡此种种都是全媒体运营者理应尽力避免的做法。

（三）运营者的社会责任

全媒体也好，新媒体也罢，终究还是媒体，传统媒体曾经恪守的那些新闻伦理原则现在仍不过时，这是作为全媒体运营者理应肩负的社会责任。

1. 真实性

"7·7 杭州女子取快递被造谣事件"就例证，加害者"无心"编织的谣言给受害者吴女士的工作生活带来了不小的困扰，同时也将他们自己送进了监牢，令人警醒。

2. 公正客观

互联网时代信息传播快、受众范围广，这就决定了全媒体也有公共属性，运营者必须秉持公正客观的原则，坚守传播的道德底线和社会责任。这一点可以用微信举一个例子：针对部分公众号在运营时发布断章取义、歪曲事实类信息的情况，微信公众平台会对其进行删除文章或封号的处罚。这一措施是规范媒体运营秩序、净化网络传播环境、秉持公正客观原则的必要举措。

3. 利益冲突

这恐怕是现如今各种媒体，尤其是新媒体人最难持操的一点了，因为一多半媒体机构和几乎全部的自媒体人除了遵守基本的媒体职业道德以彰显其社会效益之外，还要自负盈亏并尽量追求最大的市场经济效益，这就导致了有偿新闻及有偿不闻的情况屡有发生。举例来说，在问答平台知乎上，已经认证的官方账号"支付宝"在回答有关金融、电子支付的问题时，都会事先陈述其利益相关，这在一定程度上来讲，就是意识到了利益冲突回避原则——尽管事实上它并没有"回避"，但从另一角度看，这不也正遵循着更正与答辩原则吗？

新传播生态下，上述主要新闻伦理原则受到了不同程度的冲击，而新的伦理原则也正悄然伴随而生，作为网络视听新媒体背后的运营者，理应对新闻伦理原则更多几分关注与了解。

第二节 全能型人才的要求

清华大学新闻与传播学院史安斌教授认为，新型媒体人应当是"文人、极客和创客"的综合体。新型媒体人不光要会写、会画、会生产内容，还要是一个"极客"，同时还得是"创客"，即须具备一定技术和营销领域的技能。史教授所谓的"文人"

即传媒人,也即"铁肩担道义,辣手著文章"的全媒人才。

一、传媒人:稳定而优质的内容输出能力

一直有观点说,当今新闻业的没落证明了新闻专业主义的失败。新闻业的专业性不妨表述为两句话:其一,做你该做的;其二,做你擅长的。再说白了,就是大家不做的我来做,大家都做的我做得更好。其实对于全媒体运营又何尝不是如此呢?作为传媒人、运营者、"文人",也该做好自己的专业性、职业性工作,做有稳定而优质的内容输出能力的运营者。

新闻业落魄不假,说专业主义新闻式微也不算错,但如果引申为新闻专业主义的失败就似是而非了,仿佛新闻专业主义曾经非常辉煌过,就像说家道中落的前提是曾经阔过。而事实上,正是因为新闻专业主义本身就没有建设好,所以才会在碰到社交媒体时丢盔弃甲,不堪一击。常有人说社交媒体、公民新闻冲击了新闻专业主义,业余的抢了专业的饭碗。先不说抢了没有,即使真抢了,那说明什么呢?说明你的饭碗本来就不铁,你的专业性不强。

为什么互联网和社交媒体没有抢了医生和律师的饭碗呢?与大众传播时代相比,在互联网的非线性传播环境下,新闻传播的渠道更加多样、内容更加丰富。为了吸引用户关注,追求流量红利,实现最好的传播效果,许多媒体尤其是新媒体,在新闻的文本表述与呈现形式上过分追求出奇制胜。爆款的背后有许多对新闻意义、事实真相和价值表达的忽略;庸俗标题在吸引眼球的同时,也以道德绑架、情感绑架的方式吸引流量;话题和卖点层出不穷,反转新闻越来越多,甚至一些有传统媒体背景的新媒体也时常陷入非议之中。

一个行业的专业化和职业化的过程,就是相对于社会其他分工和行业不断稳固其制定界限能力的过程。这个过程需要时间,需要一个稳定的社会环境。就新闻业来讲,其职业化和专业化是伴随着现代化过程中社会变迁的不断冲击进行的,总是被颠覆性的传播技术挑战,存于多事之秋,环境动荡不定,加上先天的职业性不足,因而专业性自然偏弱。

微信是自2011年兴起的一种新媒体,它已成为公众获取资讯的重要途径。新闻专业性的问题,无论对传统媒体还是对新媒体而言,都是一直存在的一个问题。媒体都以向受众提供真实、客观的信息为第一要务。如"澎湃新闻"微信公众号,它于2014年7月22日上线,定位于做有内涵的时政新媒体,其账号主体是上海东方报业有限公司。在上线后短短的几年中,该公众号在社会上已经形成了自己的影响力和品牌力。如图3-2。

图 3-2

二、创客：技术流及一定的策划技能

在"互联网+"和"大众创业、万众创新"的时代背景下，我国自媒体得以迅速发展，但在自媒体创业爆发增长后，也遇到了发展瓶颈。究其原因，主要是内容低俗、缺乏品质，缺乏个性化的自主品牌，自媒体平台信息过载，自媒体产业商业模式单一等。所谓双创就是大众创业、万众创新，近几年不断提出这个口号，也引发了我们的思考。2014 年《国务院关于推进文化创意和设计服务与相关产业融合发展的若干意见》提出：市场主导，创新驱动。推进文化创意和设计服务与相关产业深度融合，并积极推进产学研用合作培养人才。

优秀的创意人才是推动文化创意产业发展的核心所在，文化创意产业的发展与创意人才的生产能力是紧密关联的。文化创意产业作为一个新兴的战略发展产业，其发展不仅需要能够提出创意的设计人才，也需要能够推动创意实施的创新型人才，更需要能够将创意转化为文化产品并创造价值的创业型人才。也就是说，文化创意产业的发展与繁荣需具备创意思维能力、创新实施能力和创业管理能力的"三创"人才。

作为全媒体运营者，必须成为一个"技术流"并拥有一定的 PBL 策划能力。"三创"的提法源于我国台湾地区的高等教育界，我国台湾远东科技大学首先将"创意、创新、创业"综合起来称为"三创"。因而一个全媒体运营创客，或者说当一个以创客身份自居、自诩、自鸣的全媒体运营者运营全媒体时，应从下面两条入手对自己进行规范与培训。

（一）创客理念的培养与自我认同

从"双创"人才到"三创"人才，在"互联网+"的时代背景下，数字媒体艺术具有将数字技术、视觉艺术、媒体文化、传播媒介等多者融合的专业特征。"互联网+"带来了全新的技术及平台，也促进了数字媒体艺术专业人才培养内涵的全面深化与改革。所以，作为全媒体运营者，要有意识地以创客身份来要求自己，并对此有相应的心理认同，以期输出更多更优质的精彩内容。

（二）创客目标的择取与践行

从"技术能力"到"技艺能力"，数字媒体艺术专业人才的培养应遵循马克斯·韦伯提出的价值理性建构理论，在数字媒体艺术专业"三创"人才培养体系中既注重人文素养的积累、审美品位的提升，也注重实际技能及素质的培养。以跨学科整合的知识体系补充"互联网+"时代数字媒体艺术作品创作所需要的艺术、文学、社会学、心理学、人机工程学、哲学、计算机技术等多种学科理论，不断丰富个体的文化积淀。

三、极客：以技术和时尚为目标追求

极客是英文单词"Geek"的音译，美国俚语，有时也被翻译为奇客。"Geek"最原始的意思是在狂欢节进行杂耍表演的小丑或马戏表演者，后来用来形容性格古怪而不合群的人。在个人电脑兴起的早期，"Geek"开始被用来形容将大部分时间和精力用在电脑上、痴迷网络的人。这一时期，人们对于极客的印象普遍是衣着老土、性格孤僻、智商很高的人。时至今日，极客指的是爱好数字技术的研究与创新，从事电子科技的创造、维护和服务，区别于普通电子媒介使用者的知识型人才。

极客文化指的是以数字技术为基础，由倡导自由、公开的技术创新型极客群体贯彻执行，以传播极客理念为目的的一种亚文化形态。极客文化以创新为信条，尤其强调技术创新，强调通过运用想象力和动手能力创造出新的电子媒介应用行为，从而改善生活的方方面面。极客文化追求信息自由的电子空间，反对权威，反对集中化。极客群体热爱挑战，喜欢在发现问题与解决问题的过程中获得满足感。

极客文化往往体现出对极客文化产品，尤其是电子产品的向往。电子产品又称为"3C产品"，指的是计算机、通信、消费类电子产品。

电子技术的创新与发展带有一定的阶段性，一种电子新技术从产生、发展到逐渐成熟，在可以预见的一段时期内会引导电子产品生产的主流方向。伴随着这种阶段性趋势，电子产品在产品结构、产品外观等方面的设计会产生与电子技术发展相适应的潮流性。电子产品的更新和升级往往能够强烈地吸引极客群体的关注，并激起他们的购买欲望，极客群体实际上在不知不觉中促进了电子产品的更新换代。因此针对电子产品而产生的消费文化，也是极客文化不容忽略的一部分。

据"91运营网"发布的《2017新媒体行业现状白皮书》显示，在如今的新媒体格局中，IT、互联网、科技类媒体所占比重为26%，与服务业所占比重（27%）旗鼓相当。除此之外，从单个媒体的数据来看，科技类新媒体的发展也不容小觑。作为行业翘楚的果壳网，拥有近300万注册用户，目前每月有2500万用户在社区中阅读、分享、社交、互动。"极客湾"正是在此种浪潮下应运而生的一个科技自媒体，它是由以安徽大学本科生为主的高校在校学生创办、以科技硬件领域为主要市场、基于知识付费新模式展开运作的科技新媒体公司。自2016年创办以来，"极客湾"在B站和微信公众平台持续发布有关科技硬件的测评、教程等优质内容，吸引粉丝共40多万，并将大量流量引入"极客湾电脑超市"，累计销售额270万元。

通过对"极客湾"运营模式的分析，不难发现当前环境下，科技类媒体的运营模式仍有一些不足之处，这也给了媒体运营者几点启发。

（一）内容是媒体运营的基础

新媒体时代，传播者们往往将目光聚集在渠道上，而忽视了内容的创作，标题党、谣言等现象随处可见。但是对于科技媒体而言，高质量的内容是其运营的基础。不论是营销，还是盈利，都建立在用户关注度的基础之上，而能够获得用户关注的最有效的方法便是用内容打动用户。

（二）渠道是媒体运营的关键

新媒体格局下，人们接触信息的渠道越来越多，因而选择合适的传播渠道是媒体运营的关键。有时并不以数量来衡量传播渠道的效果，多渠道传播不一定就是最佳选择。重要的是，传播者所选择的传播渠道必须与媒介内容、市场、用户定位、自身实力等因素相匹配。

(三)搭建平台是媒体运营的重要手段

相较于行业内的领头羊企业,"极客湾"仍然存在着不足之处,即它并没有利用自身的用户优势搭建平台。平台一方面可以实现盈利模式的再拓展,如团购、商城、知识付费等;另一方面,可以有效地聚集用户生产的内容(UGC),降低内容创作的成本。同时,用户可以通过平台自行组建小组、社区,用户体验得以优化,可以说平台是增加用户黏性的重要手段,也是科技类媒体成功运营的重要方式。

如果传媒人讲的是职业,那么创客就是跨越(跨学科、跨平台、混搭),而极客就是细分赛道的极致化。

全媒体人才培养不是一蹴而就的事,在推动媒体融合向纵深发展的过程中,通过探索实践不断深化对全媒体的认识,加强对全媒型人才的培养,是推动新闻事业发展的重中之重。在融合发展实践中,媒体从业者多了一些探索,积累了一些经验,全媒体的发展使整个媒体环境、格局及传播方式都发生了深刻的变化。走过了最初的探索阶段,面对全媒体我们不再像以前那么懵懂,而是有了更多的思考。

基于推动媒体融合、重构采编体系、促进采编队伍转型的工作实践,我们对全媒型人才的培养与运用有以下思考:第一,要科学辩证地理解全媒型人才之"全",在追求"多能"的同时,不能放弃对"专"与"精"的要求;第二,融合报道应该是团队高效默契配合的工作方式,而不是某个"人才"的大包大揽,每一个环节的记者、编辑都应该具备全媒体意识,而有实战经验的成熟全媒型人才,应该出现在报道组织协调者的位置上;第三,全媒体意识应该贯穿于新闻采编制播的全部流程,落实到一个新闻机构的发展战略中,不断适应探索,以动态变化的体制机制,营造适合全媒型人才发展的环境;第四,全媒体时代依然以内容为王,并且这一特征更加显著,媒体应该不为众声喧哗所扰,坚持正确导向,坚持专业精神,坚持高品质。

思考题

一、全媒型人才可以归纳为哪几个层面?

二、全媒体记者与全媒型人才的界限在哪些方面,或者说他们之间真的存在分别吗？

三、在全媒体运营中，内容、用户、运营者自身三者之间的关系该如何平衡？

四、全媒体运营对全媒型人才有哪些要求？

五、在个人主体的全媒体运营中，当限于自身条件无法兼顾"文人、创客、极客"三个身份之时，你觉得当以何者为首呢？

第四章　全媒体运营方式

【目标】

通过本章的学习，使学生了解全媒体运营的一些常见方式；使学生初步掌握全媒体在内容运营中需要掌握的知识要点；使学生了解在内容运营过程中的策划、编写、编辑有哪些方法与技巧；使学生加深对全媒体运营中活动运营、社群运营、粉丝运营以及数据运营的理解。

全媒体运营是一个包含了多个阶段工作、涉及多项工作流程的运营过程，其过程较为复杂，处理得当也能收获较好的运营效果和推广价值。全媒体运营的作用主要有以下四个方面。

一、招徕受众，吸引注意

这一点毋庸置疑，无论以文案形式还是活动形式，只有先被人关注到，才有后续文案、活动产生价值的可能。而一个策划合理、符合受众喜好的活动，如果能吸引受众主动参与其中，那么机构单位或者企业公司便能因势利导，向受众传播公共及商业信息，从而达到相应目的。

二、宣传品牌，介绍产品

这里的品牌应该作广义理解，小到个人自媒体，大到企事业单位官方宣介账号，都有其品牌概念及品牌实体的代表。实际上品牌即话语权、影响力，一个好的策划推广就是一次提高自身品牌曝光率的最为直接有效的尝试。把零散的受众个体询唤为逐渐认同品牌价值理念的主体，策划推广活动会让受众在参与的过程中受群体情绪影响而自主地注意到品牌方。相应地认识了品牌后，受众在有消费需求及消费欲望时很难不想到品牌方的相关产品；抑或是日常生活中，当受众有了诉诸权威的逻辑需求时，也会不自觉地想到相关机构单位的发言与表态。

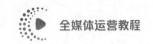

三、套牢老客，联络新客

运营的好坏体现在具体数据上，无非关注量的多寡和成交量的大小，之所以说是客人之"客"，就是这层意思。一般来说，对产品类运营主体而言，商品能否成功售出，取决于"客"们的购买意愿及购买决心——而策划推广无疑是一个绝佳的助推抓手。老用户可以获得返利或者其他优惠，而新用户会因为获得见面礼而增加好感度从而转化为老用户，他们都是运营主体必须竭力争取的对象。

四、互通消息，增进感情

运营方与受众方之间绝不能只是单向的"我发你看"而已，还得在条件允许的情况下增加更多的"人味儿"。产品人格化、品牌人格化，把媒体平台同品牌相结合，赋予运营平台和品牌产品以人格魅力，是现在比较流行的运营推广策略。节假日及时的贴心问候，热点事件相关的产品推介，思虑周到的个性化纪念物品，都是增强运营方与用户情感共鸣的途径。

另外，在沟通过程中运营者也能更好地了解到受众即时的产品需求及其他意向，这为运营者提供了后续工作的预判指标与参考标准。

第一节 内容运营

全媒体运营的内容运营是从文案写作开始，在全媒体几乎各式各样的传播形态下，基于移动互联网技术及设备的支持，向受众提供有效信息及满足其他媒体所需的一种传播形态。

正如有人所言，互联网时代缺少的不是信息，而是高质量的有效信息。中学生少有在网易新闻客户端看评论区的辩论，一如中年男士一般也不在B站看漫画、追番，所以通过相应的用户画像反推，我们要把合适且尽量高质量的文案发布到相应平台上，以期获得成本最低、互动性最强、传播最广泛的运营效果。

所以，在此先说文案写作这一看似违背了"实践为主"之初衷的板块，着实是想让大家先对将要实践的对象有个理论的、宏观的认识，正如清人张之洞在《輶轩语·语学·论读书宜有门径》中所言：泛滥无归，终身无得；得门而入，事半功倍。

一、文案的初步认识

一份优质文案，无疑是全媒体运营过程中的一大利器。在撰写了优质的、为用户所需的文案的基础上，作为运营者不仅可以通过众多平台进行信息传递、品牌推广和产品宣传，还可以策划与此三者相关的优质的线上线下活动，以进一步增强用户与受众的黏性。另外，在计算机强大算法加持下的精准投放过程中实现有效传播（甚至可以说是广告），也是写作、编辑全媒体文案的重要意义所在。

作为内容运营人员，在写作具体文案时要先考虑内容的受众是谁、他们总体的用户画像会有什么样的阅读习惯及喜好，还要考虑更新频率及时间；同时全媒体文案内容的运营者更要思考怎样才算一篇好文章或者说好的文案内容。

（一）文案的基本要求

优秀的文案应具备强烈的感染力，感染力从何而来？大致可分为四个方面：信息传达准确规范，主题表达明确、有创意，内容叙述精准、能打动人，表现形式生动形象、图文并茂。

第一，对文案创作者而言，最先要保证的写作要求就是准确性及规范性。如果自说自话、不知所云，那么如何能给受众一个最基本的阅读体验呢？近几年来，营销号的语言普遍遭到了诟病，被有心网友总结成了"你知道……吗？其实很多人对……很感兴趣，但是很少有人对……有过思考。今天就让我们一起来探索关于……这个问题吧。"的无聊格式。如果想在庞大的信息量中脱颖而出，就得对自己的文案语言有一些基本要求，起码要保证表达的完整规范，避免过度口语化甚至表达残缺，另外也要避免使用易于产生歧义或误解的语句，文字方面也务必不要出现错字、别字、白字这样的低级错误。

第二，主题的表达有循规蹈矩地用浅显直白的叙述进行表现的形式，也有别出心裁、当气氛渲染至无以复加却表达出一个你"万万没想到"的主题的形式。举个例子，近期知名博主"朱一旦的枯燥生活"曾发布一则微电影短片，但故事的结尾却是为企业小鹏汽车带货站台的主题。再如影评类公众号"Sir电影"也以前面讲电影、后面做广告的形式进行软文推送，但从阅读量及底部留言来看，其关注者并未有太多的"广告不适感"，反倒多是会心一笑并"笑骂几句"而已——但是广告主打了广告，流量主也赚到了流量，两全其美，这就是主题与内容结合的一个较好样本。如图4-1。

图 4-1

第三，内容叙述精准、能打动人，大致要从三个方面来把握。其一，细致系统地挖掘产品或品牌的价值并进行提炼总结；其二，深入实际地把握用户个体及群体的信息需求与产品需求；其三，运营者要将所投放内容与受众的实际需求有机结合起来，创造更大的传播价值。

第四，对全媒体运营者来说，能否做到产出内容的形式多样及受众体验感好，也是检验运营合格与否的一个重要的参考标准。全媒体运营要求我们不能像传统媒体那样高高在上，要在传递信息的过程中多方位打造更好的文案，包括但不限于：词句表达合理优美，如果过于俚俗甚至露骨，无疑是自绝生路，不利于后续中长期发展与业务开展；发挥全媒体多感官体验优势，打造主题一以贯之而形式不拘的运营内容；文案内容方便传播且辨识度高，即便是小品牌、个人自媒体账号，抑或是微信朋友圈这种私域流量的聚集地，打造账号"人设"也有其必要性，不然为何那些微商发的朋友圈基本都是同一模板呢？不然为何微博发图也基本都会带水印 logo 呢？

（二）文案的内容形式

文案写作的内容简单地说就是全媒体运营者所产出的文字、图片、音频、视频和综合杂糅前面这些形式的融合内容，追求的是精准的内容定位。

如果是国家机关、企事业单位类的运营主体，那么其内容定位一般是在准确、权威、及时的信息发布的基础上,尽可能更加有亲和力。发布的内容一般要经过多方审核才会公之于众,否则一再更正、勘误、修改,只会造成大众对该运营主体的信任度受损。

同样,它们也可以追求一定的亲和力。比如"人民日报"微信公众号在2021年7月2日发布了一篇题为《这一幕破防了!张桂梅把头靠在江姐扮演者的肩上……》的推送,这与其公众号简介"参与、沟通、记录时代"是相匹配的,同时又不失其人文关怀。再如,在新浪微博、知乎等多个网络资讯平台上,不少网友晒出了"河南疾控"防疫期间和网友互动的截图,各种机智回答引发众多网友围观,虽说看似"不正经",却也不失可爱。如图4-2。

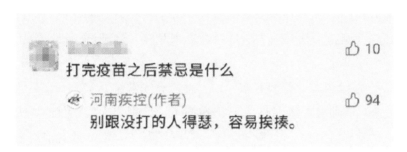

图4-2

如果是非机关单位类的运营主体,那么其内容定位一般是介绍产品或者品牌信息,沟通于受众与运营主体之间,以期获得更好的运营主体品牌认同及更大的良性传播流量曝光。所以,运营过程中难免要关注热点、投其所好、放低姿态。

如人民日报社主管主办、原名《文史参考》的《国家人文历史》杂志社有限公司,其微信公众号"国家人文历史"在中国航天员首次进入自己的空间站时,更新推送《宇航员的太空菜单都有啥?想上厕所怎么办?》,回顾历史告诉我们各国宇航员的"太空外卖"菜单是什么样;在河南电视台《端午奇妙游》系列节目的水下舞蹈节目《洛神水赋》一时风头无两之际,更新推送《最近惊艳众人的洛神是谁?是甄姬吗?》。再如网易新闻平台"民生观点"在中考期间更文《温州中考成绩公布,"状元"出处惹争议,背后是谁在"作妖"?》,对"状元炒作"这一社会现象进行了回应与观点表达。

所以,关注热点即在特定时间段内对大众比较关注的内容进行关注并创作有针对性的内容,以热点助推分享传播从而达到获得曝光量与有效流量的目的。但是要提醒的是,关注热点要看两个是否:该热点是否与运营主体所倡导的品牌价值理念相关，以及相关性大小有多少；该热点的相关内容创作出后投放到平台上供受众浏览是否合适。

再讲投其所好，这里绝不是让大家去迎合部分用户的某些低级趣味的需求，那样不仅可能有违法律法规，同样也会如前文所述自降品阶，最终为行业和大众所不齿。而实际上投其所好是指大家得找准受众的"用点"和"趣点"。比如小红书、知乎有些专门搜集各种社交平台头像的账号，再比如微博也经常有诸如"高清壁纸大全"之类名称的账号。通过你的搜集、整理、上传等一系列工作，让别人找到可用的信息是一种很好的运营着力点。

另外，有些运营内容主打趣味性知识内容，比如知乎答主"混知-陈磊"就经常以诙谐有料的知识内容及漫画配图被各大平台转载其创作内容，再如微信公众号"字媒体"则是依托其输入法后台数据来趣味性地解读热梗、分析热点和宣传广告。

放低姿态是说内容运营要有亲和力，就像有人总结其实每一次后台私信和底部评论都是一次交朋友的绝好机会，把握住了，该用户大概率就能成为你作为运营者所代表的运营主体的忠实粉丝，这一点在运营的草创期或者前期显得尤其重要。前文所载的"河南疾控"就是最好的例证。互联网时代"每个人都能出名15分钟"的说法在现今一再被验证，可谓屡见不鲜。

（三）认识创作

全媒体运营者的文案编写当然也是一种创作，但这种创作绝不是与文学创作画等号的，这里讲的文案创作更偏重于应用文写作，是在相应的平台用符合该平台话语讲述习惯的方式来写作表达自己预期主题及内容的一种创作。当然它也绝对不是排斥创意，尽量避免那种把创意仅限于文字语言的创新的观点。

全媒体之"全"体现在具体运营中，在一定程度上可以理解为学习模仿之"全"和专业熟悉及行业熟稔之"全"。一方面，文案所涉及的领域很多，不同职位所需要的文案人员的能力也不尽相同，所以当碰到不熟悉的内容时要有短时间学习模仿的能力，接收外界信息后重新整合输出是必备技能，出彩也在此处多着眼；另一方面，全媒体运营的文案创作工作内容也不是孤立存在的，大多是集体商讨、分别组稿、集中发布，所以运营者需协调文案编辑和美工设计师两方面的人员，或者说运营者本身就是兼任此二职位的，那就更需要体现其作为全媒体运营者之"全"了！

第四章　全媒体运营方式

二、文案的调研与分析

没有调查就没有发言权，写作文案或者编辑组稿之前不做点相关方面的调研，只怕也是巧妇难为无米之炊。只调研不分析，不把一手的调研信息及数据分析一番，也难免事倍功半。所以文案写作之前的调研与分析，写作后对受众反应的量化与分析都有其必要性。

（一）领域调研与确定对象

凡事总需研究，才能明白。写作特定领域的对应文案，也必先对其进行或多或少的调查与研究。不得不承认的是，就算某些从业者在谈及自己从业之初的情况时，声称自己"就是某天突然开始写了"，但其实在此之前他已经对将要涉足的领域有了一定的了解与学习——只不过这个了解与学习可能是耳濡目染，或者在潜意识中就已经完成了。

最简单的调研方法就是直接用你经常使用的平台去检索信息。就以微信公众号为例，假设我现在准备写作"育儿及教育"方面的文章，搜索结果如图4-3、图4-4、图4-5。

图4-3

图4-4

图4-5

点击微信右上角的"搜索放大镜"，输入"育儿教育"，点击"搜索"，可大致看到如图4-3所示界面，这里大致就能看到相关方面的App服务、公众号及微视视频号推荐。但这些只是大致的搜索结果，还不够精确，我们再点击屏幕上

· 47 ·

方数据类型"文章"（因为我们是想看看别人怎么写作文案的，不是来了解音视频内容的），并设置"按阅读量排序"（这样才能更加精准地看到优秀账号文案内容的细节操作），这样基本就能找到该领域一段时间内的优质内容了，如图4-4。按照前文操作可能还不够精确，因为有些账号可能是转载文章，自身并不持续生产相关领域的内容，如图4-5里的第一个账号"有书"，它作为一个宗旨为"读好书赏美文"的账号，是不会天天专注于"育儿及教育"这一个方面的，所以应当将其排除出进一步了解的范畴，再如图中的"中国教育报"以及点进这几篇文章后经常出现的一个名字"李玫瑾育儿"，就是我们需要好好观摩借鉴的账号。

上面只是一个急就章式的突击调研方式，适用于临时之需，如若需要更深度的调研，还需要借助一些数据平台之力。下面给大家介绍三个数据收集整理平台。

1. 清博大数据平台

清博大数据平台目前拥有基数可观的社交矩阵（公众号、头条号、抖音号、小红书等），被冠以新媒体搜索引擎之名丝毫不夸张。作为全媒体运营者，在平台上检索相关账号信息时，可以看到它的排名、发文量、阅读量、活跃指数等，还可以在平台上收集相关信息并挖掘出有用的信息，加以学习借鉴。此外，除了活跃指数这些常规内容，平台上的清博舆情、清博热点、智能融媒体平台（暂时不对个人用户开放）也值得关注。

2. 新榜数据平台

新榜数据平台是一个内容产业服务平台，相对于清博平台来讲，其优势体现于对注册账号做到了"应搜尽搜"，每一个账号基本都被纳入榜单；另外就是其自媒体CPC变现渠道，只要授权相关账号，就有相应流量变现的机会，其他内容基本与清博无太大差别。新榜平台自媒体CPC内容如图4-6。

图4-6

3. 各运营平台自主数据平台

例如，微信公众平台、知乎数据平台、抖音数据后台等，这些都是各大运营平台自主设计并最终呈现给运营者或者个人账号主体的数据平台，它们大多只能呈现账号本身的数据情况，如内容阅读统计、用户增长趋势等，可谓更加具体详细了。微信公众平台数据界面如图 4-7。

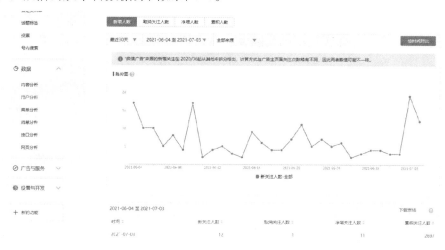

图 4-7

（二）平台

文案写作出来之后就要具体投放，但你知道将要投放的平台的优势及用户画像吗？文案的调研与分析也不能只紧盯一个后台，还得选对平台。运营平台大致可分为三类：以微信为代表的腾讯社交平台、以淘宝为代表的电商资讯平台、以优酷为代表的音视频平台。

腾讯社交平台不仅仅有微信、QQ 而已，实则 TM、腾讯视频、财付通、腾讯电脑管家等也在矩阵中发挥着不可或缺的作用，以它们为主构成的社交网络已经被大家所熟知和普遍应用。所以，运营者对腾讯应该有一个跨平台、跨终端运营的认知。PC 端还是手机端，微信端还是 QQ 端，都是需要首先考虑的问题，得大致知道自身品牌或者产品适合哪一类终端，然后再根据其用户群体画像去安排运营工作。

微信公众号是运营者不可忽视的运营核心，原创内容的创作、提升阅读量及关注量、变现途径及方式方法等，都是要花大工夫去实践、探索、了解的。除了微信公众号之外，微信朋友圈其实也是一个不容忽视的私域流量聚集地，运营者本身在朋友圈的影响力和朋友圈的分享与高效传播能力，都是朋友圈是否值得运营的重要指标。微信商城则直接以自建闭环销售的方式来实现运营目标，在微信商城中开店简单、易操作，与微信本身的融合度高、指向性强，值得产品提供类运营主体积极尝试。

电商资讯平台包括以下几种：淘宝头条为商家自主运营的在线生活消费资讯媒体平台，运营内容以文章为主，内容质量高则可能会被精选置顶以达到更大的流量曝光；淘宝有好货为平台精选、精准推送式的展销平台，转化率较为可观；淘宝直播是低成本、高转化率的代表，直播售货的方式已经越来越风靡，这对从业者来说是一个实现自我价值的风口，对运营者来说也是一个尚新的挑战。

音视频平台以优酷、抖音、喜马拉雅为代表。其实爱奇艺、腾讯视频也是行业顶端的视频平台，但是优酷"视频分享平台"的定位已为众多早期互联网视频内容创作者所熟悉并接受，其"拍客"用户群体的运营已经成规模。另外，优酷近几年新推出的"原创"与"直播"板块也为我们运营者提供了一个更具容差性的平台。至于喜马拉雅之所以相对比较适合全媒体运营者，就在于它的音频分享与个人开播功能，另外其可观的变现途径也较为稳定与多样，作为运营者不得不考虑一二。

三、文案的内容创作

个人或者企业运营的产品或品牌要想在一众媒体平台中脱颖而出绝非易事，而在"内容为王，优质内容为保障"这一公认的理念之下，须得把内容运营视作极其重要的获胜条件之一！由于文案的承载形式以文章为主，所以这一小节我们从标题优化、正文安排、图片使用三个主要方面展开，最后捎带着把关于文章版式的几点提醒一并叙与诸君。

（一）标题的常见类型

标题是文章的眼睛，眼睛灵动与否，直接决定了受众是否会点开文章进而浏览正文——这是文章产生实际价值的先决条件！如今在大部分平台投放文章时，标题都是与封面并行的，所以一张精心设计的封面同样不可或缺。

1. 实用类信息标题

这一类标题多是信息发布与干货分享的内容。如2021年7月4日，搜狐新闻网主界面文章《欧洲杯——凯恩双响马奎尔破门，英格兰4-0乌克兰进4强》，其标题直接告诉受众内文主要信息；再如2021年7月2日微信公众号"新京报"的次条文章《泰国普吉岛时隔一年正式开放，总理亲自接机》，受众也是直接通过标题即可大致了解到内文主要信息；而微信公众号"最爱历史"于 2021 年 6 月 29 日更新文章《东晋第一国手：画绝、才绝、痴绝》为其头条，梳理了顾恺之的传奇一生，标题就相当于预先提示了其文章内容属性。

2. 引人入"文"类标题

这一类标题多是"说一半，不说一半"。比如简书网"故事优秀作者"推出文章《年龄真的不是问题吗？》，再如微信公众号"南方都市报"2021 年 7 月 4 日的推送《微信又双叒上新功能！网友：怎么不早点出？》，都是直接以提问而不答的方式来设置标题，这无疑能在一定程度上提高文章被点开的概率。但是要注意的是，这类标题不可过度隐藏主要信息，要懂得给出提示使读者能猜到正文然后在浏览正文的过程中印证自己的猜想，以满足其小小的自得情绪。

3. 情感共鸣型标题

这一类标题多是为某一群体发声式的，如搜狐新闻网于 2021 年 3 月 23 日发布的文章《姚策：错换一生，带着遗憾和不舍离开！》；再如微信公众号"升值计"2021 年 7 月 2 日的推送《林先生赚足冥币》，则是在热点事件的当口为某一部分人"出了一口气"。这些文章要么宽人心肠娓娓而谈，要么打抱不平怒而发声，情绪一般比较外放，反映到标题上也带有明显的褒贬等主观情绪倾向。

4. 娱乐搞笑型标题

这一类标题多配有相应的娱乐性封面及正文，且正文多是图多于文，正文一句一段居中排列，阅读起来轻快活泼，一般阅读量都比较可观。如微信公众号"字媒体"2021 年 7 月 2 日的推送《趣读：面试没有王法，只有老板的想法，望周知》，再如微信公众号"青年文摘"2021 年 7 月 3 日的推送《草率了，南方的蜗牛原来能长这么大……》，还有如微信公众号"新京报"2021 年 6 月 21 日的视频内容《潜伏羊毛群 20 天，我被套路了》，都是未点全文而让人心痒无比的典型，毕竟谁不喜欢轻松活泼且幽默搞笑的内容呢。

事物之类型永远是归纳倒推的产物，但实际的创意之作也绝对不在少数，不是上面这简单的四种类型所能枚举完毕的，这里只是给人家做个简单的举例。另外，上面这些类型也并非全部相斥，它们也多有重合之处，并且重合之后一般都会产生"化学反应"，会有一加一大于二的效果。所以，作为运营者无论在哪一平台投放文章内容，一定要好好构思题目或者标题，毕竟题好一半文。

（二）正文的展开方式

封面及标题之后，就是正文了，而正文内容是具体主题的载体，为了减少用户的跳出率及在初次见到后做到高质量的用户留存，我们得从这几个方面好好准备。

1. 素材准备

素材准备就像烹饪之前要准备食材一样，写作文案之前肯定也要有或多或少的素材准备，好的素材才能连缀成一篇具有较强可读性的文章。而素材的找寻大致可以从三个方面入手：这些素材是否具有故事性，故事性素材往往更具有可读性，能让人有阅读小说等文学作品一样的审美体验；是否具有娱乐性、科普性，娱乐性与科普性相结合的素材往往能有较强的可读性，用浅显跳脱的语言来叙说一些严肃认真的话题会是我们出奇制胜的一大法宝；能否对产品及品牌做人格化描述，把产品及品牌当作人来写，比如让产品"说话"来自我讲述其性能及特征，能区别于千篇一律的参数展示型内容。

另外，对文章结构的开头段、中间段、结尾段，分门别类地搜集并积累素材，也是提高文案产出效率的有效方法，宁可备而不用也不要用而无备。

2. 行文准备

正式开始写作文案时，不可避免地要考虑内容形式，包括但不限于纯文字式、图文结合式、语音文字式以及综合混搭式；布局形式，包括但不限于经典的总分总式、逻辑层递式、模拟场景式（日记体、访谈体、新闻联播体等）；表现形式，包括但不限于主题突出式、新品促销式、活动节日式、个性文案式。

运营者在编辑正文时，其形式可以是多样的，但归根结底是为表现主题服务，即写这篇文章是为了干什么，不能放空枪，为了发文而发文。另外，每一种形式都有其独到之用处，因此虽说不能掌握每一种形式，但常见的形式都要掌握，必要时各种形式可以综合运用，以达到预期的运营效果与目的。

3. 价值、情感、态度准备

身处当今信息共享的社会，要想将读者转化为二次分享者的前提是文章本身的情致格调足够高，且所传达出的情感态度与价值观要有较高的大众接受性。唯其如是，才能让受众在有良好阅读体验感的基础上进而与运营者所代表的产品及品牌形成思想互动，实现文章宣传价值之外的价值。

4. 版式准备

大部分新媒体平台自身所提供的编辑功能都相对有限，这时就得使用第三方编辑器，诸如秀米排版编辑器、135编辑器、i排版编辑器等。版式的共通要求就是一致性原则：文字间距、行距、段首缩进一致，文与图、图与图之间的间隔一致，另外再如相同类型的文字字号、颜色要一致，图片裁剪的外框呈现样式也要一致。这些都是基本准则，没有人愿意看杂乱无章的内容。

（三）图片的运用方法与技巧

图文并茂是现在常见的文章内容呈现方式，有些文章更甚，直接以带文字的长图叙述其内容，可见图片的使用安排及编辑处理也是运营者不得不关注的内容。

图片处理常用这三类工具：手机自带的图片编辑器，一般的图片裁剪、矫正、添加文字贴纸、虚化消除都不成问题；美图秀秀网页版，对多图拼接、长图输出、去水印、人像抠图等需求基本可以满足；Adobe Photoshop 图片处理软件，适用于一些精修图、超长图、摄影作品后期处理等方面的工作。此外，动图则可以借用"格式工厂"来完成处理过程。

这里特别提醒大家注意一种不算图片处理软件，却可以较为方便快捷地完成上述所有功能的软件，那就是 PowerPoint——其中以 Office 365 版本最为好用，Office 2010 与 WPS 在实际使用过程中稍显逊色。

封面图作为"题眼"会夺人眼球，所以处理好能事半功倍。分别介绍以下推荐处理方式：封面图如果是人物，要尽量把人脸露出，照片不应有模糊、无头、年代过于久远以致色彩失真等问题；如果是物件之类，要尽量突出最能打动人、最能与正文内容相契合的局部或者细节处，尽量不要大而无当，无一可取之处；如果是风景摄影，要尽量选择高清图来设置封面，否则反倒适得其反，达不到预期效果不说，还有损读者对运营方账号主体一贯积累起来的良好直观感受。当然，如果是有特殊含义的有意为之，则可以视情况而定，不必考虑上述种种限制及要求。

四、常用工具

工欲善其事，必先利其器。作为全媒体运营者，在基本确定了选题与内容素材后，就要进入实际编辑过程了，下面给大家推荐几种常用的编辑工具。

（一）腾讯 QQ

腾讯 QQ 绝对不仅仅是一款社交软件，发展至今，其部分功能已经优化得几乎可以媲美部分专门软件。比如：在电脑上打开 QQ，按 Ctrl+Alt+A 快捷键，其①截取长图、②现场中英文互译、③文字识别 OCR 功能在实际编辑过程中不可谓不方便至极，如图 4-8；按 Ctrl+Alt+S 快捷键，其录屏功能也比市面上的录屏软件如 EV 录屏更方便简洁，如图 4-9。

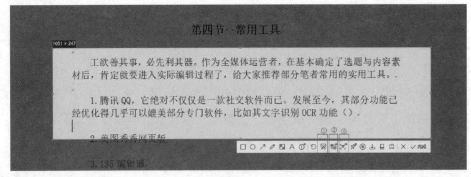

图 4-8

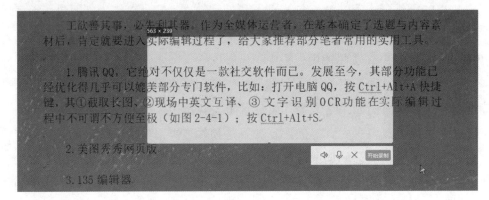

图 4-9

（二）美图秀秀

比起美图秀秀 App，其网页版更加适合我们的图片文案编辑需求。一般的图片处理，比如一键抠图、形状蒙版等用如美图秀秀等工具即可。如图 4-10。

图 4-10

第四章 全媒体运营方式

（三）135编辑器

135编辑器是编辑微信公众号文章中用得较多的一个文案版式编辑器，它相对于微信公众平台自带的编辑器来说，编辑样式多、模板简单精美，其主界面左侧和上方的功能区也可供使用者根据实际需要进行相关图文操作与编辑，诸如一键排版、在线配图、导入其他来源文章（如百家号文章、知乎专栏文章）等，这对可能需要大量处理文案编辑的运营者来说不啻为一个利好存在。如图4-11。

图4-11

（四）WPS

用WPS处理图片，也不失为一种变通的做法，简单处理即可导出一张精美图片。其中布尔运算相交处理、渐变色、抠除背景、清晰化等功能，无疑能直接增加图片高级感，这在封面图的处理上尤其值得注意。另外，在PPT中直接给图片配文字并输出为相应的图片格式也是极方便的。如图4-12。

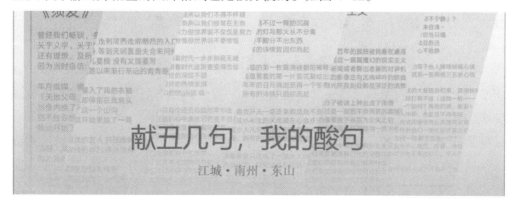

图4-12

除了上述几种常用工具，还有诸如草料二维码生成器（活动运营过程中将一些资源型内容转化成二维码供受众扫码获取）、ProcessOn思维导图（思维笔记、流程图、组织结构图的制作）、配色卡（文案内容的文字颜色要协调，配图颜色及色调尽量不要太相斥）、全景网（配图选用）等，也是值得大家选用的工具。

工欲善其事，必先利其器，亦必善用其利器。工具归根结底要用起来并熟练掌握其用法，才能达到节省时间、提高效率、产出美好的目标，否则工具是工具，未能与运营者融为一体、为之所用。

五、实践操作

不少运营者或文案编辑人员在创作文案时，往往会因为没有把握其重点注意事项而以失败告终。文案的创作失败倒是暂时没什么太大问题，就怕因为初期的创作受阻而丧失了继续下去的兴趣和勇气。请大家相信没有什么事情是一蹴而就的，只有先摸着石头把这河以混不吝的气性蹚过去了，才能总结出属于自己的创作经验。

事先不做功课却妄图临时创作出一篇合格的文案，大谬也。文案的编辑写作大多是从借鉴模仿开始的，只有学好了别人的优质账号及其优质内容，才能站在巨人的肩膀上进行创作。一次文案营销运营需要一个整体规划，这需要对相关领域、相关行业进行一定的了解与理解之后才能决定下来。在此之后，文案素材的收集与整理、文案呈现形式的悉心选择与敲定、发布平台及渠道的择取、发布后受众反应数据的分析与解读，都需要运营者全程跟进。

文案求量不求质，内容偏离创作主题也是错误的。现今不是缺少内容可供获取的年代，但缺少优质内容，所以泛泛地写作十篇不如深刻地编辑一篇。而成篇的内容在发布之前也要反思，所写内容是否符合既定的运营目的，或者是所运营品牌、产品的倡导理念。创作文案的目的是推广，不是满足自己倾诉的欲望——内容要忠实地为主体服务！

通篇无出彩点，甚至有较多明显的编辑错误也是错误的。文章要想出彩，也不必如七宝楼台般光彩夺目，起码要有一个值得受众停下细细品读或者心甘情愿完成二次分享的地方。有用？有趣？还是能让受众感同身受？另外，一些书写错误更是低级且可笑的，诸如错字别字多、标点符号使用失范、明显的逻辑不通或语法错误（如"虽然……，可是……"句式）等。这些问题务必在文案发布之前仔细审查校对，避免造成一些负面运营效果。

排版杂乱，图文衔接失调，也是错误的。排版如同文章之骨干支撑，若是处理不当，极易给人一种敷衍之感，影响阅读体验。一篇文章就算以吸睛标题和精美配图吸引读者点开了正文，人家抬眼一瞧，排版杂乱无序，可想而知读者一定会觉得索然无味，这样其退出率岂有不高之理？在图文衔接上也是如此，图与文之间是否有空行、行距多少都要尽量保持一致。另外尽量不要出现大段文字挤在一处或者极少量文字另起一行的情况，大致每个自然段以不超过150字为宜，或者参照"三行成一段"原则。还有一点要特别注意，在以手机为阅读终端的平台编辑文字时，一般段与段之间会选用空行的方式以示区分。

更新频率漫无规律，也是错误的。以文字、图文、音视频为主的文案内容更新尽量要做到有迹可循，"打鱼"与"晒网"有机结合、合理搭配。苟有恒，何必三更眠五更起；最无益，莫过一日曝十日寒。在文案创作方面，对编辑者而言需要有一个自己适应且能接受的良性创作规律，不能暴"发"骤"停"，这不利于编辑者的身心健康与工作经验的良性有序积累。从本质上说，文案并不是直接促成成交或者直接完成营销推广目的的因素，我们所希冀的是通过长期有规律、成规模的文案内容的发布，让受众在潜移默化之中认可并接受其所代表的产品或品牌。文案写作贵在实践，贵在模仿借鉴并生发出符合产品、品牌倡导理念的个人创作经验，以便在增强运营者自身专业能力的基础上更好地服务于产品及品牌。

第二节 活动运营

从一系列配套各大媒体平台应运而生的数据分析系统不难看出，如何在基本了解自身优势及目标群体切身需求的情况下，去开发活动引导用户并实际留存用户是运营者需要时时考虑的。而策划推广活动也是一个涉及诸多方面的运营过程，这里我们大致分活动前的准备、活动进行中的服务、活动后的总结三方面进行介绍。

一、预设流程，做好安排

活动之所以要策划，是为了让活动变得更有意义，能为品牌带来正面效果。活动一经决定要开展，那么活动正式开始之前的相关准备务必到位，活动目标要明确，是宣传品牌形象（对新品而言）还是提升大众对品牌的好感度，抑或是单纯为了营利，对于不同的目标，其活动形式也不尽相同；方案构思要有容错率，完美方案基本不存在，所以实现预留的可活动空间是有必要的，简单明了却要素齐全是基本要求；每个岗位务必落实到具体个人，这对活动来说是不可或缺的，特别在大型团队协作中，做好内部沟通协调是成功推广的保障。

在准备阶段，除了活动中的相关准备，也要预备活动大体结束时的复盘总结相关内容。"此事"不忘，后事之师。相应的考核表、活动可执行度的预设标准、人力物力支出营收备忘录等，都是后续活动评估分析的重要材料。

开展一次活动推广耗费的运营成本不会很低，所以只有事先尽量考虑周全才能届时胸有成竹、事中有条不紊、突发情况下有备无患、事后有所依凭，不至于无端靡费宝贵的人力物力与时间精力。

对活动的时间及形式有必要再饶舌几句，活动时间既指活动开始宣传与推广的宣传期及正式开始日期（这个时间多半是节假日或纪念日，于自身品牌而言具有特殊意义的时间点也可），也指活动开展所持续的时间段，二者同样既有主体差异导致的随意性，也有刻意去契合品牌及产品的选择性。所以关于时间的选择，运营者应当慎之又慎，宁可无活动，也不可贸然推活动、做营销。另外，活动的形式是以打折、发放抵扣券为主的促销活动，还是以免费、赠送为主的趣味拉新活动，或者是为了提升品牌知名度、增加产品好感度的品牌宣传活动等，也值得多花点心思去琢磨与择取。

二、及时跟进，留住"游"客

线上活动主要依托平台为技术支撑来开展，因而在活动的过程中客户服务的质量最为重要，这时候运营方的客服就彰显出其重要性了。当客户群体或者散客光临线上时，及时、温馨的问询服务就是工作的重点。

而线下活动更多是对场地布置、活动进行、人员配置这几个方面进行部署，要求无非是场地好记好找，活动有人专职跟进，配套人员能灵活机动。

三、前事不忘，后事之师

活动无论前期筹划多么理想，最终呈现效果还得看具体执行情况，而活动完成后也不能忘记复盘总结，以期条陈优劣供下次活动参考。没有天生的活动策划家，有的只是不断吸取经验教训、及时查补缺漏、下次错不二犯的"总结家、教训家"。

(一)活动效果评估

证券投资领域有两个概念可供我们撷取:"冲高"与"回落",即活动开始后的产品成交量,或者是用户涌入并停留的数值呈现。一般我们较为关注其峰值前后的变化,在其峰值前主要分析峰值产生原因(如前期宣传效果所致、当天工作人员卖力招徕所致等),在其峰值后主要关注数值开始回落的幅度、时间点并分析原因(回落幅度是峰值后陡然下降还是缓慢下降,下降时间节点的分布,并据此推测其下降原因)。冲高快,回落慢,则活动效果基本可判定为显著;冲高快,回落也快,则活动实际可能缺乏客户留存能力;冲高慢甚至没有,则相当程度上可以判定活动失败了。

(二)具体产品或者品牌长期影响力评估

产品的销售额,或者对品牌来说更多是(关注)用户的增长率,是运营者需要具体分析的。这个分析并不怎么"高端",但是对运营者来说,这就是我们的成绩单。

(三)撰写活动报告,及时更新既有经验

从报告被呈送人的角度撰写一份成文的活动报告,以简单明了、可视化程度高的要求来呈现当次活动的效果及经验等;避免单纯罗列文字或者数据的形式,报告背后一定要有"不足"及"本可避免但未能优化之处"两部分,这是后期活动的最紧要处。还有总结不是简单说个好坏的价值判断而已,还需经过一定程度来说更复杂的"复盘"——推演整个活动流程的进行,在大关节的原有处理方案的基础上共同讨论商榷看看有无更好的处理方案,活动进行过程中难以发现或者容易被忽略的细节问题也务必在事后复盘中检查出来,以作为运营者更新的技能储备与学习经验。

第三节 社群运营

Web 3.0 时代,人与人之间交流方式的改变也使得全媒体社群运营成为当下工作的一大重点,一个活跃且健康的社群很有可能为产品或者品牌带来意想不到的价值与收获。

一、社群运营就是聚集用户智慧以构建一个大众的多向联络网

随着互联网的崛起，网民人数逐年增多，社群运营必将在如今乃至今后相当长的一段时间内成为全媒体运营的工作重心之一。运营者借助热点话题（如新品发布、舆论事件、品牌故事等）将用户聚合起来，这样运营方就能通过社群运营从原本"大撒网捞小鱼"的方式转向"定点捕捞"以培养忠实粉丝用户。一个忠实用户将带动其周边一批人对运营主体的情感价值产生积极改观或者"愈加热爱"。

只要能将人群聚集在一个载体上，就可进行社群运营；或者说社群运营就是在线上或线下将基于相同或相似兴趣爱好的人聚拢，然后通过"虚拟社区"，如微信群、QQ群、抖音、小红书、快手、微博超话、知乎圈子、豆瓣小组等，聚集人气，并通过产品或者服务满足社群需求，从而产生想要的运营效果。

常见的诸如某品牌或某产品的用户聚集微信群、QQ群之类的运营不用多说，通过其他相对"小众的"社群，例如我们上知乎App搜索"北京大学"（见图4-13）和"考试"（见图4-14）相关的圈子内容，就能发现其端倪。可能大家会觉得"北京大学"或者"考试"既不是什么产品，也不属于某个企业性质的个体，难道还需要社群运营？这里涉及两个问题：第一，全媒体运营没有企业与非企业、产品与非产品之分，有的只是运营主体或被动运营主体（即自然聚集而成的社群）；第二，社群运营，重点是"社群"，关键是"运营"，只要形成了事实上的社群聚集，那么利益相关方就需要尽量积极地运营——比如"考试"，其相关社群就必须得有相关意见领袖，他可能是免费输送经验帖的在校学生，也可能是兜售其收费课程的培训机构工作人员，还可能只是自发聚集与交流分享的将要考试人员。

图4-13　　　　　　　　　　图4-14

当社群构建起来之后，无论其中事实上的意见领袖是主动还是被动地去运营相关内容，其目的大多是一致的，那就是在产品、品牌或者相关领域的社群中成为活跃者，然后为自身带来相关利益。

社群成员之间的多向互动交流使得每个个体都是用户生产内容（UGC）的发布者与接收者，更是传播者与分享者，这无疑为产品方或品牌方抑或独立个体创造了良好的环境。

二、社群运营能通过意见领袖的主导为产品或品牌提高用户黏着度

社群通常是一个去中心化的网状结构，即便是前文所说的意见领袖也没有完全的社群主导权，成员来去自由，故而大多数情况下只能遵守"以理服人"的准则，否则社群之间的"顶、踩"功能也会将成员边缘化。

但是话说回来，社群意见领袖在其可操作范围内还是享有一定的主导权，例如微信群群主有发布群公告与删除群成员的权限，这就是对社群成员来说不得不心存忌惮的存在。在前些年的"两微一端"时代，有的企业或品牌开发了自家的客户端 App 并建起了相应社群，身处其中的社群成员更是几乎完全处于一个上对下的话语体系之中，难免有"人在社群中，不得不低头"的情况发生。

积极来看，一个社群只要健康、积极地运营，由于其针对性强、传播速度快的特点，意见领袖做一下引导，该社群所能创造的积极效果不会太让人失望。

企业或者品牌通过意见领袖聚集并发展一批铁杆粉丝是社群运营的重要目标之一，铁杆粉丝对运营主体的情感信任及价值反哺是其终极目的。

三、社群运营是一小群人对一大群人进行企业或品牌文化的定向输出

在通过社群把独立的用户个体询唤为相对集中的用户主体之后，运营主体就得进行持续性的社群维护运营了，其运营内容以四个词概括：观点、干货、互动、正能量。

意见领袖的形成，主要是靠某一个或者几个社群成员持续输出独特观点与实用干货来达成。就如上文提到的知乎 App 中那几个"考试圈子"，点进去你会发现发帖最多的就那么几个人，而被点小红心（这在知乎圈子里表示认可与喜欢，类似于"顶"）最多的也多半是他们，他们在自我输出与聆听社群成员需求的过程中让社群提高了用户体验度，并且自身也获得了较多较强的粉丝认同，从而形成口碑——关于产品、关于品牌或关于他们本人。

有了口碑，运营主体才算是有了真正的预期运营效果。用户经过社群的有意引导，在基本认可产品或者品牌的基础上，才会心甘情愿地将产品与品牌推荐给身边的人，这才有了二次情感认可与价值创造。

在运营中要注意的一点是，在相对较为私密的社群环境中也得记得遵守相应法律法规，积极传递社会健康正能量，这对长期运营目标来说绝对是个有益无害的运营策略。

第四节 粉丝运营

用户运营也可以说是粉丝运营，这是活动运营的核心，前文所述的活动运营与社群运营，还有后文将要讲到的数据运营都是为它服务的。这无疑让投放产品的企业与品牌方，尤其是个人自媒体运营主体在这一领域开始了角力。用户运营主要通过用户的引流、留存与激活变现三方面开展。

一、用户引流构建起社群，快速或者持续聚集用户后开始商业变现

基础的引流工作不难，但要想持续引流就得运营者好好筹谋了。引流肯定不止于引流本身，先于直接引流开始的是其准备流程。

（一）筛选目标用户

这需要运营者在提炼产品价值点或情感价值点的基础上去模拟用户场景，然后归纳目标用户的特征完成用户画像，最后根据用户画像去粗略但尽量精确地投放引流内容。前几年999感冒灵的感恩节短片《这个世界总有人偷偷爱你》就深谙此道，片子把五个故事用反转的形式拍了出来，想必在拍摄之前是有筛选其目标用户及投放方式和渠道的。

999感冒灵这个故事短片的广告不可谓不高级，既直截了当地戳中了大量观者的内心，成功让人表面上"主动停下来看短片"而实际上被广告了，同时又以一种不同于寻常广告"一样十来秒，口号喊三遍"的方式让人忍不住想要把短片倒回去再看一遍，看完了还要分享出去，不可谓不高明。而参与其中再分享的多是其精准筛选过的目标用户，即相对缺乏陪伴、渴望温暖的"弱势群体"，而与他们境况相似或者经历过相似情况的、在他乡为了生活拼搏的人们能不感同身受

第四章 全媒体运营方式

吗？若用户对短片所表达的"关爱弱势群体"这一中心思想能共情，则对短片生产方999感冒灵的产品首选度、情感认可度或多或少能有所增加。

（二）总结用户属性

总结用户属性主要是为了更好、更精确地进行宣传推广，而用户属性也就是前面经过初步的用户筛选之后再提炼的产物，它要去与产品或者品牌进行用户喜好关联。筛选目标用户时大概了解用户的年龄段分布或者性别等，但是用户属性，诸如访问时间、终端设备、言语习惯等，需要在与用户接触的具体过程中慢慢总结归纳。用户的身份背景如果能在一定范围内被总结出相关特征，那么这一特征就能被称为用户属性之一。比如运营微信公众号时，通过后台数据提取，发现用户访问时间大多集中在晚上11点左右，那么相应的后续文章发布时间就可以设定在晚上10点左右，这样才能有更高的曝光量与点击量，才会有后续留存与激活用户的可能。

（三）多种基础引流工作途径的选择

用户的引流就是运营者与用户之间建立的一种快捷联系，即便是初次引流用户之后，也还有很多工作要做。微信公众平台就有类似操作上的不同，如果用户关注某一公众号后，却不常点开该公众号每次发布的内容，那么在用户终端该公众号文章的头图会以次图格式显示。

澎湃新闻头条（见图4-15）推送的封面以这种大长方形、更醒目的方式呈现，而深圳大件事（见图4-16）由于不常被点开，即便它以头条推送，也是以这种小正方形、相对不太醒目的方式呈现到用户面前。

图 4-15　　　　　　　　　　图 4-16

下面给大家推荐几种基础的引流技巧，或者说引流方式，供大家选择。

1. 账号间的互推

这是优质账号常用的用户引流方式之一，即便自身账号尚不属于"优质"，也可以通过转载爆款文章的方式来增加曝光量，有了曝光，则用户引流就会相对容易些。这种方式需要注意一个问题，那就是互推账号之间基本不能有竞争关系，比如你的产品主打摄影器材，那么互推的账号以摄影技巧分享为好，最好存在这种互补性。

2. 及时更新热点话题

这对讲求全时性的全媒体来说尤为重要，全媒体运营者多需要三班倒，分白班、小夜班、大夜班来进行管理，但是运营主体倒也不必这般枕戈待旦，一般来讲热点事件不会马上消失，差不多能保证如果今天有热点，那么今晚或者明天，最迟后天一早能发出相关文章或内容即可。

而热点的把握当然也需要审慎，就像游泳健身教练基本不会把"小区大妈"、"明天起猪肉价格再涨5毛"这样的信息分享到社群或者个人社交圈子中。所以在追热点进行内容输出以联络用户时，热点要与自身产品或者品牌的主题有较高相关度，不然反倒弄巧成拙了。热点的筛选可以通过今日头条、百度热词、微博热搜、知乎热榜等相关信息平台进行，然后再编辑将自身与热点相结合的文案并及时准确地投放出去，通过各大平台和门户网站进行用户引流。

3. 放送优惠福利

在可操作范围内设置领取门槛进而引导分享优惠与福利，这一招不算高明，甚至有点掉价，但它是最为简单有效的初期引流方式。常见的如关注公众号并分享至朋友圈，然后凭截图领取优惠福利；再如邀请好友注册账号或参与拼团以获得减免；还有如观看指定广告或者是下载相应App客户端等。这一类引流方式要尽量少用，用多了对运营者来说无疑是自戕。

4. 价值类文案引导分享

要么幽你一默，要么使用干货经验帖文，要么是情感共鸣型文章，简单说就是能让人想笑、想哭或者变得更好的内容。如果能持续性输出这几类文章，那么运营效果绝对不会很差。全媒体运营者除了是数据分析小能手之外，更多是文案输出小能手，这能让读者在想哭、想笑或者醍醐灌顶的过程中，不自觉地进行分享与传播。如此一来，何愁没有新增用户，那么后面的所谓运营基本也就水到渠成了。

二、用户留存主要靠活动，有曝光有流量才能更好实现预期运营效果

全媒体的用户运营首先是集中提高产品或品牌的曝光量（这一点主要通过浏览量呈现），然后通过精美实用的文案或者音视频内容将第一批受众吸引过来，而关键是提高这批受众的留存率（即新用户到老用户、老用户到忠实粉丝的转化），通过这一系列的往复操作最终建立一套能将新用户不断沉淀为老用户的运营体系。运营从表面看就是拉人头，实际上还是运营制度的建立，这个制度我们分别从三个方面来阐述。

（一）新鲜感与互动感

保持较高质量及一定频率的产品或者品牌宣传，让用户新鲜感长存，并且有互动感。用户留存第一条绝对是能够根据用户反馈适时调整并产出有运营方观点和见解的优质内容，因为用户运营归根结底是要建立起用户与运营方的种种联系。除了运营方推送内容的优质，也要同时能保证运营方所属主体，即产品或者品牌本身的优质。用户需要的、想要的就是我们应尽力去满足的，更是应该花大力气去建设的。自身产品或品牌要是不过硬，再优质精美的推送内容也无济于事，如果运营方没能及时更新关于产品或品牌的宣传推广内容，那么也无疑是明珠暗投了。

全媒体运营的核心是用户运营，因为只有用户本身才是催生消费的最终推动力，而用户运营也不得不通过优质内容的及时推送达到这一点。用户通过运营方主导的消息推送了解产品或品牌的最新消息，才能有后续一系列互动行为，不然一潭死水就真吹不起半点涟漪了。

（二）个性化推送提升用户体验感

通过个性化精准内容的推送，并及时回复用户消息，可以提升用户体验感。如果只是一味从运营的角度来安排内容的推送与更新，那么难以把握用户的实际心理需求，这对运营者来说是致命的，做运营不仅仅是上到下的传达，还应该是"上下互通，其乐融融"。

（三）福利优惠

适时放送福利优惠，多开展小成本让利小活动，可以增强用户信任感。俗话说无利不起早，对于粉丝而言，运营方适时给出一些优惠或者福利，无疑是一项

能够抓牢用户心思的行为。但是这里也同样需要注意说话算数，比如有点赞或评论就送小礼品的活动，那么只要用户按照要求做了，就要不折不扣地将福利送上，切不可因小失大。

一般来说，既然是优惠或者福利，那就应该是免费且无偿的，但是作为运营者来讲，这样的道理是说不通的。变现转化需要成本，而优惠和福利统统要算到成本里去，这是运营者不得不好好考虑的事情。有鉴于此，运营者不得不尽量用最低的运营成本去达成最大的运营效果。

要么让用户为你花钱（产品属性运营主体的运营），要么让用户为你花时间（品牌属性运营主体的运营），或者让用户能同你共情（前面二者都包含，是个人自媒体属性的运营主体的运营，并且其最终目的还是让用户为你花时间、花钱），所以在组织筹备一次优惠福利型活动时，最好能先明确运营目标——福利优惠也是有条件的福利优惠。

但是这个条件应该是有趣的、有成长性的，比如组织一次早起打卡（注意：一般组织打卡之类的就涉及前面所说的社群运营了，如果有联络群该怎么管理、每天在群内说什么、与用户之间互动的活泼程度等，都需要事先安排），打卡满半个月送便携式咖啡机一台。那么这样的活动大家一般比较容易接受，因为它不需要将带有产品或者品牌印记的内容分享至朋友圈，或者其他社交平台，只需要在社群中完成相应挑战即可，并且这样的活动还可以督促大家早起，相当于传播正能量，如果大家时间精力允许，都是乐意一试的。

三、用户激活变现不能急，追求长期可持续发展

当用户渐渐与运营方熟络起来，甚至有了一定的默契程度后，就可以考虑开展一定的变现了。变现虽说是运营的一个重要方面，但也需注意有时候只有曲线式开展才能达到最终目的。即便你确实想变现，也不要表现得那么明显，毕竟人家聚集到你的社群中来，刚开始肯定是出于对你的信任及与你所宣传的产品或品牌的价值理念相契合的原因，如果你贸然"凶相毕露"，难免让人觉得心理落差太大，最终不欢而散，这不是运营者希望看到的结果。

另外，对于留存下来但后续并不互动的用户，也得想办法让他们参与到运营活动中来，下面推荐几条思路。

（一）优惠让利活动

促销式活动、假日活动、签到打卡式活动等，都是可供选择的能让用户活跃起来的一些比较有效的方式。比如某些微信公众号经常有后台回复关键词免费领取整理资料的活动，用户只需要点开公众号后台聊天框发送消息即可领取。在这时，作为运营者就应该考虑这一次别人"光顾"你这边，你作为资料所有者、福利赠予方，如果为自己美言几句（其实就是广告），那么该用户作为资料索取者、福利被赠予者能说什么呢？并且，如果你能把握住这次难得的与用户交流的机会，说不定用户就会像发现了一个宝藏一样重新将你认识一遍，这样后面的事情岂不水到渠成？所以这里有一个关键就是福利要有吸引力，并且在放送福利时要有相应的说辞，而这个说辞就是重新建设你在用户心中形象的关键。

（二）精神奖励机制

物质奖励有时候只能俘获一部分用户的心，而要是能再在精神奖励方面花点心思，说不定也能有良好的用户激活效果。比如利用等级划分用户，然后设定相关荣誉称号，如"某某产品十年尊贵用户""某某品牌荣誉赞助人"，这样能让某些不活跃用户活跃起来。因为荣誉称号虽算不上什么实质性奖励，但它就是能撩动大家的攀比心理，继而让社群或者运营主体同用户之间产生被动互动。

（三）信息互动交流

这一点可以算是最为经典却也最容易被运营者忽略的一条。现在的社交平台或者资讯平台一般都设有一键发送消息至全体功能，或者相应的短信商务平台也可按照要求发送指定信息给指定人群（一般需要提前获取用户联系方式，不太容易操作，且有个人信息泄露的安全隐患），再不济私聊也是一种好办法。

说私聊用户或者粉丝是一种好办法一点都不是开玩笑，因为有些不活跃粉丝的心态正好能代表一大部分"非粉丝""非产品用户"的心态。若是运营者在时间、精力允许的情况下去抽样完成一些用户调查，或许就能对近期运营中的某些瓶颈提供一些用户角度的解决思路。以沟通为手段，以服务为目的，以留存并激活用户为核心，这就是私聊的意义所在。比如用户提出了合理需求，就应该考虑是否针对该需求去改进产品或者优化品牌。当然凡事有利有弊，这一过程不能操之过急，否则会显得目的性太明显，还是应该注意用户场景，审慎选择沟通时间。

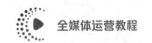

第五节 数据运营

以手机为第一阅读媒介的网络视听新媒体有一突出特性就是阅读就会留痕，从而产生的用户数据能够汇总到各大数据平台，而这些数据如果运用得当，便能在全媒体运营过程中产生利好影响。这一节分为数据获取平台、运营数据分析两部分，来展开说明全媒体运营的数据运营。

一、数据获取平台

《国际新闻界》2018年1月刊发学者苏涛、彭兰的文章称：随着移动互联网、物联网、人工智能等技术的进一步成熟，媒体的智能化进程也获得了源源不断的动力，一个全新的媒体智能化的"智媒"时代已经来临。"智媒"之"智"，一定意义上指的是现在绝大部分新媒体能直接从其后台获取一系列有关用户的阅读信息，由此各媒体平台能够实现相对精准的内容投放及更好的用户留存，而一切所谓综合影响力因子也从此开始积累。

前文说到过微信公众平台、新榜数据平台及清博大数据平台这三类主流新媒体数据收集与整理平台，但这些平台都是基本操作，换句话说，有时候不能完全应对全媒体运营者所面临的运营问题。后台多以关注用户的数据为主，相当于获客之后的事后归因，不能完全指导全媒体运营的前期选题与策划，所以下面再对新媒体运营过程中的数据获取平台即前台做一个补充。

（一）微博搜索

新浪微博热搜榜是新浪微博的二级应用，但同时也可以单独拿出来作为一个搜索引擎，其热搜榜单就是一个选题素材库。这些热搜词条本身就是一个个热门话题，而词条本身的升降也在动态反映着事态的发展。一方面，热搜词条的产生肯定伴随着有重大社会关切意义的事件，因为这事本身就很重要才有了热搜词条；另一方面，当有了热搜词条，该事项呈现在更为宽广的大众视野中，它就不仅仅是事件本身，而成了平台和平台用户都得正视的问题，后面对它的观点、看法、意见等则更像其衍生产品。

所以，新浪微博热搜榜在全媒体运营过程中是能被用来做选题策划的首选，借助相应的热门词条或热门话题进行文案编辑或活动策划，才能因事成事。热搜榜是一个信息抓取工具，是一个选题素材库。不要认为看微博热搜这种从众的、世俗的东西就是格调不高,那是你没运用好它。智者见智,仁者见仁,关键是搞清楚看它的目的,而不仅仅拿它当个消遣。

(二)百度指数

百度指数是以百度海量网民行为数据为基础的数据分享平台。通过它可以研究关键词搜索趋势、洞察网民兴趣和需求、监测舆情动向、定位受众特征,其首页的"最新动态"和"行业排行"最值得关注。前者主要是基于搜索指数、资讯指数等相关数据,以数据和洞察为内容对事件进行全维度的深度分析,挖掘、分析并给出更为详细的行业或者话题数据;后者则主要是盘点网民对品牌的搜索指数、资讯指数的排名和上升下降趋势,反映品牌在行业中的位置和变化趋势。百度指数还有一个功能就是一键知晓关键词指数,但其前提条件是这个关键词必须有关键词词条。

综合看来,百度指数其实更多地关注行业及行业相关话题,它与微博热搜榜的大致区别在于着眼点的不同,一个是微观地、侧面地去反映瞬时的具体事件,一个是宏观地、全面地去概括一段时间内的事件(或者说行业更为恰当)发展历程并预知今后发展势头。以最新动态里的《2021职业教育行业洞察报告》为例,其中就有对该年度职业教育行业及细分行业的洞察,其分析报告最抢眼的就是它所呈现的数据可视化效果。这些报告的具体内容既可以成为选题分析、判断趋势的第一参考,而其中那些可视化图表也是可以引用或者直接作为配图资料去支撑文案观点的证据。如图4-17。

图4-17

（三）知乎热榜

知乎平台作为新型网络社群互助问答平台，在手机终端逐渐成为首选阅读媒介，它和同类型的虎扑平台一样，成了大量用户聚集并随时分享自己观点、看法及情感态度的舆论场。如图4-18。

图 4-18

知乎热榜分为几个板块，用户可以根据自己所偏好的板块去查看相应榜单。榜单并不是那么重要，还要看每一个话题之下的用户回答，并且高赞回答一般最能代表平台用户的情感倾向及价值取向。知道了用户的看法，然后再去针对性地进行撰文或者活动策划，才能真正做到一定程度地有的放矢。

前面大致说了几个关于文案撰写的选题和活动策划的择取方面的数据撷取网站，下面再介绍几个关于视频文案制作的热搜榜。其一，当然是B站搜索栏的词条，还是一样，词条不重要，关键是通过热门词条找到最大流量曝光的视频本身去学习其封面制作（比如up主"黑暗骑士SWEET"）、视频文案写作（比如up主"吸奇侠"）等。其二，不要直接看微信视频号的文案去学习，因为视频号在一众视频分享媒体中终究不处于头部位置，虽然它有腾讯公司的力推，在运营过程中或多或少要接触到它，但还是建议学东西别上视频号。

另外，类似于微博热搜、知乎热榜这样的话题排行榜其实还有不少，但看多了也没必要，很多信息基本都是大同小异，如果非要都看看，建议直接上爱尖刀网站，里面基本把上述这几个热搜榜都囊括进去了，所以在实际运用中会方便不少。如图4-19。

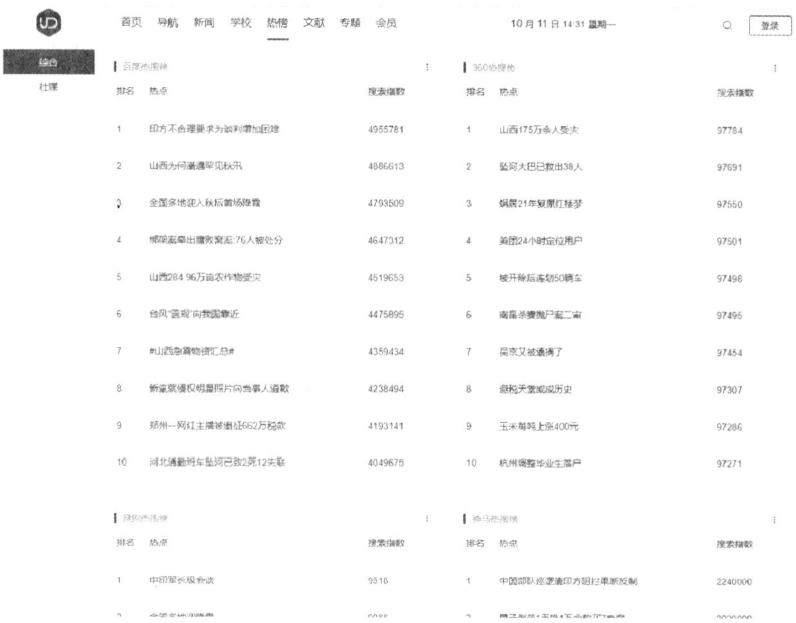

图 4-19

二、运营数据分析

数据本身是没有价值的，关键还得看分析——从哪些角度，有哪些程序，得出的结论如何发挥作用。数据的收集整理其实可能花不了多长时间，而谈到分析也不要觉得是什么深不可测、遥不可及的东西，就是看个走向、了解其趋势。

前面说过，我们大致可以把数据平台分为前台及后台，前台（热搜榜）可作为前期选题及活动策划的先手，后台（微信公众号后台及清博大数据平台）可以作为文案效果或活动效益评估的参考。

看前台就要看热点话题中有哪些可以作为运营的发力点，哪些可以直接作为运营过程中所需的素材。前台中热点的关键词、情感态度、价值取向，以及与运营的相关程度是需要重点关注的，通过这些基本就能选定运营时的一些基本方向了；反映到具体文段或者活动流程中，就能发现其实一字一句、一言一行无不与前期所接触的那些内容息息相关。所以运营过程中没有任何理由弃"热点"而不用，却专门去划定范围自说自话。

看后台就是要看发布的文案内容，或者策划的活动通过哪些运营数据能直接反映用户反馈，以期后期更有针对性地发布内容。后台中的用户增长数据、取关数据，具体文章的阅读量、点赞量、转发量、评论量，所有能反映运营成效的数据都是要好好看的。具体的数据往往不能直接反映问题，非得是一段时间内的数据趋势才有一定的说服力，当单个数据值可视化为一张张折线图或者散点图之类时，才能发现问题到底出在哪里。由此而针对开展的营销活动与留存活动才能做到有其针对性。

思考题

一、全媒体运营的作用有哪些？

二、全媒体运营对文案有哪些基本要求？

三、在运营前如何进行收据的收集？

四、策划活动以营销推广时，我们可以选用和凭借的应用平台有哪些，它们相应有哪些优势与不便之处？

五、回到我们最常见的场景，每年春节期间各大商家会推出各种促销导向的活动，你能大致分析他们在活动中的策划思路吗？

六、你觉得全媒体文案写作最应该抓住的是受众所关注的"痛点、趣点"还是"热点"？

第五章　全媒体运营与媒体融合发展

【目标】

通过本章的学习，使学生了解媒体融合与发展的历史；使学生初步掌握全媒体在融合与技术创新下的具体服务职能；本章运用了经典案例说明，使学生了解知名媒体、企业品牌在全媒体运营中的流程、手段与运营后产生的影响，旨在使学生更好地掌握全媒体运营的推广手段与运营后起到的作用。

20世纪90年代，我国已经进入了媒体融合的自主探索阶段，为了满足开放市场的规模化需求，我国各地区陆续建立所有权层面融合的媒体集团，南方日报报业集团与湖南广电集团先后成立。此外，一些传统媒体的数字化革新之路和门户网站的建设也逐渐开始。

随着网络技术和数字技术的不断革新，媒介融合发展得如火如荼，媒介业态发展呈现百花齐放之势的同时，传统媒体也面临着机构转型的瓶颈。因此，2019年1月25日，习近平同志在主持第十九届中央政治局第十二次集体学习时强调，推动媒体融合发展、建设全媒体成为我们面临的一项紧迫课题。而在全媒体时代，四全媒体主要表现为"全程媒体、全息媒体、全员媒体、全效媒体"。四全媒体的提出，为媒介融合发展提供了新理念和新方向。

第一节　主流媒体融合发展概述

前面的章节曾论述到关于四全媒体的具体内容，但是关于全媒体与融媒体之辩尚未真正厘清，并且一直有人提出：由全媒体转向融媒体。他们认为"融"是基于"全"的"融"，融媒体的概念已经涵盖了全媒体的题中应有之义。"全"只是基础和现象，"融"才是本质和目的。"全"是名词，是静止状态；"融"

是动词,是动态过程。在移动互联网等相关技术日新月异带动媒介革新的状态下,媒介融合没有完成时,只有进行时。相较而言,融媒体更符合这个动态过程,也更贴合媒介转型的现实要求。

对此,我们认为名理之辩的意义不大,还是应从实践的角度来谈一谈全媒体融合,不过首先让我们对"跨媒体、全媒体、融媒体"做一些了解,看看近十几年来媒体融合的实践演进历程。

一、跨媒体

跨媒体作为一个概念开始被业界、学界重视,是在2001年。这一年,对内改革开放加快了传媒市场化进程,加剧了媒体间的生存竞争;对外中国正式加入世贸组织,西方传媒巨头纷纷进驻中国传媒市场,为中国传媒产业发展带来严峻挑战。在此语境下,受西方媒体集团兼并、联合、重组、集团化,以及与网络媒体结盟向数字化、网络化方向发展等途径启示,一些有识之士便将"跨媒体运作""跨媒体经营"视为中国传媒做大做强的战略选择。

王学成、来丰在《论跨媒体联合》中指出:"此情此景下产生的跨媒体概念,着重于指依赖于不同传播介质,拥有不同结构属性的媒体(包括平面媒体、立体媒体和网络媒体)之间,为了实现优势互补、资源整合、协同发展,扩大规模效应,提升市场覆盖率",所采用的一种合作传播模式。其核心在于不同媒体之间通过"横跨"组合来实现"合作"传播。一方面,报纸、电视等传统媒体想利用网络新媒体的多媒体呈现、快速传播、海量存储等优势;另一方面,网络新媒体又需要借助传统媒体的内容资源、人才资源、政策资源以及品牌影响力等。两方面的诉求相结合,便催生了媒体间的各种互动与合作。依据合作深度不同,跨媒体合作的形式有:跨媒体联动性传播——不同介质的跨媒体联合行动共同推出某一方面的新闻报道;跨媒体联合性传播——由多家媒体机构组成一个松散联盟,在原来各自的传播业务之外另辟出一个新闻网站作为新的传播天地;跨媒体整合性传播——多家媒体被整合为媒体集团有机组成部分,彼此之间形成分工协作、相互配合的内部合作关系。

从偶尔为之的媒体战术性互动合作到规模较大的媒体结构性兼并重组,可以发现,相对于这之后随即掀起的媒体融合浪潮来说,跨媒体合作迈出了至关重要的第一步。但是,这一阶段的媒体融合,多表现为媒体之间的简单连接,对于如何有效协调不同媒体的优势资源,如何保证媒体间合作的制度化、常态化、规范化与持续化,如何对合作媒体的利益进行公平合理分配,如何融合不同媒体组织文化等现实问题，并没有得到很好的解决。

这一阶段主要是媒体的战术性融合，一般指传统媒体（报纸、广播、电视、杂志）与新媒体（互联网、手机）之间在内容和营销领域的互动与合作。这种融合并不涉及媒体所有权合并，属于比较浅层次的融合，因此称之为"媒体互动"更为准确。这一层次的特点是各媒体之间仍然泾渭分明，但是在内容、营销方式上出现互动和交叉，呈现出"你是你，我是我，你中有我，我中也有你"的景象。

二、全媒体

这里论述到的全媒体要特别强调实际为媒介整合，可以理解为有了全媒体雏形的媒介发展形态。

作为媒体融合进阶的"全媒体"概念，是伴随着北大方正电子有限公司"报业全媒体"战略的提出（2006）、烟台日报报业集团"全媒体新闻中心"的组建（2008）而逐渐活跃于国内新闻传播领域的。总的来看，"全媒体"的基本思想有二：一是传播形态要"全媒体"——"综合运用各种表现形式，如文、图、声、光、电来全方位、立体地展示传播内容，同时通过文字、声像、网络、通信等传播手段来传输的一种新的传播形态。"二是彭兰教授在《媒介融合方向下的四个关键变革》中指出的媒体运营要"全媒体"——"一种业务运作的整体模式与策略，即运用所有媒体手段和平台来构建大的报道体系。单一报道仍然可以是单媒体、单平台、单落点的，但是它们共同组成一个大的报道系统。从总体上来看，报道便不再是单落点、单形态、单平台的，而是在多平台上进行多落点、多形态的传播。"

基于此二义，各传媒集团争相搭建全媒体平台、组建全媒体中心，统一调配和管理集团内的新闻采编人员，培养全能型的全媒体记者，通过一次采集、多次加工，一个产品、多个出口，实现全媒体所追求的覆盖面最全、技术手段最全、媒介载体最全、受众传播面最全。不得不承认，相较于媒体间简单连接的"跨媒体"来说，"全媒体"的实践探索是促进优势互补的不同媒体间融合进入制度化、规范化、持续化运作的一种有益尝试——然而，实际上还都只是媒介整合。

本阶段媒介整合的目的是将整个传媒公司或集团所拥有的有限新闻资源实现效益最大化，将报纸、电视、广播、网络、手机的自身优势发挥到极致，同时又弥补了传统媒体与新媒体各自的先天不足。在这样的平台下，传媒工作者在对信息进行采集、加工、处理后，需要用不同媒体形式把新闻信息提供给读者。媒体整合下的信息提供并不是以几种分离的、互不相干的形式呈现，而是以一个完整组合的形式呈现出来。

三、融媒体

正如一些学者所指出：一是全媒体之"全"，很容易将思路误导至"全项"上，雷蔚真在《转机：从全媒体到跨媒体》一文中指出什么都做，什么都要有，这种全面铺开的做法，必然带来经营的失败；二是罗鑫在《什么是全媒体》一文中指出"全媒体新闻中心的本质只是将一次采集的内容加工为不同表达方式的产品，如果各种手段只是同一角度的重复或者只是不同媒体的简单堆积，那么就很难产生增值的效果"；三是彭兰教授在《媒介融合方向下的四个关键变革》中指出"全媒体所要求的全能记者，从实践上来说，是不可能的，是以牺牲技能的精通程度和降低报道的专业水准为代价的"。正是在此背景下，号称更科学的"融媒体"概念应运而生。

2009年，"融媒体"概念被首次提出。庄勇在《从"融媒体"中寻求生机的思考与探索》一文中指出，融媒体是充分利用互联网载体，把广播、电视、报纸这些既有共同点，又存在互补性的不同媒体在人力、内容、宣传等方面进行全面整合，实现"资源通融、内容兼融、宣传互融、利益共融"的新型媒体。相较于"全媒体"，作为媒体融合更高级阶段的"融媒体"概念，带来的是"媒介门类融会贯通"的理念更新。

2010年，周珏在《从全媒体到融媒体的转变与提升》中指出，"如果说'十一五'期间，地方台大多完成了媒体资源的整合，建立了声、屏、报、网等各类媒体汇总的平台，并初步实现了全媒体框架，那么未来5年，如何融合各类媒体资源，使全媒体真正变成融媒体，则是我们必须面对的要深入思考并探索实践的课题"。可见，全媒体侧重于品类齐全，融媒体旨在于门类的融会贯通。

2014年，栾轶玫更是明确建议用"融媒体"代替"全媒体"。她在《建议用"融媒体"代替"全媒体"》一文中指出，在传统媒体与新媒体融合发展时，"全媒体"常被解读为"介质品种完全、记者装备齐全"的媒体发展模式，因而媒体常会追求介质品种的"全媒体"而不去关注各个介质之间是否能够融合，会追求记者的"全装备"而较少关注记者是否具备了"全方位作战"的能力。相反，"融媒体"除了包含全媒体之"全"的意思外，还注重各个介质之间的"融"，即打通介质、平台，再造新闻生产与消费各个环节的流程，熟稔各类采编技能等，能以最低的运营成本达到最好的传播效果。

业界的融媒体实践，一定程度上受助于中央关于传统媒体与新兴媒体融合发展的顶层设计。2014年8月，习近平总书记在中央全面深化改革领导小组第四次会议强调：推动传统媒体和新兴媒体融合发展，要遵循新闻传播规律和新兴媒发展规律，强化互联网思维，坚持传统媒体和新兴媒体的优势互补、一体发展，坚持先进技术为支撑、内容建设为根本，推动传统媒体和新兴媒体在内容、渠道、平台、经营、管理等方面的深度融合，着力打造一批形态多样、手段先进、具有竞争力的新型主流媒体。

为了创建这样的新型主流媒体，光明日报于2014年10月创建"融媒体中心"，人民日报的"中央厨房"也于2016年3月正式上线，致力于"为整个媒体行业搭建一个支撑优质内容生产的公共平台，聚拢各方资源，形成融合发展合力"。这算是主流传统媒体在面对市场化、全球化、数字化、网络化、移动化与智能化的冲击挑战时交出的一份答卷，而且答案至今还在被不断修正。

应该注意的是，在中国，媒介融合的进程不会如上所述的那样分明，尤其在媒介互动与媒介整合层次上，它们并不完全是先后承接的关系，更多的是同时发生、各自推进，而最终的媒介大融合仍然只是一种对未来的设想。但无论哪一种都是以传统媒体思维为主导的媒体融合，都是在传统媒体发展的逻辑基础上植入互联网因素，其内容生产都以传统媒体的精英化生产方式为主。因此，也许未来的媒体融合会如喻国明教授所言的那样："互联网是一种'高维'媒介，传统媒介的'低维'方式无法有效地管理和运作'高维'媒介的事务，精英化的生产方式已不能满足人们日益增长的多样化需求……未来真正应该成为媒体转型融合发展主流模式的应该是与互联网逻辑相吻合的平台型媒体。"我们称之为全媒体融合，这大概就是本书所讨论的有四全媒体特征的网络视听新媒体这一媒介形态了吧。

第二节　全媒体融合的技术创新与服务职能

科学技术是第一生产力，以数字媒体技术为代表的新媒体传播技术正在以前所未有的速度推进媒体融合，为人类窥视地球村的全景提供了有效的技术保障和途径，这也正印合了全息媒体之义。全媒体融合能够发展也正得益于相关技术的发展，它是以深厚的技术积淀为储备的，而技术的创新归根结底还是要回到为人服务上面来，这也就是全媒体融合达到一定体量及程度后，所要承担的服务职能。

一、技术创新的背景

每一次的技术革新都是媒体融合过程中相应传播技术推陈出新的结果，在

2014年8月18日召开的中央全面深化改革领导小组第四次会议上，组长习近平同志指出：媒体融合发展需要强化互联网思维，坚持以先进技术为支撑、内容建设为根本。由此，不证自明，技术创新是推动产业发展的原动力。

简单了解近现代无线通信技术的发展历程：大致从1982年GSM研究启动，到1984年智能天线的建设，到1995年互联网横空出世，再到新世纪2002年4G OFDMA研究启动及2011年LTE-A成为ITU 4G技术。不难发现，经过三十多年的高速发展，移动通信技术经历了早期的GSM技术和GPRS技术，这些都成了现今数字传媒时代的技术背景支持。也正因为有了这些基础性学科知识及设施建设的铺开，才给了媒体以"全"、以"融"的条件。

（一）WWW技术的迭代

自20世纪90年代以来，因特网技术迅速发展。伴随着因特网技术的发展，产生了除报纸、广播和电视之外的第四媒体。1998年5月，联合国新闻委员会在其年会上正式提出"第四媒体"的概念，意指继报刊、广播和电视后出现的因特网和正在兴建的信息高速公路。1999年在北京召开的第二届亚太地区报刊与科技和社会发展研讨大会将互联网称为"第四媒体"。从狭义上来说，"第四媒体"是指基于因特网平台传播新闻和信息的WWW服务。WWW的含义是万维网（World Wide Web，简称为Web），1989年由欧洲核子物理研究中心（European Council for Nuclear Research，CERN）的英国科学家Tim Berners-Lee发明，用于描述因特网上所有可用信息和多媒体资源，建立一个分布式的超媒体服务系统，通过因特网实现全球范围内的信息共享和信息服务。

Web采用典型的客户端/服务器架构，Web应用中的每一次信息交换都涉及客户端和服务端两个层面。对于技术人员来说，Web不只是利用互联网的工具和信息服务媒介，更是一整套技术的统称，包括网站的前台设计、后台构架、美术设计、数据库等技术。Web技术从Web 1.0发展到Web 2.0，今天进一步发展到Web 3.0、Web 4.0，有学者称Web 1.0为认知网络，Web 2.0为沟通网络，Web 3.0为合作网络，Web 4.0为集成网络。

我们这里简单介绍各代技术对媒体运营的影响，在Web 1.0时代，呈现出来的新媒体有：搜索引擎、门户网站、垂直网站、电子商务网站等。搜索引擎在互联网中为人们提供信息检索服务。门户网站是指在互联网上收集、加工并向用户发布信息的网站，是为了满足网民对于信息与服务的不同需求而产生的信息共享的网络枢纽。根据网站提供的信息服务，可以将门户网站划分成垂直门户网站和综合门户网站。垂直门户网站指关注某些特定领域或某些特定需求的网站，该网站提供所关注领域或需求相关的深度信息和相关服务；综合门户网站是指搜集、加工、整合互联网信息资源，提供相关信息服务的综合性网站，主要有提供新闻、网络接入、聊天室、BBS、免费邮箱、网络游戏、免费网页空间等服务，我国典型的综合门户网站有搜狐、新浪、网易、腾讯等。

尽管在 Web 1.0 时代，用户得到了如上所述的信息服务，但绝大多数网络用户充当了浏览者的角色，话语权掌握在各大网站的手里。

在 Web 2.0 时代，网络媒体的内容更丰富，增加了互动性，实现了个性化。网络用户不仅仅是信息制造者、信息传播媒介，还是信息的接收者。以新闻报道为例，新闻素材的采集和播放不再是部分专业人员的特长，凡是能接触到信息事件的任何人均能通过网络媒体对相关新闻事件进行观察和报道。信息的流动突破了原有的单向传播形式，从而实现了双向的流动，而利用 XML 的标签分类方法，则可以为用户精准地查看信息提供便利。典型的应用有博客、播客和维客。例如，博客就实现了自我传播、人际传播和大众传播三种传播类型。

Web 3.0 时代的最大特征是信息聚合，可为用户提供更加个性化的信息服务。在 Web 3.0 框架内，信息的交流、互通变得更加便捷。实时产生的多媒体信息不仅可以完成跨平台传输，还可在用户之间实现交互式的信息整合和聚集。此外，用户的需求将被综合服务平台进行分类，并基于不同用户的喜好，提供相应的定制化信息服务，从而实现"智能化的人与人、人与机器交流"的互联网模式。

Web 4.0 还是一个没有完全成型的概念，并没有一个准确的定义。Web 4.0 也被称为共生网络（symbiotic web），人们梦想人和机器能在共生关系下进行交互。也可能使用 Web 4.0 创建更有功效的接口，或者机器可以具备阅读网站内容的智能，并完成决策。Web 4.0 将是"读-写-执行-并发"（read-write-execution-concurrency）网络。

（二）移动终端技术的演变

移动终端作为可提供移动服务的终端设备，其内涵与外延随着技术的更迭不断发展也呈现出更为"融合化"的特征。通过梳理移动终端的演变历程，可以清晰地看到移动终端的发展与相应技术创新之间存在着紧密联系。移动终端大致可分为功能手机、手持计算机和智能手机三大类。

1. 功能手机

功能手机一般是指价格低廉、运算能力较低、功能较少的手机，其主要功能就是打电话和发短信，较少或几乎不使用数据业务。还有一类功能手机，由于本身未搭载 Android、iOS、Symbian 或 Windows Phone 等开放性操作系统，不能随意安装或移除软件，但是也具有多媒体应用功能。

2. 手持计算机

早在手机广泛流行之前，始于便携式计算机的移动计算技术就已经出现了，且在当时颇具革命性。便携式计算机帮助人们摆脱了对磁盘和台式计算机的依赖，特别适合那些要使用特定软件程序的人，毕竟每天都要把计算机提来提去，也是件麻烦的事。虽然手持计算机并非十全十美，但它确实称得上是移动数据技术的先驱。随着个人数据处理机（personal digital assistant, PDA）的出现，移动计算技术达到了一个新高度。商务人士使用 PDA 更新他们的日程和号码簿。第一部 PDA 并不支持浏览网页，但是支持一些软件，机主可用其做记录、设置提醒以及进行一些简单的计算。

3. 智能手机

对于智能手机，业界并没有非常确切的统一定义，通常是指一种在手机内安装了操作系统的手机。相对于功能手机不能随意安装和卸载软件的情况，智能手机就像一台电脑一样，可以随意安装和卸载应用软件。根据智能手机所装载的操作系统，智能手机可以分为两类：一类安装了代码开源的开放式操作系统，另一类则安装了生产商独立开发的封闭式操作系统，这也正好反映出当前 iOS 和 Android 两大主要操作系统对阵的实际情况。

在基本功能方面，智能手机具有语音通话、短消息收发等普通功能机的全部功能。此外，智能手机还具备了网络接入功能，支持 2G、3G、4G 等不同网络制式下的数据传输，同时也支持不同网络传输协议。智能手机还兼具了个人手持计算机的功能，可以完成个人信息管理、E-mail、日程记事、任务安排、多媒体应用等任务。作为一部安装了独立操作系统的计算机平台，智能手机的功能并不局限在默认的出口设置水平上，它可以利用第三方软件进行各项功能的扩展。

可以看出，移动设备端的演变趋势是手机与计算机的相互趋同，以及功能的最后融合。智能手机不但拥有移动通信功能，更具备了计算机的计算、图形处理、音视频处理等功能；同时移动计算机借助于相应的软件，也具有通信功能，如 Skype、QQ 等。正是智能终端技术的发展为媒体融合创造了技术上的可能，使得媒体内容的获取、编辑、传输得以在一个设备上完成。

（三）智能终端应用软件的丰富

在媒介产业化过程中，媒介市场同样追求利益最大化、资源分配最优化的原则。媒介融合始终在关注用户的需求，反映在应用层面上，即用户的需求在哪儿，哪里就会出现大量的应用，并吸引更多的资金、人力、技术流向哪里。在分析媒介融合应用技术创新之前，必须对当前媒体应用（这里主要指融合维度更高的移动媒体应用）进行分类梳理，讨论相关热门应用的技术创新。

按照 Apple App Store 中对 App 的类型划分，移动媒体终端上主要的应用类型有：图书、商务、商品指南、健康与健美、生活方式、医疗、音乐、教育、娱乐、导航、新闻、财经、美食佳饮、报刊、游戏、摄影与录像、效率、参考、购物、社交、体育、旅游、天气、工具等。

与 Apple App Store 中基于功能实现来划分应用类型不同，结合中国互联网信息中心的数据，从用户使用的角度来看，移动媒体应用的主要类型有即时通信、手机搜索、手机新闻、手机音乐、手机视频、手机游戏、手机文学、手机网上支付、手机购物、手机微博、手机银行、手机邮件、手机社交网站、手机团购、手机旅行预订等。

上述移动媒体应用类型主要是从用户使用的角度来划分，而根据商业营收模式，则可将相关的移动应用分为用户、客户和中间三类。其中用户类是指应用提供连通用户节点的接口，为用户提供相应的产品或服务，并向用户收取费用。这一类包括上述移动媒体应用中的大部分，如即时通信、手机音乐、手机视频、手机游戏、手机文学等等。而客户类则是通过构建相应的发布平台，将目标用户或全部用户的移动终端作为展播界面，通过该界面推送企业客户的产品和服务，并对企业客户收取相应的费用。此大类应用包括手机搜索、手机新闻、手机微博、手机社交网站等。还有一类是中间类，通过所提供的交易平台，收取中介费和交易费，例如手机网上支付、手机购物、手机银行、手机团购、手机旅行预订等。

1. 用户应用

用户应用主要是以为用户提供相应的产品和服务为目标的应用类型。用户的需求经历从单一到多元、从简单到复杂的过程，同样的用户应用只有不断通过技术创新融合不同的技术，才有可能满足用户不断提高的需求。以即时通信为例，IM（instant messaging）是指发送者所发送的消息可以立即被接收者接收的一种通信方式。即时通信最初是以通过互联网络和移动运营商网络为用户提供实时或准实时联络与沟通为目的的一种应用。然而随着技术的革新，即时通信已经突破了不同网络结构的限制，用户之间可以实现跨平台的信息发送。同时，所发送的信息也拓展到了多媒体的领域，不仅有文字、特殊符号及静态图片等，同时也可以实现流媒体的传输，包括语音、视频、邮件、文件、游戏等等。

因此，即时通信已经成为各类数字技术集合的巨无霸。从网络传输来看，既支持 TCP/IP 的数据包协议，也支持 UDP 的不保证送达协议；就数字压缩方面而言，既要对单一数字串进行压缩，又要完成对视音频数据的压缩；而从 UI 扩展性来说，不仅 UI 本身要有布局友好的交互式操作，还要有第三方接入的可能。这一切都需要大量技术创新来支撑，后续的易用性、安全性等问题也都存在技术层面的挑战。可以说用户应用凭借其丰富的接口搭载于移动终端上，未来的发展方向必定是融合化、集成化的综合型媒体应用。

2. 客户应用

客户应用就像是企业主的广告屏一样，致力于为企业主打造方便、快捷、高效的广告平台。客户应用的效果是广告主们最关注的问题，繁杂而低效的客户应用只会让企业主客户蒙受更多的经济损失，而这类应用的功能性、快捷性、高效性等都需要强有力的技术作为支持才能得以实现。

以今日头条为例，这个手机新闻定制推送应用能够迅速为各大广告商所青睐，最重要的原因就是它的数据处理能力，它能够获取用户的兴趣信息，并进行有效挖掘，完成用户的新闻兴趣的网络画像后，可以定时地完成对用户的定制化信息推送。不仅如此，用户使用今日头条的时间越长，该应用对用户的了解程度越深，越能够更精准地完成推送，期间还可以进行相关广告的精准化投放，从而使得广告效果事半功倍。

3. 中间应用

对于中间应用，由于涉及用户资料、客户资源，以及双方其他有形和无形的资产，所以其安全性是首先面临的问题。技术创新是保证中间应用安全的利器，从早期的输入框密码加密到实名认证，再到手机号绑定、电子安全卡，以及第三方软件保护、硬件 U-key、指纹识别，不难发现正是技术创新逐步提升了中间应用的安全性能。

一直以来，技术创新都是媒体融合进程的内在驱动力。基于媒介融合的移动媒体技术创新平台为不同媒体类型的融合、媒体业务的集成（包括数字音乐、数字电影、数字电视、数字出版等）、媒体与商业业务的融合、媒体制作过程与用户体验的融合提供了可能。可以想见，今后的全媒体融合必将朝着智能化、定制化和一体化的方向发展。

二、服务职能的方向

有了前文所述之技术创新作为媒体融合的背景，而媒体融合既成之后自然也会对媒体的综合发展提出新的命题。全媒体融合，无疑更高级、更具有实践意义、更有学理化发展空间，而全程、全息、全员、全效媒体，都是在对全媒体融合的各个方面下定义，最终还得回归全媒体融合，而它对于媒体、媒介等方向的指导意义就体现在针对其服务职能提出了具体方向指导。

（一）提升主流媒体话语权，优化顶层设计

不同从业者对融合发展的认知维度，存在较大差异，这有利于推动媒体融合形态多元化，但对提升主流媒体话语权、建设舆论引导机制却有一定消极作用。透过媒体融合，可将内容生产限于传统管理架构中，维护主流话语和意识形态安全。这条主线需要主管部门、媒体领导优化顶层设计，坚决避免在转型、迭代中走进误区。如果这一目标没有达成，即使在跨界经营、形态创新等方面取得再大成绩，也不能说全媒体融合发展取得了成功。

（二）更新发展观念，强化用户思维，加快媒体深度融合

要尽快更新媒体发展观念，不能用建设传统媒体的发展思路推进媒体融合发展，要用互联网思维加快推进传统媒体转型发展。要有市场观念和市场意识，拓展市场空间，要有强大的经济实力。要遵循人的发展逻辑，激发人的创造性，增强用户黏性，真正做到以用户为中心。要更新发展观念，加快媒体深度融合发展，扩大主流媒体舆论阵地，真正占领舆论信息制高点。

（三）在深度融合中创新产业运营思维，提升发展战略水平

"抢夺入口—搭建平台—构筑全产业链—形成闭环生态圈—获得商业模式"成为移动互联网布局的基本路径。在移动互联时代推进融合发展，必须依靠新的产业运营思维。同时融合发展与传媒产业从工业生产时代向信息化生产时代的转变是同构的，需要从时代特征的转变中发现创新契机。比如通过用户劳动获得发展是工业生产转向信息劳动的新方式，媒介除依赖职业劳动者（编辑、记者等）之外，还要依赖用户这种非职业劳动者获得发展的途径。运营者需要把握深度融合过程中这样的内在变化，才能为从更高战略水平提升运营思维创造条件。

（四）以融合为基础，发展战略的超前性

以融合发展为基础，综合分析技术、产业、政策等因素，在预判业态发展趋势的基础上把握方向，使媒体发展战略与业态动向保持一致，并结合自身发展阶段体现出一定的超前性。比如阿里与第一财经的合作、阿里收购优酷土豆，其重要的战略考量在于"媒体＋数据"是未来媒体业发展的基石。这种"互联网＋"形式的合作，通过整合用户、数据、内容、渠道，能够牢牢把握住未来媒体格局的入口。"互联网＋"带来的是生产关系的重构，是新的经营与盈利模式。通过互

联网可以激发用户的信息需求，提升传统媒体的业务水平，促进传统媒体业整体业态升级。无论是云计算、大数据、虚拟现实技术的应用，还是"互联网+"的部署，都体现着顺应媒体深度融合趋势，优化媒体产业集群融合发展的思路和方向。

此外，国家相关产业政策也值得关注，比如"一带一路"倡议。我国可以借助"互联网+资本"的力量参与到"一带一路"国家传媒产业融合发展和国际传媒市场的重构和升级中，实现共同发展。

媒体深度融合发展是我国媒体发展的大势所趋，虽然仍存在诸多问题，但也在实践中积累了大量经验。媒体运营者要从意识上摆正定位，树立信心，破除惯性思维，具有创新与再创业意识，以全新的理念看待传媒与传播。媒体融合生态正在整体化地向移动平台迁移，新的内容分发平台是基于移动端的，媒体之外的技术力量可以在这个方向长驱直入，因而媒体想要摆脱这些技术力量的钳制，也变得越来越困难。媒体融合生态在各种因素的驱动下不断变动，要持续创新以适应传媒业态需求，同时需要管理机制层面的保障，这要求传媒体制、政策法规都要跟上行业发展趋势。媒体融合发展并非一朝一夕之功，需要媒体管理部门领导、媒体单位领导、媒体一线从业者共同努力，开拓创新，扎实推进，并在我国媒体现有融合发展的基础上，加快推进我国传统媒体和新兴媒体深度融合发展，加快建立我国现代传播体系。

第三节 案例分析

无论传播生态未来如何发展，以新闻信息生产为生的主流专业机构肯定会在其中发挥主导性作用。对于这场新闻信息传播革命，悲观者对传统新闻媒体衰落后公共生活的质量（包括舆论监督、深度阅读、新闻伦理等）表示忧虑，而乐观者则看到了移动化、社会化、个性化、智能化等趋势为新闻传播带来的发展机遇。我们用澎湃新闻、小米之家、智谷在线三个案例来分析传统媒体融合转型之路。

一、澎湃新闻（上海报业集团）

2013年10月，上海报业集团成立之后，新媒体业务成为集团发展的重要突破方向，而澎湃新闻就是其中一个重要的新媒体产品代表。2014年7月22日，澎湃新闻正式上线。作为一个专注时政与思想的媒体开放平台，其官微称要立志成为中国第一时政品牌。目前澎湃新闻已全面覆盖网页版（http://www.thepaper.cn）、客户端（苹果App Store，安卓市场）、WAP网页版（m.thepaper.cn）；同时澎湃新闻的微博与微信账号也已经开通，形成了对网民网络信息传播关系网络的全面覆盖。如图5-1。

图5-1

从澎湃新闻"关于澎湃"的自我说明来看，这一平台具有新闻生产"原教旨主义"和"网络化生产"的混合特征，是结合了专业新闻组织和网民智慧而形成的新闻聚合平台。所谓新闻生产"原教旨主义"特征，在于它突出了近代新闻业向现代新闻业转型时期的核心特征——新闻和评论的两分开。

按照澎湃新闻的说法，它们以最活跃的时政新闻与最冷静的思想分析为两翼，不仅提供消息还提供意见。这一特征正是现代新闻业形成初期的一个标志性规范，也是新闻业跨越政党报刊时期，以"客观性报道"为旗帜确立自身独立社会价值的一个里程碑。"真实、公正、客观、全面"从此成为新闻专业秉承的核心价值观。

产品定位方面，澎湃定位为"专注时政与思想的媒体开放平台"；目标是成为"中国时政第一品牌"；实现路径为"互联网技术创新与新闻价值传承的结合"；用户定位为"时政爱好者"；市场目标占有率定位为"你安装一个澎湃新闻客户端就够了"。关于产品定位的说明共有四点：新闻追问、新闻跟踪、最便利的分享、清晰简洁的内容架构。

从定位陈述来看，以用户体验为中心、方便用户参与、满足用户个性化的要求是定位的出发点。其中内容架构可谓琳琅满目，而且时尚大气，一共有49类专栏可供用户选择性订阅。具体到内容层面，就已经传阅甚广的内容来看，无不涉及当前民众关心的焦点问题，甚至很多属于敏感事件与问题。反应快、立场中立、不回避矛盾冲突，澎湃新闻对互联网时政报道既有格局形成强大冲击，表现出上海媒体少有的报道空间和观点取向，形成与民间舆论的良好互动。

澎湃新闻面临的挑战主要包括内容生产方式、用户结构、盈利能力三方面：内容生产方式方面，业界已对澎湃当前"打鸡血"似的内容生产能力提出质疑；用户结构方面，从社长的发刊词《我心澎湃如昨》倾诉的情怀看，期望与之共情的应是60、70后，如果澎湃对新闻的态度能够兼容年轻人群并与之共同成长，那么用户结构将成为机遇而非挑战；盈利能力方面，澎湃的问题在于并没有跳出"优质内容→积累用户→二次贩卖→广告收入"的传统媒体收入模式，这些问题一时间都还很难给出答案。

传统媒体如何与互联网融合？官方媒体如何打通官方舆论与民间舆论？作为民间舆论的核心地带，微博和微信空间对于澎湃新闻的强势关注，表明了民间对这一产品的期待和认同。传统媒体在新媒体平台获得如此的关注已经很久没有发生过了。我们也期待澎湃新闻不负众望，为传统媒体的新媒体转型探索出一条成功道路。

二、小米之家

小米公司是一家专注于高端智能手机、互联网电视，以及智能家居生态链建设的创新型科技企业。公司创立之初的三大核心业务是小米手机、MIUI、米聊。小米公司首创用互联网模式开发手机操作系统。在互联网电视机顶盒、互联网智能电视，以及家用智能路由器和智能家居产品等领域，小米公司也跑在前面。2010年4月，小米公司正式成立。2013年8月，小米公司完成D轮融资，估值100亿美元。2015年9月，小米启动虚拟运营商业务"小米移动"。在短短的几年间，小米公司从MIUIROM开发者、智能手机制造商，发展为消费电子国民品牌、智能家庭生态的建立者、移动互联网内容及服务分发平台。截至2016年9月，小米生态链企业已达55家，小米生态链采取开放、不排他、非独家的合作策略，和业界合作伙伴一起推动智能生态链建设。

小米手机能够快速在市场上崛起，最关键的一步是它能够把握当下社会技术发展中的变化，找准核心用户，以及对自身发展有清晰的定位。小米社群是其社群营销的关键。不同于传统企业只专注于硬件设施研发的做法，小米首先考虑的是用户的聚集，组建"米粉"团体。在互联网3.0时代，人人互动的社会结构对企业来说有利于它们更好地分析消费者的消费行为规律。基于此，小米将营销定位在"走群众路线"上,从以用户为中心转变为以人为中心,无论在产品的研发阶段还是在其发布会的布置与体验上,都将消费者的体验与感受考虑在内,给予消费者更多的话语权与参与感,实现消费者与产品之间的双向连通。

一方面,小米借助线上平台建立企业与用户之间的纽带。小米的创新举措是构建网络虚拟社区,在论坛中粉丝可以参与产品的研发测试以及宣传营销等环节,为产品的创意研发提供建议。此外,小米充分运用各类社交媒介平台,以微博、微信的宣传推广为主,辅以短视频的广告。小米借助线上媒介平台搭建虚拟社区,进一步拉近了与用户之间的距离。另一方面,小米通过线下平台的交流互动养粉、固粉。小米还通过米粉节、爆米花、线下发布会等各种线下活动,建立专属于线下营销的小米之家,此举在增强用户体验感的同时,也进一步增强了周边产品的宣发效力。小米构建了一种全新的商业生态圈,借助线上线下联动的运营模式,实现了去渠道化,使整体的运营模式更加高效。

小米重视米粉的用户体验(用户运营的典范),通过各种活动与粉丝进行互动,米粉节、同城会、爆米花、剧场式产品发布会等活动成为他们的互动桥梁。借鉴苹果的天才吧,小米创建了线下新媒体营销渠道小米之家。一方面,米粉可以到小米之家体验自取手机、售后维修等服务;另一方面,小米之家也会为当地米粉举办一些活动,在提高米粉的认可度、黏度与亲密度的同时,还具有一些宣传效果和节约活动场地租赁成本的优势。小米借鉴当下流行的线下社交体验模式,着力培养自己的粉丝群,为具有相同价值观的米粉提供了一个聚会娱乐的方式。此外,小米为小米之家和小米专卖店提供运营服务。用合作授权的方式来扩张线下市场,是现阶段小米的最佳选择,毕竟自家的力量始终有限,开放授权店之后能够明显提升覆盖面。

三、智谷在线

智谷趋势是一家由传统媒体人创办的智库和咨询公司,隶属于广州智谷趋势数据服务有限公司。智谷趋势主要运用大数据手段对政经动向等有用的新闻信息进行深入分析,为投资者提供经济决策参考。

微信公众号"智谷在线"自2013年10月30日发出第一篇文章《那些试图影响三中全会的报告》之后,迅速打响网络舆论知名度,一年后的关注者高达14万。该机构负责人在接受笔者采访时表示:从2013年创办以来,我们的营收发展速度超出预期。特别是我们之前没想到一些投资机构主动联系我们,成为我们的客户。作为一个不到二十人的团队,智谷趋势在短时间内能取得这样的成绩殊为不易。

智谷趋势的业务可以笼统分为两块：一块是线上的同名微信公众号；另一块是线下的专业咨询服务。无论是线上微信公众号的内容，还是线下的咨询服务，都依托于智谷趋势的监测与分析系统业务，据了解，智谷趋势主要进行两方面的监测与分析业务。

一是中国政商关系监测分析系统，这是一个从产业角度进行监测的实时系统，主要根据公开资料搜集整理省部级以上官员与企业接触的动态信息。这背后的方法论是：政府官员与企业的接触、调研活动，往往体现背后的施政思路，直接影响相关的产业政策。但是，单个调研并不能说明什么问题，甚至也缺乏新闻价值；只有系统地收集、分析这些接触信息，才能显示出政策意义。而完成这样一份有价值的报告，往往需要通过大数据的方法，梳理出近十万条信息数据。除大数据之外，智谷趋势往往还会采取历史比对法、数据挖掘法、语义分析法等社科分析方法，具有较强的说服力。

二是官媒放风录，这也是一个实时监测系统，主要是媒体监测系统，选择10种左右的官方主流媒体，针对能对经济产生影响的高层官员动态、新提法、新动向，进行词频统计分析与宏观政治经济分析。这方面的分析文章较多通过微信公众号发布，也往往具有较强的舆论影响力。比如2014年12月23日发布的一篇稿件《人民日报上的令计划》，基于对2000—2014年《人民日报》相关报道中"令计划"出现频次统计以及相关背景的爬梳，对这一事件进行了扎实深入的分析；又如2015年1月8日发布的稿件《四中全会你必须读懂的十大"新词"》，就对十八届四中全会通过的《关于全面推进依法治国若干重大问题的决定》进行了深入解读。

同样是关注政经新闻事件，智谷趋势有哪些不同？智谷趋势关注的角度与传统媒体不同。传统媒体主要关注事件的新闻价值，目的是还原事件真相；智谷趋势则关注某一信息、事件对于（投资）决策的影响，是为了判断未来的趋势走向。例如，国家领导人访问岳麓书院，这一事件传统媒体会关注，但智谷趋势不会关注；但如果访问某一企业，智谷趋势可能就会关注。

正因为关注新闻信息的有用性——即新闻事件对于投资者的投资决策意味着什么，且通过用数据说话而不是小道消息，对投资很有帮助，用户才会心甘情愿地付费订阅智谷趋势报告。同时有用性也对职业新闻人的素质提出了更高要求。智谷趋势团队中除媒体人之外，更多的是咨询公司出身的人员，并聘请了大量的专家顾问。对于特别专业的问题，还会联系专业人士，比如中国银行研究部门人员，聚合公司内外力量形成小的专题调研团队。

这种对于新闻信息有用性的追求和实践，也对思考传统媒体转型有一定启发。邓科认为，随着政府企业都开始有自己一手的信息发布渠道，传统媒体的中介、桥梁属性会越来越弱,所依赖的广告模式会逐渐衰微,而越来越依赖信息产品本身的销售。信息产品要卖钱就必须要有用,这也使得媒体的内容结构越来越非娱乐化,提供越来越多有用的、严肃的信息。

思考题

一、简述什么是全媒体、跨媒体和融媒体?

二、媒体技术创新的历程有哪些?

三、全媒体的服务职能方向有哪些?

四、按照你的意见,媒体发展的后一个时期是全媒体还是融媒体更胜一筹呢?

五、媒体融合的进程,至今尚未在真正意义上完成,你觉得达到一个什么样的标准才叫完成了呢?

六、本文针对媒体融合的几个方面给出了具体案例,你还能再从其他方面举出案例吗,试论述之。

第六章　全媒体运营策划

【目标】

通过本章的学习，使学生了解全媒体运营过程中关于策划的相关知识，重点了解运营策划的常用思维；使学生了解全媒体运营流程的各个阶段，学习不同阶段的工作内容；使学生掌握全媒体运营的相关策略，培养学生全媒体运营的策划能力。

第一节　运营策划的常用思维

在新媒体技术层出不穷的时代，越来越多的企业和个人投入新技术引领下的创业大潮之中，全媒体运营的市场竞争也越来越激烈。如何抢占先机？如何突出重围？如何获得竞争优势？这些都是全媒体运营过程中亟待解决的问题。只有拥有能够适应不断变化的运营环境的策划思维，才能更好地打开新的运营通道和市场。在目前的全媒体环境下，运营策划的常用思维主要有粉丝思维、平台思维、营销思维和品质思维，下面分别进行具体介绍。

一、粉丝思维

粉丝思维也被称为用户思维，主要体现在全媒体平台与用户之间的互动上。它是全媒体运营的核心思维，如同传统商业营销，顾客至上同样可以运用到全媒体运营工作中，运营商在开发、研制、运营任何一款产品或提供服务时，都应该以粉丝为重心。

（一）挖掘粉丝需求

粉丝思维要求在运营过程中要在各个环节都以用户为中心，在市场调查和深度理解的基础上充分考虑用户的需求。而在挖掘用户需求的过程中，需要围绕企业的定位来开展，首先要明确市场定位、品牌规划、用户体验三个问题，然后围绕这三个问题来研究市场中的目标用户人群，品牌规划如何满足目标用户需求，以及维护目标用户的体验感。

挖掘用户需求的方法有很多，较为常见的是用户分析。与传统的市场调研不同，全媒体运营主要通过用户使用数据来进行分析，调查了解用户心理、用户信息、用户特征，并从中发现用户的潜在需求、急需解决的问题等等。同时通过分析用户需求，还能够实现用户群的精准定位，提升用户的参与感与体验感，增加用户的黏性。

（二）粉丝思维的运营

在充分挖掘用户需求的基础上，全媒体运营能够采用一种更加人性化的方式，抓住用户心理的共同点、卖点和痛点，从而不断提升运营效果。维护好用户群体的运营重点是找到用户群体的共同特征，然后针对他们的需求心理将产品推广出去，吸引用户主动汇聚。针对卖点的用户运营相当于进行品牌建设，在产品的不同阶段可以打造不同的口碑重点。如华为前期面对专业级用户的口号是"丰富人们的沟通与生活"，而2020年提出的口号则是"构建万物互联的智能世界"，两者既是一脉相承又紧跟时代浪潮。再如小米前期的口号是"感动人心、价格厚道"，而运营后期面对广大用户的口号则是"让全球每个人都能享受科技带来的美好生活"，体现了运营文化的不断发展。华为运营口号如图6-1。

图6-1

二、平台思维

全媒体运营的平台基本上都是社会化的媒体平台，具有广泛的传播性与社交性，用户可参与创作内容或者独自创作内容，这就要求运营企业要善于通过全媒体平台与用户展开积极的交流和沟通，再通过平台实现运营与推广。平台思维其实是一种打造精品内容的思维，通过优质的、有价值的内容吸引、留住用户。那么，如何打造一款优秀的媒体平台呢？

（一）善用新媒体技术

全媒体时代，可谓人人是自媒体，平台思维在信息时代可以产生巨大的裂变效果，为运营企业带来可观的收益。运用新媒体技术，企业可以建立产品与用户之间的互联，促进产品迅速在用户的社交圈中传播，实现产品和品牌的裂变式推广。目前的点评软件众多，如大众点评、美团、口碑、饭团、小红书等，都有巨大的粉丝量，利用好这些平台能够帮助企业实现品牌形象的塑造与宣传。如餐饮业中口碑营销的佼佼者——海底捞，便是通过大众点评、美团等新媒体平台分享了海底捞的服务细节和愉悦的消费体验，引发了众多粉丝的追捧。海底捞的大众点评页面如图6-2。

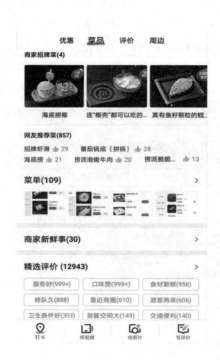

图6-2

（二）用户参与平台建设

平台思维蕴含着用户协同创新的运营理念，让产品的设计由开发商主导转向目标用户主导，借助社会资源来促进平台创新与研发，同时也借助用户的参与让产品更具有影响力和吸引力，更加适应市场需求而获得利润。且粉丝用户有一种从众心理和蜂群效应，一旦用户口碑好了，产品的品牌建设和知名度就越能得到提升。

三、营销思维

全媒体的运营同其他商业活动一样，要具备销售与推广的营销思维。不同媒体平台的竞争，既表现为技术手段的竞争，也表现为营销方式的竞争。实际上全媒体平台的知名度、美誉度都建立在运营渠道、促销模式的选择方面，是运营企业保持长期竞争力的内在动力。

（一）营造品牌概念

营销的目的是打造品牌，而品牌直接影响用户对产品的认知、认可和评价。在同类型的平台运营中，用户往往会优先选择知名度高、美誉度好的品牌。那么，如何树立一个鲜明的、独一无二的品牌形象呢？运营企业在设计平台时就需要定位清晰，要符合市场需求和用户需求。可以从产品和策略的角度来进行分析：从产品角度来说，像产品的特点、卖点、功能、形象、服务、售后等都可以作为品牌特色进行打造；从策略分析来看，就是要打造具有差异化的品牌，通过细分市场满足用户的个性化需求，从而获得独特的品牌优势。

（二）营销宣传推广

全媒体平台要被客户知晓就要进行宣传和营销，从目前的宣传方式来看，运营商可以通过传统媒介和新媒体平台两种方式进行宣传。传统媒介宣传依然是依托报纸、杂志、电视、广播等媒介。尽管没有新媒体效果明显，但在当前环境下同新媒体结合宣传仍然可以达到一定的宣传效果，扩大宣传的覆盖面。新媒体平台宣传是目前推广的主要方式，不仅成本低廉而且传播广泛，因此更多的企业和平台都转向了新媒体平台。

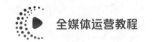

四、品质思维

无论是用户体验，还是品牌建设和营销策略，如果全媒体平台缺乏品质建设，一样行之不远。无论处于哪种运营环境，品质永远是产品的主要价值，特别是在互联网经济下，把产品、服务和用户体验做到极致，超出用户预期，企业才能保持更加恒久的发展动力。这种品质思维主要表现在产品品质建设和服务品质建设两个方面。

（一）产品品质建设

在日益发达的市场经济环境下，大多数产品都处于供大于求的状态。往往一个新产品或者新平台的出现，就会有很多同类型产品或平台加入竞争行列。当年Uber（打车软件）进入中国，国内的很多地图软件公司迅速加入角逐，像高德地图、百度地图等发展到今天已经广为人知。在早期运营过程中，各种打车软件纷纷让利给司机、顾客，迅速积累了大量客户群。各平台软件为了胜出，极力地打造产品品质，力求更好地提升用户的体验感。因为他们知晓，无法得到用户认可的产品难以传播，所以运营企业必须提升产品的价值和内涵，向精细化发展。

（二）服务品质建设

互联网环境下的目标用户需求更加个性化、多元化，这也意味着运营平台在面对客户需求时的难度更大。这就需要提升平台服务质量，运营平台必须精准抓住用户需求，为他们提供更多细致入微的服务，这样才能更好地提升用户的体验感和黏性。而用户也会不自觉地对产品和平台进行口碑传播，因此服务也是平台运营的关键要素。

第二节　全媒体运营的流程

全媒体运营是一项系统性的工程，可以按照流程划分为多个阶段，结合不同阶段的工作内容，主要分为战略策划阶段、数据分析阶段、平台定位阶段、内容生产阶段、活动组织阶段五个主要部分。全媒体运营流程如图6-3。

第六章　全媒体运营策划

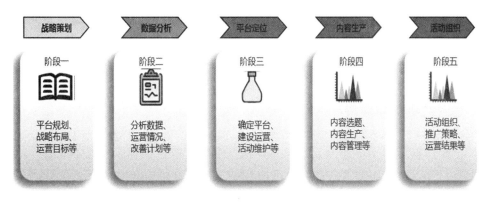

图 6-3

一、战略策划阶段

全媒体运营的最初阶段，便是对全局进行战略规划，而对运营系统的整体规划需要有全局意识，制定统一标准，优化流程接口。具体建设时，应以目标为驱动，以需求导向为原则，根据业务战略，确定业务需求优先级，重点关注、支持核心业务。规划和建设新媒体运营系统时，应采用标准化、组合化、集成化的解决方案，不能再以单一业务应用来建设整体的运营系统，以免导致各应用部分因统筹困难而影响效率。

那么，除了全局意识，如何做好战略策划呢？战略规划的设定需要综合平台运营商内部和外部的环境因素来设定一个媒体企业能够达到的目标，可参考的因素有：市场和用户、竞争对手分析、理想的完整产品描述、平台的长远目标与发展方向、潜在问题与风险分析、企业战略整合等，可使用的常见方法是SWOT分析。SWOT分析法（也称TOWS分析法、道斯矩阵）即态势分析法，于20世纪80年代初由美国旧金山大学的管理学教授韦里克提出，经常被用于企业战略制定、竞争对手分析等场合，包括分析企业的优势、劣势、机会和威胁。因此，SWOT分析实际上是将对企业内外部条件各方面内容进行综合和概括，进而分析组织的优劣势、面临的机会和威胁的一种方法。

通过SWOT分析，可以帮助全媒体运营商把资源和行动聚集在自己的强项和有最多机会的地方，并让平台运营的战略变得明朗。因此，平台运营同样可以采用类似的分析方法。在新媒体运营之初，运营方要集中思考，平台的竞争优势表现在哪里？与同类型平台相比，劣势又表现在哪里？在现有的市场环境下，平台的胜出机会有多少？一旦投入运营，所面临的各类型威胁又是哪些？当然，媒体运营商思考的不仅是战略上的问题，也要思考具体的行动策划，比如如何适应针

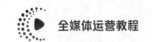

对企业产品和品牌开展运营策略的新媒体平台？如何规划新媒体布局？如何达到运营策略与品牌结合？如何结合市场环境进行运营策划的安排与调整？如果运营方能够结合这些战略和具体的问题展开思考，便是做好全媒体运营的第一步。

二、数据分析阶段

全媒体的竞争十分激烈，运营方要在众多的竞争对手中取得竞争优势，就要具备成为优质媒体的基本条件，一是要开展广泛的市场调查和平台运营调研，二是要结合调研数据进行科学分析。那么具体分析哪些数据呢？主要须了解平台能够覆盖的人群有哪些，通过哪些媒体平台可以更好地进行运营，哪种媒体与产品的相容性更高。具体来说，就是要对新媒体所覆盖的人群、规模等情况进行具体的分析。

（一）关于媒体平台覆盖的人群类型

不同的媒体所针对的目标用户群体也不同，调查数据显示报纸、政务网站主要面向政府机构或专业人士，电视、广播则对中老年人群的吸引力更大，抖音、小红书、快手的女性粉丝众多，微博、微信等更受年轻人的欢迎。那么，如果企业要利用新媒体平台宣传品牌，就要根据用户和受众来选择对应的媒体运营平台。

（二）关于媒体平台覆盖的场景

在人群覆盖相同的情况下进行不同的新媒体运营，会产生不同的传播效果。这是因为不同的媒体产生的场景不同，即新媒体传递给目标人群的信息是否会被接收，目标人群会选择什么样的方式获得媒体信息。因此要对不同场景的数据进行分析，以便更好地传播企业品牌。例如门户网站或者搜索引擎、具有丰富功能的综合性网站，覆盖场景较为全面；问答平台往往面对高知人群，提供个性化知识服务；视频与直播平台强调直观和互动性。

（三）关于媒体平台的风格定位

在对不同媒体的定位、评价和用户人群等相关数据进行充分了解的基础上，分析这些内容是否与产品自身的价值观和内涵气质相符合，是否能够很好地传播企业的媒体形象，提升其说服力和公信力，使用户更加信赖传播内容。

三、平台定位阶段

不同的新媒体平台，其特点差异很大，媒体运营人员应该结合平台特点选择

第六章 全媒体运营策划

最适合企业自身的运营平台并做好定位,否则在运营后期容易出现内容建设混乱、粉丝增长缓慢和转化效果差等问题。因此媒体运营人员了解各平台的特点和定位便显得尤为重要。下面介绍几款常见的运营平台,便于大家了解新媒体的特点。

(一)微信

微信是一款主流即时通信软件,具有操作便捷、界面简洁、互动及时等特点,入行门槛低,其用户渗透率和覆盖率却很高,是企业开展新媒体运营的必备平台。然而微信的圈子相对封闭,微信个人账号只能通过添加好友、在朋友圈中发布消息来进行运营,企业或者个人在进行微信运营时,一定要了解品牌的知名度,否则将花费更多的时间来进行运营。

(二)微博

微博是一种简短实时信息的广播式社交网络平台,是目前用户使用较多的平台。如果微博博主拥有数量庞大的粉丝群,发布的信息可以在短时间内传达给更多的用户,形成爆炸式的推广效果,因此不论企业还是个人,都可以选择将微博作为主要运营平台之一。然而,微博博主要么有广泛的知名度,要么具有特色和个性,否则微博的关注度就很难提升。因此微博的运营要定位运营者所擅长的领域,比如你喜欢科技产品,可将微博账号定位于评测领域;如果你喜欢美食且热爱分享,可将账号定位于美食生活领域;如果你喜欢美容化妆,可将账号定位于美妆领域,这样更便于用户搜索。新浪微博界面如图6-4。

图6-4

（三）视频、音频和直播平台

这是目前主流的新媒体运营方式，随着图像世界的到来，传播灵活、视觉效果好、互动充分的视音频和直播平台更受广大企业和用户的青睐。特别是大量网络直播平台的出现，如抖音、斗鱼、快手、映客、虎牙、花椒等，使得直播运营成为目前非常流行的一种方式。与其他媒体形式相比，这种媒体平台的运营成本低廉，一部可以上网的手机就可以完成一次直播运营，且视觉化的方式可以直接将产品的形态、使用过程等展现给观众，达到全方位覆盖用户认识的效果。在运营过程中强有力的双向互动模式，可以在主播直播内容的同时，接收观众的反馈信息，如弹幕、评论、打赏、点赞等。这些反馈不仅包含对产品信息的反馈，还包括对运营方的评价和观众的表现，为运营方的不断改进提供了上升空间。

视频平台根据时间长短和智能终端分为网络视频平台和短视频平台。之前的很多网页运营商都建设有网络视频平台，如腾讯视频、土豆视频、爱奇艺视频、百度视频、搜狐视频、新浪视频、优酷视频等等。这些平台上的视频往往时间较长，且用户在不违反规章制度的情况下可以自行上传视频内容，这些视频平台大多具有互动功能，能够通过弹幕、评论等方式与用户互动。短视频平台是近年来比较热门的平台，适合碎片化时间和快节奏的现代社会，与普通视频相比，短视频具有操作简单、随拍随传等特点，视频时长一般为60秒左右，可以快速进行内容的查看和分享，目前主流的短视频平台有秒拍、抖音、美拍、小咖秀、快手等等，很多网页运营商业也在进入这一领域。音频平台主要用户有传统媒体的电台主播、专业的声音玩家或自媒体用户，目前比较知名的音频平台有蜻蜓FM、喜马拉雅FM、豆瓣FM等，主要注重听觉感受，内容多以书籍、音乐、评书、相声、教育类为主，虽然没有视频方式直观，但是同样有大量的听众和用户，且近年来也有"视频+音频"的新型方式大量出现，为音频平台的发展提供了更多潜在空间。

（四）社区论坛

社区论坛多以知识性人群和专业用户为主，主要优势是活跃用户量大，在其中如果就某个相关话题展开宣传，能够迅速引流、积聚人气，是企业产品或品牌推广的不错选择，像百度贴吧、豆瓣小组等都是较为常见的社区论坛，搜索引擎功能强大且用户数量众多，具有非常大的运营价值，更适合品牌口碑的积累和影响力的宣传。不过，由于社区人群知识层次较高，具有一定的品牌辨识力，因此对于平台的运营要求也较高，一个是能够提供专业性的指导，另一个是具有特色性的推荐，否则很难聚起人气，一旦某个产品口碑不好，很容易形成连锁反应。

类似的平台还有很多，如问答平台、写作平台等。运营者只有明确了不同平台的功能与特点，才能找准平台的定位，才能结合平台特点选择最适合企业自身的发展方向，才能将运营信息更好地传达给用户并达到运营目标。

四、内容生产阶段

内容生产是全媒体运营的重要阶段，能够结合产品设计优秀的内容可以帮助运营人员提升运营效果。在新媒体环境下，流量成本越来越昂贵，如果不是平台运营方，企业往往需要借助一些平台才能正常运营，但平台内容都需要经过严格的审核机制。因此企业往往需要用有效的内容紧紧抓住用户，作为运营人员首先就要考虑内容运营的策略，只有做好内容的定位与运营计划，才能提高品牌信息被发现与浏览的概率。那么，如何做好内容生产呢？主要从以下几个方面展开。

（一）做好内容审核

全媒体时代，能够进行运营的平台众多，每个平台的规则和要求都各不相同，所面对的受众和用户也千差万别，因此同一个内容在不同平台播放的效果也不同，这就需要严把内容审核关。一个是规划和定位所运营的平台，另一个是审核发布的内容要符合政策法规，符合社会价值观。确保推送给目标客户的信息都是质量上乘、特色明显、思想健康的产品内容。

（二）做好内容包装

俗话说"佛靠金装，人靠衣装"，包装对于内容的重要性不言而喻。可能很多内容大同小异，但是经过包装设计后变得令人耳目一新。那么如何对内容进行包装呢？平台在宣传过程中，对于用户比较关注的标题、图像、简介等信息，进行全方位的包装，从而获得用户的青睐，打造出让用户感兴趣的内容。

（三）设计内容话题

想要令用户印象深刻，运营者要善于利用平台将用户关注的内容以话题的形式集中展示，甚至可以与用户互动、讨论，在交流过程中无形将话题延展得更加深远，同时也利于产品的宣传推广。在话题设计过程中，可以采用专题合集的方式进行策划，也就是先围绕产品特点展开专题话题，再依次列出与该话题相关的不同主题内容，从而集中表现内容并营造出一定的氛围。

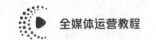

五、活动组织阶段

无论是战略策划,还是内容生产,最终都要落脚到媒体平台的活动组织上来。开展活动是为了使更多的目标用户了解企业产品和品牌,是企业快速吸引用户并提升品牌知名度的重要方法。那么如何借助新媒体组织好产品的运营活动呢?主要涉及四个方面的内容,包括活动环境预热、活动达成目标、活动规则与活动结果。

(一)活动环境预热

进行活动环境预热,主要指的是明确开展活动的基础和缘由,即为什么要开展活动,在什么环境和条件下开展活动,如何设计话题,如何结合用户的现实需求和热点话题来开展运营活动等。解决好上述问题,便能对活动环境进行预热了。

(二)活动达成目标

设定活动达成的目标,除了运营的总体目标之外,在每一项具体的运营活动中同样也要设定相应目标,而且要为不同的活动内容设计不同的活动目标。比如拉新活动想要达到的数量,促销手段开展后达成的效果,品牌推广在广大受众中的接受程度等等。同时可根据活动目标设计活动内容,让用户围绕活动的设定进行操作。比如为了拉入新用户,可设置首次注册领取一张无门槛优惠券,但同时限定订单达到一定金额才能使用,这样既能完成促销,同时也能让客户感觉到实惠,从而努力达到平台运营的设定目标。

(三)活动规则

制定活动要遵守的规则,俗话说"无规不成圆,无矩不成方",既然设定了相关活动,就要严格遵守活动规则。比如设定了优惠券的额度和数量,就不能滥发或者少发,因为最后牺牲的是运营方的信誉。除了照章办事之外,活动规则还要明确活动开始和结束的时间、活动的参与方式、活动的进行方式等,便于参与者更加清晰地了解活动内容。

(四)活动结果

活动结束后要迅速对活动数据进行统计与分析,明确运营活动是否达成了预定的目标、是否覆盖到相应的目标人群、广大人群的参与程度如何、对于活动的满意度是否达标等等。这些数据为下一次的宣传活动积累了数据与经验,由此可了解是否还需要对活动进行改进。特别值得一提的是,为达成活动目标,可以采取丰富多彩的促销方式,比如签到、有奖转发、抢红包等等,让整个平台运营活动更加具有趣味性、便捷性、易操作性,从而更好地达成活动目标。

第六章　全媒体运营策划

上述内容便是全媒体运营的五个主要阶段。在实际的运营活动过程中，运营工作要远比这五个阶段更加细化，需要运营者结合具体的问题展开平台运营活动，找到相应的解决办法。因此运营者要有清晰的整体布局思维，同时也要在运营过程中保持细心和耐心，这样才能实现运营效果达到最佳化。

第三节　全媒体运营的策略

一、精准定位，明确受众目标

全媒体运营者要为自己的平台建立清晰的形象、准确定位媒体、明确受众目标，才能实现精准施策，制定发布内容，有效地打造属于自己的独特的品牌概念，从而引领大众认知。那么，如何明确受众目标呢？可以通过前面讲的客户定位，即通过平台数据调查和客户意见征求表，寻找到客户的现实需求，明确目标客户的需要，及时发布广大群众喜闻乐见的内容。抖音软件于 2016 年 9 月 20 日上线，之前是一个面向全年龄段的音乐视频社区平台，用户可以通过这款软件选择歌曲、拍摄音乐作品。2017 年，今日头条与抖音合并后，头条最核心的算法优势也用到了抖音上，一开始就在产品层面加入算法推荐模型保证内容分发效率，它会根据用户反馈情况及用户体验度，按照用户喜欢的节目进行推送，实现精准定位。有质量、有速度、有网感，外加趣味性，抖音一时间风靡全国，很快成为头条战略级产品。抖音软件界面如图 6-5。

图 6-5

二、内容为王，推出优质产品

内容为王便是以内容为发展核心，因为优质的平台内容是媒体发展的基石，是媒体的立身之本。无论是传统媒体还是新型媒体，在内容生产上，全媒体运营者必须牢固树立内容为王的理念，坚持为用户提供优质的原创内容。在编辑排版上，要在稿件质量上下功夫，在表现形式上下功夫，努力创作主题鲜明突出、稿件质量上乘、排版大气美观、群众喜闻乐见的优质产品。

比如国内知名的新闻媒体——澎湃新闻，便是一个以原创新闻为主的全媒体新闻资讯平台，拥有互联网新闻信息服务一类资质，每天24小时为中国互联网用户生产、聚合优质时政、思想、财经、文化类内容。澎湃新闻创办于2014年，结合互联网技术创新与新闻基本价值传承，拥有超过400名记者与编辑。澎湃新闻通过图文、视频、VR、动画等全媒体传播方式的综合运用，迅速成长为中国媒体融合发展的领跑者之一。澎湃新闻坚持以内容为王，最重要的一点在于内容生产形式的创新，具体到采编行为上就是要落脚于加强新闻整合策划，提高版面语言的策划水平，提高新闻资源的整合能力，力求在时政新闻的权威发布、深度发掘、精准解读上有新提升；及时梳理民意，夺取和掌握话语权，在社会热点的快速反应、深度分析、有效引导上有新突破；用准确的话语体系营造舆论气场，讲好地方故事，从而引导舆论、留住受众；注重新闻后期处理，做实、做短、提炼新闻点，认真做好标题，强化网络传播性；多接地气地报道基层草根，讲好百姓故事，强化媒体的责任意识。2021年4月21日，国家信息中心发布《2020中国网络媒体发展报告》，澎湃新闻荣登"网络媒体2020年发展情况指数"榜单TOP5，并在最佳智能发展榜单位列第一。澎湃新闻媒体平台如图6-6。

图 6-6

三、注重时效，紧跟时代热点

时效性是新媒体的生命。全媒体运营同样也要关注时效性的问题，要紧跟时代热点，必须在最短时间内研发出最有价值的东西，宁可简洁明了也要效率为上。同时运营商也要有效利用社会热点，迎合广大用户的关注热点，开发相应平台或者打造特色栏目，从而增强平台的传播力和影响力。

腾讯成立于1998年11月，是目前中国领先的互联网增值服务提供商之一。腾讯一直紧跟时代热点，甚至是引领时代潮流，从一个模仿国外软件的语音对话软件OICQ，发展为今天集新闻信息、区域垂直生活服务、社会化媒体资讯和产品为一体的互联网媒体平台，为亿级用户提供稳定优质的各类服务，始终处于稳健发展的状态。1998年，腾讯瞄准了国内通信行业的时代动向，当时公司的业务是拓展无线网络寻呼系统，为寻呼台建立网上寻呼系统，这种针对企业或单位的软件开发工程是所有中小型网络服务公司的最佳选择。1999年2月，腾讯公司即时通信服务（OICQ）开通，与无线寻呼、GSM短消息、IP电话网互联。2003年，腾讯公司发现了国内网络游戏的发展势头，开始发展腾讯游戏平台，目前已是全球领先的游戏开发和运营机构，也是国内最大的网络游戏社区。2010年，腾讯进军视频网站领域，由于拥有丰富的优质内容和专业的媒体运营能力，已成为集热播影视剧、优质独家出品内容、体育赛事、大事件、新闻资讯等于一体的综合视频内容平台。2014年3月，腾讯视频以3.18亿的月度覆盖用户数成为中国覆盖用户最多的视频网站。腾讯的发展深刻地影响和改变了数以亿计网民的沟通方式和生活习惯，并为中国互联网行业开创了更加广阔的应用前景。

四、注重互动，学会数据分析

全媒体时代的运营方要占领舆论主阵地，提高传播力和影响力，就必须创新传播渠道，充分发挥媒体矩阵的优势，利用新媒体平台培养自己的固定用户和粉丝群体。媒体运营者要"放下架子，沉下身子"，要尊重用户的需求，要关注受众的喜好，通过平台积极与用户进行良好互动，注意粉丝留言，及时回复粉丝提问，给予其最佳的体验感，以提高关注用户的活跃度和参与积极性。

互联网用户最为善变，随时可能转移视线。因此作为运营者要掌握数据分析能力，定期对后台的用户数据进行分析，及时调整创作方向和传播方式。要知道当下大众最关注的话题、网络热点是什么，用户关注什么就提供什么。学会借鉴典型案例，学会借力网络热点，往往会使得运营工作事半功倍。例如微博账号"济南交警"借用《流浪地球》台词:"道路千万条,安全第一条,行车不规范,亲人两行泪",一夜之间该硬核交通安全宣传片爆红全网,证明了注重粉丝参与度、体验感的价值所在。

五、注重人才,解放媒体生产力

任何社会组织的发展都离不开人才培育,全媒体除了各项软硬件的发展之外,也要注重全媒体专业人才的培养。所谓"专业人做专业事",如果没有人才队伍的建设,全媒体平台的发展即使爆红也会后继乏力,难以持久。因此全媒体平台想要做大、做强,就一定要充分依赖新媒体人才队伍的建设。于是,人才队伍的建设成为推动新媒体可持续发展的重要手段。

因此要注重新媒体专业人才的培养,以人才引入与内部挖掘培养为双抓手,定期安排新媒体员工进行学习以及培训,进而持续提高新媒体运营团队的综合工作能力,并获得更多的一专多能型人才。例如一名优秀的新媒体运营人员必须具备产品理解能力、网感、灵感、资源整合能力、策划能力和写作能力等素质。专业型、全能型人才的发展能够很好地填补多媒体运营过程中的能力漏洞,进而为多媒体运营进一步提供愈发强大的智力支撑。

综上所述,以上仅为全媒体运营的部分策略,不能涵盖全部运营模式,运营方还需要根据自身需要,不断创新运营模式。实现全媒体平台的创新型发展不仅是新媒体面临的挑战,也是新媒体成功与否的关键所在,运营者要将创新的技术成果与受众的实际需求相结合,不断转化为新的应用、新的产品、新的服务模式。全媒体运营者在确保正确舆论导向的前提下,要充分发挥新媒体平台传播渠道广、传播方式新、传播效能高的优势,有效借鉴传统媒体经验,与传统媒体优势互补,努力实现相融的跨媒体发展。

思考题

一、全媒体运营的常见思维有哪些?每种思维的运营方式是什么?
二、全媒体运营的策略有哪些?每种策略的运营方式是什么?
三、根据你的理解,谈谈你对全媒体及其运营策略的看法。
四、结合案例,分析运营方所采用的思维,然后分析其实现方法。

第七章　微信、微博自媒体的运营

【目标】

通过本章的学习，使学生理解微信、微博自媒体的基本概念和相关的理论知识，熟悉微信、微博自媒体运营的定位与用户需求；本章通过运营案例的分析，对微信、微博的内容运营、用户运营、社群运营、活动运营进行了详细的介绍，使学生掌握微信、微博运营的任务目标、推广方式、运用策略，拓宽学生的知识视野，提升学生的实践实训能力。

互联网对传媒圈的冲击已进入深水区，如今的传媒界已经大踏步进入了两微一端时代。两微一端即微信、微博和新闻客户端，特别是新闻微信号和新闻客户端（App），近年来发展势头迅猛，成了传统媒体向新媒体进发的主要手段。和传统媒体相比，两微一端在内容上将时效性视为竞争利器，原创性成为核心竞争力，而其独特的语境也更贴近受众。随着科技的高速发展，智能电子设备日益普及，微信、微博及新闻客户端的相应出现不断改变着人们的生活。

微信作为网络经济时代的重要媒介，是全媒体运营过程中最重要的文案写作和推广平台之一。微信官方发布的《2019微信数据报告》显示，截至2019年9月，微信的月活用户共计11.5亿。由此可见，以微信公众平台为依托，兼有腾讯QQ等社交矩阵加持的腾讯系平台运营无疑是我们全媒体运营的重中之重。

这里可以提出一个微信运营的概念，它大致包括微信公众号、微信朋友圈、微信视频号、微信小程序等内容。其中，除了微信公众号都不是今天要展开讲述的具体内容，这里宕开一笔谈到是为了说明全媒体运营之"全"；但是做运营同时也要注意有主有次，不能为了"全"而落入平均分配时间、精力及注意力的窠臼——做运营，哪怕是全媒体运营，也要集中力量先从一点突破。微信公众号运营人员可以借助微信公众平台与其特定的受众或者用户群体进行文字、图片、视频等形式的全方位、多层次、不间断的互动与沟通。毫无疑问，微信公众号就是发力之处，基本上可以说微信公众号是全媒体运营的必驻平台。

微博也不仅仅是一种流行的社交工具，对政府、企事业单位或者个人来说，它本身也发挥着作为宣传推广平台的作用，所以也有必要对微博的运营做一些说明。

第一节 微信的运营

一、认识与前期准备

"再小的个体，也有自己的品牌"，微信公众平台（后文简称公众号）如是说。这对自媒体来说的确算得上一个不错的借力平台。即便是《人民日报》这样的传统纸质媒体，都早早开设有自己的账号，并以其既有的权威性与公信力完成了初期的用户聚集与运营。

微信公众号因为是腾讯公司基于微信生态链创建的主打私域流量的公众平台，站内资源也多只能在腾讯系搜索引擎或者门户网站内检索到，所以被业内笑称为"生在公众号，埋在公众号"。但这丝毫不影响其新媒体运营"第一码头"的"江湖地位"。

梳理一下微信公众号的发展历程。微信公众号正式上线是在2012年8月，其基本的内容生态及相关配套服务体系也在一年之内搭建了起来。微信公众平台上线之初就对普通用户开放，个人主体类账号注册数量上限为2个，企业主体类账号注册数量上限为5个，由此迎来了平台的第一个发展红利期。

2013年末，微信公众号基本已经完成订阅号与服务号的分门别类管理，并且订阅号消息开始被折叠进"订阅号消息"栏。这一方面规范了订阅号消息杂乱无章地显示在用户微信消息列表的现象，另一方面其实也相当于限制了公众号的推送送达效率。

2014年，平台内的文章能直接在文末显示阅读量与点赞量，一些头部账号，如人民日报、十点读书等，都是其中的佼佼者。

2015年至2017年，随着其他运营平台的异军突起与微信自身发展瓶颈所限，其月活数据增长不算太突出，但也足够亮眼，称得上现象级产品。《2017微信数据报告》显示，截至2017年11月9日，微信日登录用户达9.02亿，公众号月活跃账号数约350万个，而公众号月活跃粉丝数也有近8亿。

第七章 微信、微博自媒体的运营

2018年始,随着订阅号正式改版上线、平台内开放转载功能、微信公众号注册数量调整等一系列对平台用户利好的操作,到2019年底微信公众平台注册账号数已逾2000万个。微信公众号俨然已是新媒体时代在一众互联网平台中最具有号召力的产品之一。

(一)平台定位与运营定位

公众号分为三种:服务号、订阅号和企业微信。其中,企业微信就是原先的企业微信号,主要用于政府、企业或其他组织之间的内部交流管理,其平台自身对它的定位是继承企业微信号的所有功能,同时为企业提供专业的通信工具、丰富的办公应用与API,助力企业高效沟通与办公。这对于以用户运营为主要运营目标的运营主体来说,在一定程度上意味着它可理解为内部交流,所以后文主要介绍服务号和订阅号。如图7-1。

图 7-1

服务号可分为认证类和未认证类,它主要是给企业和组织提供更强大的业务服务与用户管理能力,帮助企业快速实现全新的公众号平台服务。无论认证与否,服务号都有两条最为突出的特点:其一,每月可向用户群发四次消息,每次可搭载最多8篇图文内容;其二,发送的消息直接显示在用户微信客户端的好友消息界面,而不是像订阅号那样统一显示在订阅号消息一栏,如果其他订阅号更新了消息,那么先前的消息就会被覆盖。

服务号虽说在用户界面显示方面更为出众，但由于每月发送消息的次数毕竟有限，所以更加适合与订阅号配合使用，前者主要负责重大消息或者活动的突出显示，后者主要用于日常消息的推送和持续吸纳新用户并留存转化为忠实用户等运营内容。

订阅号同服务号一样有基本的群发图文功能，但是一天只能发一次，且消息在订阅号消息栏中按照发送时间先后排列显示。订阅号可发送纯文字、纯图片、文章（图片和文字）、视频等内容，统称图文消息。另外，在文章里面也可添加音频文件，或者插入能从QQ音乐App中搜索到的音乐链接文件。

账号主体为个人的订阅号（个人自媒体一类，尤其是当用户积累到一定程度时）也可像服务号那样进行认证，这样能增加个人账号的真实性及正规性；但是，个人主体的账号在目前不能主动申请个人认证，只有通过多发原创图文并积累到一定用户时，才能由微信公众平台官方邀请账号主体并委托第三方进行认证。如图7-2。

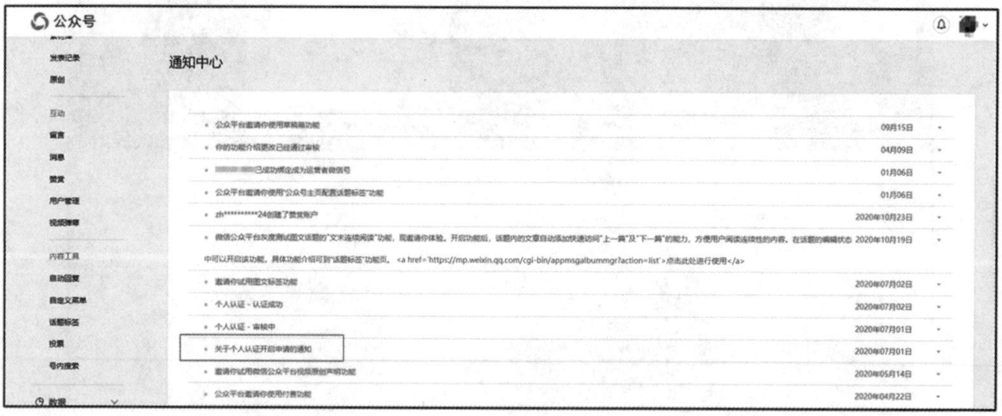

图7-2

相比较之下，订阅号与服务号各有其利弊，它们所优先使用的场景也不尽相同。简单地说，订阅号较为日常，适用于通知类消息、维护性消息的推送，当天所推送的内容不一定能被用户看见，但是基本的更新频次要有，这样才能更好地保持用户关注度及社群良性发展状态；而服务号由于一个月只能发送四次消息，且消息直接显示在用户微信界面的会话列表中，所以在基本一周一次的更新周期内，务必要将运营主体的优势内容凸显出来，这种属性要求服务号所更新的内容最好带有较高层次的参与度，或带有较高引流效益的活动介绍。

微信公众号无论是订阅号还是服务号，大体都有三个特征。

1. 用户接入便利，群体特征不限，转化率高

由于有微信社交软件的加持，微信生态几乎给予了微信公众号与生俱来的骄傲资本：遍布社会各年龄段、各行各业、不分男女老少的用户群体；微信公众号直接扫码关注的便捷性；公众号文章增添了朋友圈的热闹性，朋友圈为公众号文章提供了二次曝光的机会（第一次是直接送达至用户订阅号消息列表的推送）；公众号用户即是微信用户，而微信用户又是可以直接对公众号文章进行点赞、评论、转发、分享的主体，这样比起其他平台分享至朋友圈的文章"只能看，不能关注"来说，微信公众号的转化率无疑更胜一筹。

2. 传播速度快，二次分流，口碑积累明显

微信公众号所载信息多是既有用户分享至朋友圈或者直接到具体个人，这样的传播效率是任何广告都无法比拟的，朋友圈的"朋友"说认可该文所载内容，人们难免猎奇点开查看一番，所以由此产生的二次关注与分享传播也不足为奇。公众号文章在一次次分享或阅读量增长的条件下，一旦用户或者用户的朋友觉得自己有需求，也会自然而然地想到与运营方联系。所以做公众号运营最紧要的一点就是把品格拔高些，把口碑维护好些。

3. 营销方式灵活多样

传统的营销或者运营方式，多是登报、文字广告或者电视台播放广告，这些形式与公众号相比在某种程度上难免相形见绌。单一媒体内容势必难敌微信公众号这种多媒体混合型内容，尤其是直接送达至用户终端的语音和视频，与面对面交流几乎无异，这也使得营销（运营）变得更有趣、更具真实感（是真实感而不一定是真实）、更加富有说服力。

（二）目的与目标

除平台之外，作为运营方，作为沟通运营主体与用户的"中间人"，还有必要了解运营主体的相关信息，否则极易产生由于"货不对板"而让各方都不太满意的运营效果。比如运营主体明明是某某老年人运动鞋品牌，结果运营者却着力于祖孙关系及亲子育儿方面的内容来运营，这样貌似也说得过去，但明显没有清楚认识到运营主体品牌或产品的属性。接着前面的例子说，运营方只需要平时多更新有关老年人健康领域的内容，如腰膝酸软、足弓疼痛等症状背后的病理知识科普，再如老年人在运动中如何保护膝盖及脚掌发力的要点等内容，既可以"焦虑运营"，也可以"温馨运营"。

有鉴于上，运营者有必要在运营账号注册之前就对运营主体进行全方位的了解，随后才正式进入微信公众号账号注册这一步骤：①打开"微信公众平台"网页，点击右上角"立即注册"，微信公众号注册仅此一条通道；②准备好一个常用邮箱用于接收账号绑定邮箱激活验证码，设置好账号登录密码；③在"选择类型"页面选择"中国大陆"（或其他）及"订阅号"；④在"信息登记"页面选择主体类型为"个人"（也可选择"政府""媒体""企业"等，但是会多一步平台核查的步骤），然后在"主体信息登记"板块如实填写，后面的"创作者信息"板块为选填内容；⑤设置"公众号信息"，主要是账号名称、账号头像及账号简介三部分。如图7-3。

图7-3

"公众号信息"页面中填写的几条信息由于后续会直接面向用户，且能在初见时产生一定运营效果，所以我们在这里单独进行说明。

1. 账号头像是第一运营点

用户在不了解你的情况下，首先看到的就是账号头像，因此账号头像切不可马虎大意。个人主体的账号头像可以随意一点，只要符合主要创作者的个人风格就行（个人自媒体，其个人就是品牌，个人风格就是公众号属性）；建议个人自媒体账号就用与自己相关的照片，或者能在一定程度上传达个人情志的图片（如风景、人物等）。若是主体为企业的账号，最好用企业本身的logo或者产品图片（这样另一方面也能增加产品曝光率，算得上一次初阶营销了）。注意，虽然说头像在一个月内允许修改五次，但不建议频繁改换账号头像，以免给人一种反反复复、没个正经的感觉。

2. 账号名称的设置是全媒体运营中的核心要点

账号名称直接关系全局最终的运营效果，归根结底是因为它本身就是一个“品牌”。运营的最终目的千差万别，但唯一不变的肯定是增加品牌效应以获得更多的用户关注与其他运营效果。所以账号设置务必注意几条基本原则：①言简意赅，不要花里胡哨，比如能直接命名为“全媒体运营”的就不要用“A-Media 最好运营”，再如能用“读书志”的就不要再用“读书 · Note”或“阅尽繁华后有志”；②慎用谐音，抖机灵要适度，个人自媒体有时会取一些奇奇怪怪的谐音名字，幽默有余，好记不足，比如“刀刃上的舌头”（给人以不好的联想）、“人民攻摄”（虽然是一个摄影的带货账号，但这么把一个历史名词的谐音作为账号运营未免有点解构意味）等；③生僻字词、方言字词、外语字词少用，用得好当然能为运营增色，但稍有不当则会对运营产生负面影响。另外，微信公众号的账号名称在一个自然年内只能修改两次，所以初次设定账号名称与后续必要的修改都应该谨慎为之。如图 7–4。

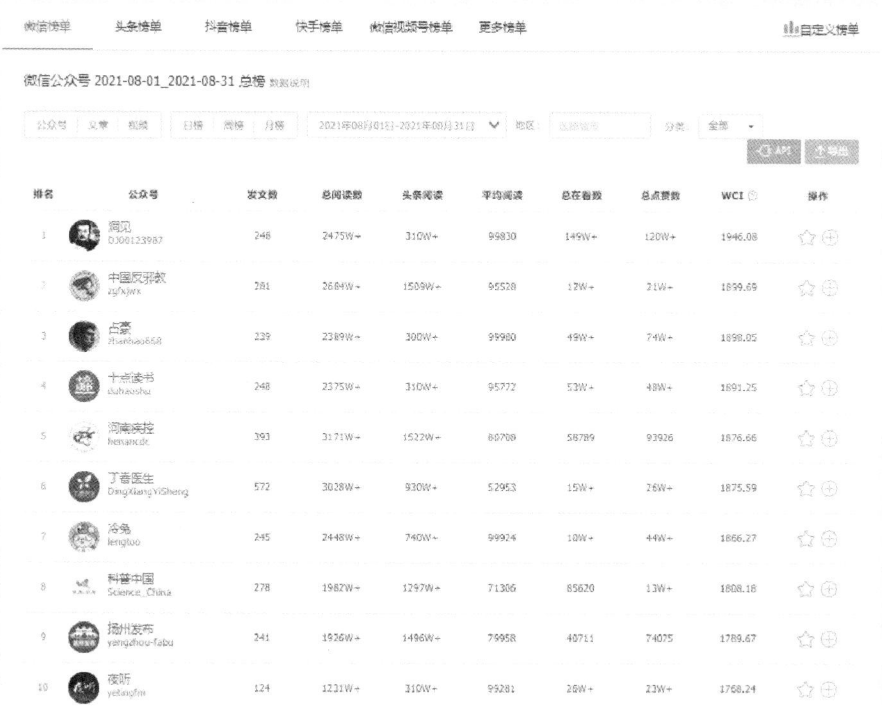

排名	公众号	发文数	总阅读数	头条阅读	平均阅读	总在看数	总点赞数	WCI	操作
1	洞见 DJ00123987	248	2475W+	310W+	99830	149W+	120W+	1946.08	
2	中国反邪教 zgfxjwx	281	2684W+	1509W+	95528	12W+	21W+	1899.69	
3	占豪 zhanhao668	239	2389W+	300W+	99980	49W+	74W+	1898.05	
4	十点读书 duhaoshu	248	2375W+	310W+	95772	53W+	48W+	1891.25	
5	河南疾控 henancdc	393	3171W+	1522W+	80700	58789	93926	1876.66	
6	丁香医生 DingXiangYiSheng	572	3028W+	930W+	52953	15W+	26W+	1875.59	
7	冷兔 lengtoo	245	2448W+	740W+	99924	10W+	44W+	1866.27	
8	科普中国 Science_China	278	1982W+	1297W+	71306	85620	13W+	1808.18	
9	扬州发布 yangzhou-fabu	241	1926W+	1496W+	79958	40711	74075	1789.67	
10	夜听 yetingfm	124	1231W+	310W+	99281	26W+	23W+	1768.24	

图 7–4

3. 账号简介

账号简介是最能留住散客用户的三板斧之一，公众号账号简介是公众号除头像及名称之外的另一张名片，其基本要义就是言简意赅地介绍自己、宣传自己，让人能在初见该账号时对它有个基本了解，类似于 QQ 账号的"个性签名"和知乎账号的"一句话介绍"。我们选取了部分账号简介。如表 7-1。

表 7-1

账号名称	账号简介	特点
澎湃新闻	有内涵的时政新媒体	简洁明了，定位一目了然，走传统媒体简约风
南风窗	冷静地思考，热情地生活。	思辨性强，指向性明显，有新媒体扁平风、高级感觉
旁门左道 PPT	再小的技能，也值得被认真对待。	宣言小巧精当，同微信公众平台所持价值理念不谋而合
365 读书	读书人的聚集地。	语带双关，与账号名称相映成趣，与所推送内容高度相关
植物图鉴	就一介绍植物的~	亲和力强

不难发现，公众号介绍不必长篇累牍，贵在言简意赅中突出个性特色，让人一阅便难以忘记。这些介绍，一般会在公众号推送文章中伴随着文末的公众号名片一起被屡次提及，形成"反复吟咏"之势，让人记忆深刻。这同时也提醒我们，微信介绍不要经常更换修改，因为微信公众号作为一张（个人或企事业单位的）名片，不好反反复复、再三更易，不然容易让人产生不信任感甚至信任危机，那就是运营事故了。如图 7-5。

图 7-5

微信公众号的运营目标就是用户,前文所述在运营之初设置的头像、名称及介绍都是一种初阶运营方式,它们与后文将要讲述到的文章编辑与活动策划都有同一个目的:聚集用户,输出内容,引导分享,笼络更多用户,形成内容与用户的良性交互闭环,最终形成品牌效应或者实现产品营销。

(三)思路与执行

微信不等于微信公众平台、微信公众号,所以在运营微信公众号之前,我们不妨先来看看目前微信公众号运营面临的几个主要问题。

1. 二次分享率不高

腾讯公司一直不满足于单纯把微信 App 做成一个 IM(即时通信)软件,所以微信公众平台应运而生,这一社交内容创造平台确实也为内容创造者实现了很大程度上的赋能加持,但话说回来,其订阅式的内容分发模式也并不是完美无缺的。比如历经几次更新迭代的"在看"及"看一看"功能,就是腾讯方面刀刃向内的不得不变。在微信 8 周年的演讲里,微信运营负责人曾坦率地承认朋友圈作为微信公众号内容的最大流量入口,却越来越不适合阅读。尽管好友越来越多(好像看起来微信公众号内容只要到了朋友圈就好了),但是大家在刷朋友圈的有限且基本固定的时间内,要完成点击文章链接、花时间阅读、再点一个"在看"这一系列动作还是有点"奢侈"的。所以,针对这个问题,在微信作为平台方更新自己软件设置,诸如安排"在看-看一看"配套分流措施之外,运营者也要把内容做到细分、优化、更加适合阅读。

2. 文章的阅读量两极分化

公众号阅读量 80% 来自朋友圈的转发,只有 20% 来自订阅本身。随着用户订阅的公众号越来越多,相当一部分公众号内容"生在公众号,埋在公众号"成了事实,因为除了主动检索并阅读的那一部分用户,其实对于更多人而言,要么喜欢的内容未被推送至他们面前,要么喜欢的内容被淹没在了"订阅号消息"列表里明珠暗投。与此同时,一部分内容由于公众人物分享或者行业意见领袖的偶一推介而获得了大量曝光与阅读量,马太效应之下赢者通吃的现象屡见不鲜,这样一来无疑让大量处于中下部的内容创作者多了些怀才不遇的感喟——结果要么投向其他平台,诸如今日头条系等用大数据直接倾斜流量的平台,要么永远处在一个不温不火的境地。

行动的本质是完成,提出问题的本质是为了想办法应对。所以面对微信公众号这样一个既拥有无限大发展远景,又限于自身某些因素而暂时没有完美解决方案的运营载体,我们的思路就是:认清自身定位,找准发力点,做到细分赛道的最优。而执行起来就是通过内容与活动的运营,将数据真实转化为运营主体效益并实现效益的最大化。

认清自身定位就要明白账号主体或者运营主体的身份。如果是政府或企事业单位,那么就要以精准传递信息,做好服务性、宣传性工作为主;如果是个人主体,即自媒体类型,那么就尽量以增强自身品牌意识,创造更大经济效益、社会效益,实现个人价值为主。同时在此认识的基础上才好找准符合运营主体身份及个性的发力点,或短平快地更新实时信息,或产出个人专长所在的优质内容。与之配套的或者借以为抓手的,就是前文介绍过的文案运营与活动运营,这里有必要再以微信公众号为着眼点单独论述此二者。

二、文案编辑

文案内容是全媒体文案编辑的基石,没有优秀的内容,所谓运营就是痴人说梦。前文第六章全媒体运营策划曾对文案的基本方面,如基本要求、平台选择做了宏观的评述,现在再以微信公众号为针对目标将文案编辑这块分为优质账号和实用工具两方面进行介绍。

(一)优质账号

如何辨别一个微信公众号运营的好坏,这是一个所有全媒体运营者应该有意识、要注意到的问题。作为运营者不能简单地想当然,更要从运营的角度去思考"何以然、如何然"。举个简单的例子,清博平台2021年8月微信公众号总榜单如图7-6。

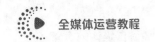

图 7-6

第七章　微信、微博自媒体的运营

榜单前五的账号不知道大家有无关注，但是打眼一看就能发现它们的数据观感能名列前茅的部分原因：从公众号名称来看，都不是花里胡哨之属，要么是"洞见"这种直接从名称就表明态度的，要么就是"河南疾控"这种带有明显官方命名色彩的，言简意赅（榜单前25就没有一个公众号名称超过6个字符）、态度鲜明、身份了然（这其实也是在筛选目标用户）是它们的共同特征；从发文数来看，基本都是日均七八篇的频率。大号犹如此，小号何以堪？我们再把账号"洞见"探个究竟，做一个具体分析。如图7-7。

图 7-7

微信总排名前25，已经非常优秀了。9月29日，该账号共发布8篇文章，其中头条文章阅读量10W+，但8篇文章也并没有理所应当地达到80W+（虽然也差得不远），这也说明饶是这样一个头部账号也不可能篇篇文章都出彩至无以复加，那么对一般运营工作者来说有时候阅读量的不完美也不能求全责备。行动的本质是完成，运营的本质是先运作起来。

再看后面一张近一周账号数据图，左上角"头条阅读数"维持在10W+，总排名在前15至前30附近。这也说明公众号头条文章，尤其是一次性发布多条图文时头条文章的重要性。首先应保证微信公众号头条文章的优质性，其选题、其标题、其排版、其具体文案都要审慎，特别是对大账号、头部账号来说！另外，左下角的"24小时发布习惯"显示它固定在晚上8点发布，这一点基本都是头部账号运营者的共识了。运营者也可不必拘泥于晚上8点准点发布，做一下微调，19:55或者20:05也是可以的，或许能有一个抢断或截胡效果，值得一试！如图7-8。

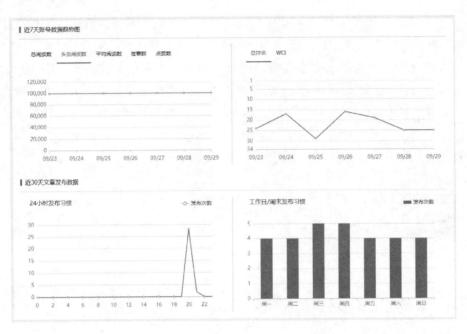

图 7-8

最后看一下它的具体文章，按照阅读量排名，展示前面几篇10W+阅读的文章。如图7-9。

图 7-9

第七章　微信、微博自媒体的运营

其一，选题大多是热点事件，如国际政治热点、国内政策及行业热点、节日热点中秋佳节，还有一些老生常谈的诸如中年危机感、文学名著中的人生哲理、个人修养等选题，无一不是本身就具有基数庞大的潜在关注量的话题。举个反例，我们现在以"母猪的产后护理"为题来写科普文或者经验文，那么可想而知阅读量不会太好（但若是运营得当，再乘以东风，或许能有一定的运营效果）。

其二，标题以短标题为主，句式短、句意明晰、情感鲜明，易于让人初读标题就产生共情。短标题往往能直接表明主旨和观点，获得用户的强烈认同。反而言之，一篇文章如果是驳论之用，那么用短标题往往也是一个不错的选择。

其三，排版为行文风格，以句为段，一段一空行，如图7-10。

图 7-10

文章开头标注了带有前缀的作者署名"洞见·安娜贝苏"，这是近来头部账号的一种流行趋势，就是公众号顶部左边不再直接标名作者名称，而以账号名词的二次展示这种形式代替，这也是一种品牌意识或者说也算一种广告吧。如图7-11。

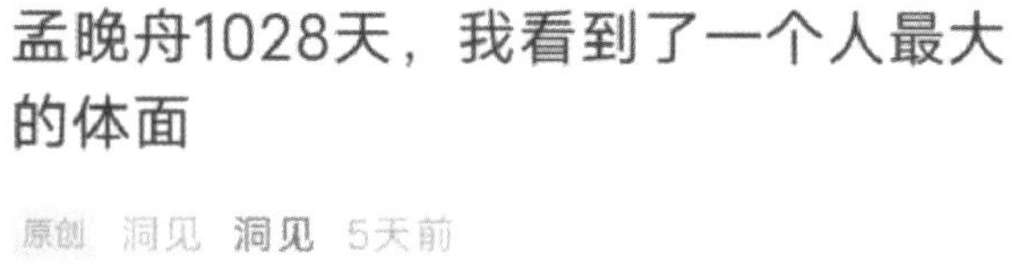

图 7-11

也有文章摘要（他们有血有肉，他们有苦有痛。），但是这里的文章摘要并不是其真正的文章摘要性质的摘要，而显示到用户界面的摘要则是"不是每一种观点，都可以叫洞见"——这其实是该账号的介绍。如图7-12。

图 7-12

另外，文章还有相应配套音频，这对一部分不便直接看手机的用户来说也是很友好的，同时这也让文章在内容形式上更加丰富了，不再只是单纯的图片或者文字，那样未免单调，略显乏味。

还有几个小地方值得一说：第一，文章字号为16px，比较符合前文所述的以句为段的风格。如果字号为14px就会显得局促、小家子气。反过来说，如果是长段文字排版，那么字号还是以15px以下为好，不然显得笨重，给人以放不开手脚的感觉，不精致、高级感不足。第二，小标题是GIF动图形式，能比图片形式或者文字形式的小标题更有表现力。第三，小标题之下都有子目录摘要，便于阅读，就算是用户滑动较快也能即时抓住文意。图7-13。

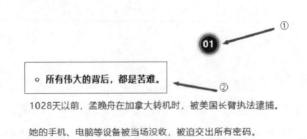

图 7-13

总而言之，任何一个榜上有名的账号以及其每天所发布的文章，无论头条还是次条，无论软文还是硬广，都有其供学习、参考、借鉴的价值。虽然说直接从既有榜单中去找那些本来就已经有了一定运营成效的账号及文章来分析，未免有些事后归因的逻辑漏洞，但它们既然存在并且以一种较为优秀的姿态存在着，那肯定有其存在的理由，做运营就是向其靠拢。下面按照前面看"洞见"这一账号的分析着眼点，分为选题、标题、正文排版三个方面来对一个优质账号进行一个简单的描摹，供大家参考借鉴。

1. 选题

编辑一篇优秀文案的第一步就是找寻用户感兴趣的话题，并以此消除彼此之间的陌生感，让用户在未观览文案之前就钻进预先设计好的话题套子里。同时选题也决定了内容的走向，无论是内容基调还是情感基调，在选题之处就已经是板上钉钉的事情了。

选题的标准大致有三：受众，即用户的阅读习惯与阅读需要；运营主体，即运营主体所代表的品牌或者产品与文案的适配度；话题，即话题本身的可操作性。

第一，用户的阅读习惯要求把读者放在首位，根据潜在用户的阅读喜好与既有用户的画像特征来安排选题一般不会出错。想用户之所想，急用户之所急。选题时想两个问题：该选题能影响多少人（基数），该选题能影响人多深（程度）。选题为大众讨论性强的、传播潜力大的话题，就有可能为文案开一个好头；而选题要是能根据既有用户的需求适时地去打造一些专章内容，也势必能拉进与读者之间的距离，从而获得良好的运营效果。

第二，运营主体也需要对某一选题进行适当裁剪，以确保其适合自身品牌或者产品的调性。比如寒露节气，美食类公众号可以做一期吃住游攻略，但就不适合企事业单位强行蹭热点做一期美食测评。再比如九九重阳，登高祈福、秋游赏菊、游玩秋日好风光肯定是少不了的。重阳节是中国的传统节日，在借势推文的时候，自然不能脱离传统文化，礼敬祖先、敬老爱老是不变的主题。也可以从传统的感恩角度出发，爱老敬老也可以从创意性的角度提出，在体现人文温暖的情感软文中植入品牌理念，这才是相对高级的玩法。

第二，话题本身也是将用户和运营主体两方面结合起来说的，在运营者眼中不存在脱离用户与运营主体的话题。以2021年10月1日壹伴数据中微博热搜榜来举例，"华春莹也藏不住放假的喜悦"就可以是一个针对各行各业都几乎万能的选题切入点，因为国庆期间放假了，可以借此机会写一篇各行业长假出游指南或宅家指南、上班指南，也可以做一点泛娱乐性的更新推送，介绍行业名人的国庆轶事、行业组织各自的庆国庆活动回顾之类。国庆是天下（中国人）人的国庆。如图7-14。

图 7-14

在热点中寻找选题是一种常规选题方式，常见的诸如微博热门话题、知乎热榜、百度热点都是不错的选择。理论上来说，任何一个搜索引擎上靠前的选项都可以成为运营者的话题备选项。除此之外，同行的关注也是一个可供借鉴的选题指向，或者独辟蹊径也未尝不可。但是，大家有没有想过，与其每天在茫茫热搜中选择困难，何不直接做一个系列呢，这样利用复调手法更能让人记忆深刻，比如二十四节气系列、幽你一默系列等等。

2. 标题

选题定了，基本上标题就定了一半。而标题写出来是来先声夺人的，在信息泛滥的现如今，部分优质内容之所以未能被人看到，多半是标题不够吸睛。毕竟再好的内容只有被人发现并被看到，才能凸显出其应该发挥的效用。标题是给人看的，是供人去辨别这个标题之下的文章是否要点开查看的，这在微信公众号运营中是至关重要的一点，因为公众号不像头条号那样还有所谓平台智能推荐，它纯粹是靠口碑积累、分享传播，饶是所谓"看一看-热点广场"上的推荐文章，也是用户用"在看"一票一票先投出来的。

标题有长有短，微信公众号文章的标题最多可写 64 字，但显示在用户界面的大概只有前面 25 字（带标点符号），后面的文字会被建议文章标题字数不要超过这个限度，不然眼花缭乱，运营效果会受影响。

短标题前文有所涉及，它的主要功能是表达运营方鲜明的情绪观点，易于让人产生共情倾向。比如《70后马上要奔五了！》《我爱你，中国》《瘦身秘籍》等等。而反观长标题，现在有某种"短标题已死，长标题当立"的论调，大概是受以前所谓标题党不良环境的影响，人们普遍会认为长标题更具有可信度，更能抓取到自身所需要的信息吧（因为长标题本身的信息量就不会少）。长标题也好，

第七章 微信、微博自媒体的运营

短标题也罢，能被人记住就是好标题；长标题要有信息量，短标题要有个性，它们都要能体现文章主旨，让人产生阅读兴趣。如表 7-2 所示，给大家推荐几种拟标题的样式。

表 7-2

新闻式	作为信息媒体的一种，微信公众平台也承担着一定实时传递新闻信息的功能，并且这可以说是微信公众号的"基本功能"——明确告知，准确传递
	上海发布：《市委常委会今天传达学习这个重要讲话精神，研究部署疫情防控等工作》 澎湃新闻：《上万人等待入境自首，瑞丽疫情外防输入压力前所未有》 深圳大件事：《最新！揭阳报告4例密接者，已对重点场所进行封控管理》
故事式	这一类标题多是用几个夸张的关键词，或者说是"噱头"，把某个人、某件事在标题中点出来，但又不是全部点出，说话只说一半，故意设置悬念、对比、反问等等，这类标题通常还会与数字配合使用，借以提高说服力、增加冲击力
	365读书：《90后小伙，靠给老人"拍照"涨粉百万，他背后的故事让人泪目》 GQ报道：《陈春成：我写了九个小说，还不到总结经验的时候》 当当网：《李子柒爆红被骂：我14岁辍学，年赚几千万怎么了？》 最人物：《"傻子市长"樊建川："捡破烂"28年，80亿身家倾家荡产！》 十点读书：《离婚5个月后，赵丽颖形象大变：带2岁儿子拍戏，背后真相让人心疼》
热点式	热门的人和事总能带来更多的关注量，借势来完成传播营销，可以提高传播速度。知名人物、舆论事件等永远不能被我们忽视掉，这些内容就算不能贯穿全文，哪怕是开头做个引子也挺好的 不要"看不起"蹭热点这回事，日光底下无新鲜事，关键看怎么"玩"出新意，怎么最好地为我所用且用好
	国家人文历史：《血战长津湖：装备严重落后的志愿军为何能战胜美国王牌部队？》（电影《长津湖》热播） 名人生活圈：《孟晚舟传奇：两段结果截然不同的婚姻》 雷达财经：《拉闸限电，是在下一盘大棋？》
分栏式	标题中出现诸如"："，用它将标题分成前后两部分，以此来完成系列文章的品牌式的推送，这是现在大多数系列专题文章会选择的标题设置方式
	字媒体：《趣读：南方人，你们对炒饼一无所知！》 侠客岛：《解局：默克尔的"背影"》 半月谈：《微思政：文艺不能迷失方向》

本文不再继续分类，分类本来就是无穷无尽的，很多标题也杂糅有多种标题设置技巧，比如"故事+数字""分栏+短标题"等。我们还是强调几点雷区：第一，

善用修辞，修辞格用好，比如拟人、比喻、化用等，能为标题增色不少；第二，文字游戏也要适度，小心大多数用户看不懂你的"幽默"；第三，词类中动词好于形容词，更能形成画面感，而形容词有时候会产生理解偏差；第四，标题不可将就，不可急就章，但是标题也不是全部，不能因为暂时没想到一个好标题就直接搁置不作文了——在写的过程中有时候也能蹦出好创意来。

标题的训练除了自己多思多想之外，还可以多看看同行的择取，也可以问问用户的意见。另外，很多大号拟标题的方式方法也并非金科玉律，人家早有庞大的用户基数，标题再烂阅读量也不至于太坏（如果它的标题一直不出彩，那其运营也势必受到影响）。多实践、多总结复盘，如果能找到自己的独特风格也是挺不错的！

3. 正文排版

直接说排版之前，其实还有一个步骤，那就是关于正文内容的布局，如正文如何展开、如何拟小标题、如何收束全文等等。正文的良好布局，有利于用户更好地沉浸阅读。

（1）新闻式布局。前面介绍新闻式标题时曾说到，有些公众号文章本身就是新闻内容，所以标题也好，正文也好，基本是一如新闻文体在编辑，那么其实有些模仿传统新闻媒体写作出的文章，一样也适用于这种格式。这种格式的好处就是规规矩矩，很少有插科打诨、卖弄小聪明之类的俏皮话，或者说是"反娱乐化、非幽默"性质的，主要用于产品发布、企业文化展示等场景。如表7-3。

表 7-3

基本格式	导入语＋正文＋结语
案　例	《袁仁国：茅台厂里的伏地魔》
导入语	多年以后，望着铁窗，不知袁仁国是否会想起那段在茅台制酒厂里打着赤脚，蒸着粮食的闷热时光。自2019年被正式批捕，关押两年多，袁仁国受贿案终迎一审宣判。原茅台掌门人被以受贿罪判处无期徒刑，剥夺政治权利终身，并处没收个人全部财产。法槌敲下，一声长叹。
正　文	中国贵州茅台酒厂（集团）有限责任公司党委原副书记、原董事长袁仁国被开除党籍开除公职。
结　语	时光荏苒，人事不停变动，但酒厂生产的那套工艺倒是依然传承完好。袁仁国的时代结束了，而被他带大的茅台还正当年。

第七章　微信、微博自媒体的运营

（2）总分总式布局。这种布局方式的特点主要是逻辑清晰、有条有理，有时候甚至可以将前后的"总"去掉，直接叙述各个分论点即可，走扁平风——这样反倒没有了总分总那样的呆板与老派感。如表7-4。

表 7-4

基本格式	（总观点＋）各分论点（＋总结）
案　例	《生活即艺术，但你要知道什么是美》
总观点	意大利人艾柯曾经尝试为美作传，但最终也承认自己无法对"什么是美"这一问题给出绝对的答案。因为美就和这个世界一样纷繁芜杂，它在人的作用力下，千姿百态地变化着。在每个瞬间诞生的美，都与当下相矛盾的观点并存，投射出人们记忆中过去的影子，又或许会在将来因有时间加持而迸发出更加动人的魅力。（即：无法直接定义什么是美，或许可以追求美，我们在追求美的过程中去领略什么是美。）
分论点1	像艺术家一样生活：喜爱一切精致美好的事物，敢于像艺术家一样生活。
分论点2	发现已经存在的美：信仰（Faith）、有趣（Fun）、自由（Freedom）、未来（Future）……
分论点3	感知已经发现的美：生活之所以无趣又琐碎，是因为我们把许许多多的细节都忽视掉了。
总　结	像艺术家一样生活，发现已经存在的美，感知已经发现的美，即为风雅。（这其实是一篇软文，最后通过前面这三个论点来定义美，并升华为风雅，最后售卖货物。）

（3）故事式布局。这种布局方式多是介绍人或事物，通常用前面所讲的制造悬念、层层递进的方式展开。文章多由某一个问题引出，这个问题可以是直接与正文所叙相关的，也可以是因为这个问题与正文所述有其相关性、能类比得到的。它的好处就是能够让读者真正进入沉浸式阅读，吊着用户的胃口让他们在不知不觉中就把文章滑到了底部，甚至还想互动留言参与讨论！故事的关键处或者说悬念处，可是人，可是物，可是荒唐的情节，也可是某种阅读氛围。同样要注意的是，设置悬念或者设置悬疑情节不可用力过猛、故弄玄虚，否则很容易拉低用户对账号的好感度。如表7-5。

表 7-5

基本格式	疑处＋第一设想＋否定＋第二设想＋否定＋第三设想＋否定＋……＋答疑＋收束
案 例	《为啥东南亚富豪那么多华人》
疑 处	福布斯推出了最新的 2021 全球亿万富豪榜，发现来自东南亚国家的富豪，名字几乎全是华人名字。
第一设想	东南亚华人历史久远，唐代之前就有华人去那里经商贸易，几千年来华人在南洋航海经商做工就没有中断过。中国的海外贸易从来没有停，有时候中国战乱，贸易萎缩，这时候华人去南洋躲避战乱谋生的就更多了。（第一设想：由于华人下南洋的历史原因，使得华人一直在东南亚国家有着不小的势力。）
否 定	工业革命之后，欧洲殖民者实力大涨，华人多半成了殖民者的代理，殖民者不需要做事只要吩咐一下即可，后来这种"代理制"被移植到了香港和上海，出现了一个我们比较熟悉的名词，叫"买办"。（否定：西方工业革命后的殖民者们好像更比华人有条件成为那些富豪啊……）
第二设想	二战结束后，殖民体系崩溃了，欧美殖民者开始撤离。当地权贵不要说改造国家，治理国家这种事情的难度都太大，唯一办法就是老办法，以不变应万变，地方上本地势力保持稳定，继续沿用殖民时期的老办法，让华人继续控制经济领域。（第二设想：二战后由于殖民者基本都跑路了，所以华人由于实际管理经验足，被重新委以重任，这才使得他们重新积累起了社会财富。）
否 定	华人在当地没有根基，即使富可敌国，也不过是附庸于政府权贵，没有什么政治影响力，政府即使有变化也只能跟着变，随时可以舍弃掉换一批人。（否定：即便华人通过帮当地权贵做事积累到了大量财富，但是也被人提防着，所以基本也只能赚点小钱而已，不至于像现在出现这么多富商巨贾。）
第三设想	华人是权贵阶层在经济领域的代理人，在历史上长期跟做买卖打交道。进入现代之后，华人也在内部提携，内部分享经验，人脉、融资渠道什么的，都是内部闭环的，所以他们的势力在全球化的加持下更加离谱，当地人更加没有存在感。到现在有的华人巨富已经不再是权贵的包税人了，甚至有一些是中国的上市公司背后的控股人，这些财阀也全球化了。（第三设想：是因为华人团结，有行业传承。）
否 定	虽说东南亚各国都是华人富豪，其实还各有区别。新加坡很多富豪只是入籍（比如海底捞的老板），不是本土的。泰国富豪，比如他信祖籍广东梅州，是移居泰国的第四代华人，但他的父辈就是泰王的包税人，底子非常厚，他信娶了军界大佬的女儿后，资源倍增，进入政界，从此大发。菲律宾的富豪大部分都在搞零售购物中心什么的，此外就是搞传统技能，房地产、港口什么的，这类基础设施从来都是暴利。印尼华人富豪林绍良不过是给苏哈托家族打杂的白手套。（否定：东南亚各国现在的华人富豪们致富的手段是不一而足的）
答 疑 ＋ 收 束	"海外华人巨富"这个话题其实非常大，写一本书也是九牛一毛，而且任何概括性的描述都是错的。（言下之意就是说情况复杂，具体情况具体分析，但大概就是前面说到的那些原因综合后的原因。）

第七章　微信、微博自媒体的运营

（4）并驾齐驱式。这种布局方式有一个例子倒是很恰当，几年前999感冒灵推出过一个视频《这个世界总有人偷偷爱你》，通过五个基本相互独立的反转故事引出了"这个世界没有想象中的那么好，但似乎……也没那么糟"的结论，在让大家纷纷表示"好哭"的同时引发了网上一波"病毒式传播"，皆大欢喜。视频通过镜头来传情达意，文案编辑则是通过文字。虽然大致是好几个叙事分别进行，但是要注意它们之间的主题联系要紧密，不能支离破碎，要确保所有故事或者所有叙述都是为主题服务的。如表7-6。

表7-6

基本格式	引语＋马1＋马2＋马3＋结语
案　例	《一位北京地铁民警写下213个真实故事，我看后整个人治愈了》
引　语	知乎博主"马拓"是北京的一位地铁民警，他把自己在地铁里遇到的故事，都写在了知乎里，意外火了，收获127万点赞。
马　1	不轻易评价他人，是一种修养：地铁里，一个疲惫不堪的男生靠在了扶杆上，旁边的女生没地方扶。两个人一言不合就吵了起来，盛怒之下，女生骂了男生一句"素质真低"。男生恼羞成怒，动手就把女生给打了。
马　2	人能靠得住的只有自己：马拓在值班期间，遇到一个刚满18岁的小伙子问路。小伙子在北京务工失败，准备返乡，身上只剩买车票的钱。
马　3	成熟，就是懂得控制自己的情绪：有个小伙子想抱着一只兔子上地铁，跟安检员大吵一架。马拓先是气愤，后聊天才得知，小伙刚来北京没多久，一个人住，买了只小兔子作伴。
结　语	世上只有一种英雄主义，就是在认清生活真相之后依然热爱生活。

正文布局的格式有很多，诸如穿针引线式（即常规叙事的起因—经过—波折—反转—结果那种）、层层推进式（大致对一个问题进行是什么、为什么、怎么办、会怎样的回答）等。综合运用前面这些布局格式，或者说用好最常见、最普通的格式就已经很好了，因为与正文布局搭配一起使用的还有正文的排版。

行文布局与篇幅排版互为表里，排版不行再精彩的内容也会失色不少。排版大致涉及文字排版、对齐与间距，我们从这几个方面分别来看。文字排版要求如表7-7。

表 7-7

要　点	文章里面字体颜色不要杂，尽量与公众号头像或者当天文章封面一致 大小适宜，全篇文章字号要分门别类地统一。除非科技文、政论文一类需要深度阅读的文章，段落字数、单句字数一般不要过长 另外尽量用短句，长句易致阅读疲劳
字体颜色	正文：默认黑色即可，其他也有 标题：标题颜色大多用主题色，且每个标题的颜色必须一致 标注：标注通常使用在引用、解释、说明等情况下，最好和正文颜色不同以示区分
字　号	标题：18px—20px 正文：14px—16px 标注：10px—12px
字　数	微信文章正文字数是没有限制的，理论上可以一直写下去，但没必要。一般一篇文章五六千字封顶，就算再有内容也要分开两篇来推送，长文三四千字、短文五百至一千字为宜。多说一句，长文不一定要字数多、够五六千字才叫长文，三千字左右的文本通过排版排出五六千字的长文感就行

我们看一组例子，挑选一段文本做个排版示范。如图 7-15。

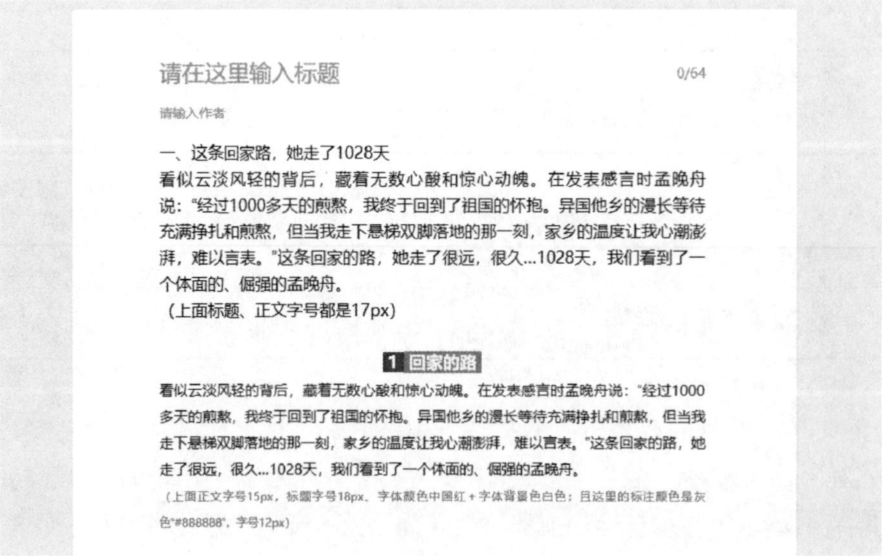

图 7-15

由于 PC 机上字号好像区别不大，微信公众号自带编辑工具默认字号为 17px（这在手机屏幕上就多少显得有些突兀了，一般我们要把字号统一成 15px）、默认字体颜色为纯黑色（这个倒没有太大问题，苹果手机可以显示其他颜色，但建

第七章　微信、微博自媒体的运营

议不要设置为其他颜色）。对齐与间距要求如表 7-8。

表 7-8

要　点	微信公众号的文章阅读场景多是在手机上，所以不得不照顾这一阅读习惯，在文字的对齐格式与各种间距上就要向手机阅读习惯靠齐
对　齐	居左对齐：空行就不缩字符，缩字符就不空行（即我们平常所说的空两格）。千万不要段落与段落之间既空了一行，而段首又空了两格。这种格式也算比较常见，一般文章都可以用，特别是一些现代长诗 居中对齐：短句居多的文章适用，活泼灵动，适合轻阅读、浅阅读、娱乐阅读 居右对齐：比较少见，特殊情况下使用，应用较少 两端对齐：不是分散对齐，而是让参差不齐的文本尤其是文本右端也是对齐的 首行缩进：如果段落之间没有空行就用首行缩进功能（而不是自己去敲空格键，微信公众号自带编辑器上的字符不等于我们自己所设想的空格）
间　距	段前距、段后距：一般情况下用不上，因为我们用空行来区别段落与段落。但如果非要用的话可以配合空行使用，选择段前或者段后 5、10、15 的距离。段前、段后距离一般不用 20、25，因为那样距离太大，可以直接用空行了 字间距、行间距：这两个距离就用默认值，自己改动反倒弄巧成拙。字间距 0.5 或 1、行间距 1.5 或 1.75 为宜，具体也要看文本长短、段落多少 页边距（两端缩进）：页边距在微信文章编辑器里叫两端缩进，一般设置为 8
空　行	用来区别段落与段落，一个空行就行

讲到这里还是用上面那段文本的后一个版本再来进行段落排版，并且用手机上预览文章的效果给大家做个对比。如图 7-16。

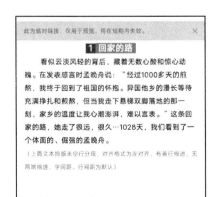

图 7-16

另外，文字排版中还有诸如加粗、斜体、下划线等一般 Word 文档里的用法，这里就不多说了。下面再看下配图与特殊字符这方面的一些常见问题。配图与特殊字符的要求如表 7–9。

表 7–9

要　点	微信文章少不了配图，有配图才能做到图文并茂。微信文章配图与封面图都是从图片库选取，或者从本地上传至图片库再使用。建议上传图片时给图片命名并分类建文件夹（图片库里叫"分组"），不然一张张图片乱码名称都被放进了"我的图片"这一分组，有时候想找前段时间上传的某张图片真是比登天还难。图片大小不超过 10M，常见图片格式都能上传，如 PNG、JPG、JPEG，还有 GIF 动图。直接插入视频文件跟图片的样式基本一致，但如果是微信视频号，那么直接点击插入就可以。如果上传视频则需要提前预留时间，视频文件需要经过上传、转码、审核这一系列流程。500M 大小的视频文件从上传到能用大概需要 10 分钟，这不一定准确，但给大家作个参考
配　图	对齐格式：图片不论大小一般都是居中排版 　　图片注解：可有可无，如果要做图片说明，那么说明文字一般紧贴图片左上方、左下方或者居中下方，说明文字按照标注文字的格式去设置字号、字体颜色就好 　　两端对齐：一般图片的两端不能超过文字两端，不然就显得不和谐了。假设文字的两端缩进是 0 或 8，那么图片的两端缩进就是 8 或 16。文字与图片两端一般对齐也行，用一个同样的两端缩进值 　　注意：图片在插入文章段落后还是可以拉动对角调整大小的，一般是大图适当缩小，没有小图放大的
特殊字符	编号符：大致分为带编号的和不带编号的 　　表格：微信公众号自带的表格设计工具不太好用，一般都是用办公软件 Excel 把表格做好后或截图、或直接复制到文章中就行 　　引用：长段文字才用，短句引用直接用双引号陈述 　　分隔符：一般是文末结语说完了"求关注"时用到，用分隔符把文章与"求关注"隔开。另外三角符号也能作分隔符用，而且显得更简洁清爽，同时它也能在对图片进行标注时做指引 　　表情：微信公众号自带的编辑器里的表情能用的不多，一般也很少使用，如果想要用独特的表情，可以自制然后以图片形式上传至图片库，用的时候把图片插入并缩小到字符大小即可

　　这些排版的基本范式是一个优质账号的运营者必要熟记的，先从这些入手，熟练了之后可以根据自己行文或者排版的需要做一些微调。这都是针对文本本身的编辑，但有时候会碰到一些非文本的编辑需要，所以这时就需要运用一些工具小技能了。

　　这里再给大家介绍一些实用的编辑工具，多是网页登录即可使用的小工具，无须单独下载应用软件。这样才能使大家以后的文案内容编辑工作真正省时省力。

　　编辑文案时，难免碰到一些音频、视频或者文档的格式不对，别看是小问题，但是可能卡住全部的编辑流程，所以多知道一些格式转换工具以备不时之需总是

第七章　微信、微博自媒体的运营

有必要的。

转转网（https://www.aconvert.com）。我们日常编辑文案，甚至是办公场景遇到的文件格式转化需求都可用它解决，关键是它不收费、效率高，连广告都没有。如图7-17。

图 7-17

配色卡网（https://peiseka.com）。前面说到过文字色号不要太过花里胡哨，其实封面配图设计、文内配图择取时还是要看一看配色的。不过这一点一般不会出太大问题，毕竟内容才是关键。白纸黑字也好，黑纸白字也罢，看了让人拍案叫绝才叫高手。如图7-18。

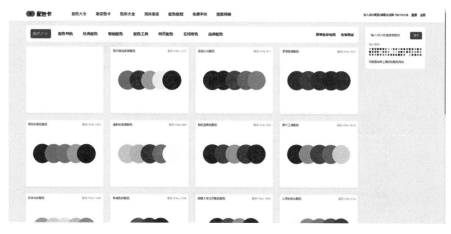

图 7-18

ProcessOn思维导图、流程图（https://www.processon.com）。经常觉得自己配的流程图或者思维导图太过简略、不够高级，其实就是没用上小工具的原因。如果单纯用 Office 去作图，做其实也制作得出效果好一点的图，但是未免太过费时费力。直接用 ProcessOn 在线制作并输出就好了。

美图秀秀网页版（https://pc.meitu.com）。这个一般用来对文内配图做一点拼接、裁剪（由于微信公众号自带的编辑器内裁剪图片功能有点不好用，所以图片一般裁剪好了再上传到图库为好）、去水印 logo 或者增加水印（建议上传到公众号图库的图片不要设置为添加公众号水印，没必要，而且加了水印反倒影响观感）等。

创客贴（https://www.chuangkit.com）。它最大的用处就是可以直接利用现成的封面图，并可以在上面进行编辑。如果运营公众号时特别赶时间，可以选用它。

除了一些对图片进行编辑的工具，我们还需要知道一些除百度之外的图片素材检索工具，如 Unsplash（https://unsplash.com 图片高清、免费，多风景、人物）、沙沙野（https://www.ssyer.com 小清新、扁平风）。

（二）实用工具

前面介绍给大家的基本都是些小工具，本节再给大家介绍一些大工具，主要以编辑器、数据平台和第三方服务商为主，简单归类一下就是：一个插件工具（壹伴），两个数据平台（清博和爱微），三个编辑器（秀米、135、小蚂蚁），四个第三方服务商（微盟、掌上大学、小猪创梦、腾讯微校）。

1. 壹伴插件

壹伴插件之所以第一个介绍，主要是它作为插件使用，既以原有的微信公众号自带编辑器为基础，不需要另外跳转网页进行编辑，同时又能在其自带编辑器的基础上提供相当实用的功能，诸如图片阴影、素材采集、链接导入既有的优秀排版格式等等。如图 7-19。

图 7-19

第七章 微信、微博自媒体的运营

其他的编辑器,诸如后文将介绍的三个编辑器,与壹伴基本功能一致,但它们比不上壹伴是因为壹伴作为插件直接在原有编辑器上配合使用,当时界面排版如何,那么最终格式就是如何,不会像其他编辑器有时会出现排版排好了,结果发现复制到微信公众号自带编辑器后,格式诸多掣肘的现象。这里需要注意,浏览器推荐用 360 极速浏览器,如果用 IE 或 Edge 可能无法正常使用。

用壹伴的前提是首先得自己注册有微信公众号账号,然后在壹伴插件中用既有公众号管理员的手机微信扫码即可直接登录(或者用公众号的账号密码也能登录),登录后微信编辑器与原有编辑器界面会有略微改动。如图 7-20。

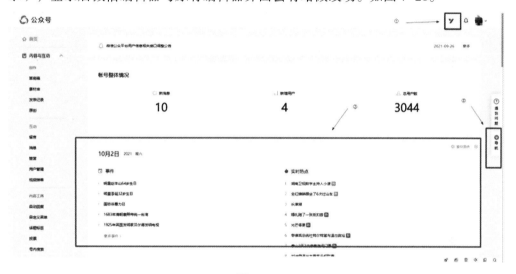

图 7-20

壹伴插件与自带编辑器相比,区别在于:①登录成功后界面右上角有了壹伴的 logo;②正中央有了"热点日历"及"热搜数据榜",这对于有大量推送内容的账号来说是比较友好的,不需要再去单独打开其他的搜索引擎榜查看数据信息;③首页工具栏较为方便,既不会让人觉得眼花缭乱,又能随用随开。如图 7-21。

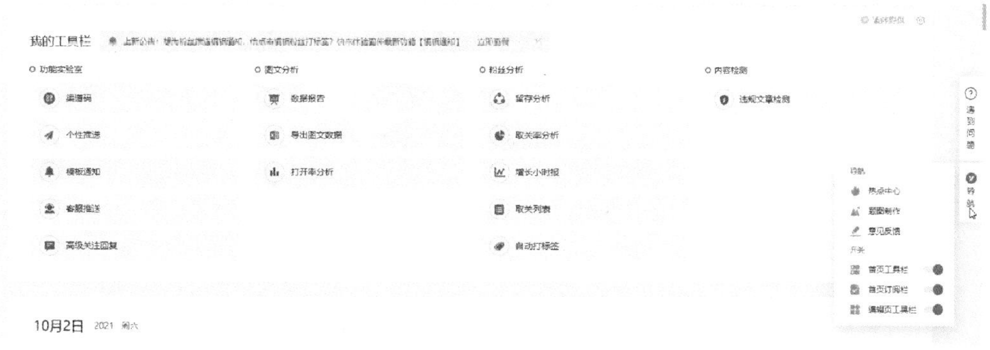

图 7-21

我们还是用前面的那段文字进行编辑，看看壹伴插件能对文案编辑产生哪些影响。如图 7-22，基本可以看到编辑界面的中央上方，多了图片圆角与阴影、表情 Emoji、一键排版、重点划线等功能；左边工具栏多是常见的排版功能；右边工具栏里诸如导入文章、手机传图、往期推荐、营销日历及插入图标等功能是非常好用的，推荐使用！

图 7-22

现在把手机端接收到的预览文章拿出来，大家猜猜里面可能用到了哪些上述功能。如图 7-23。

图 7-23

第七章 微信、微博自媒体的运营

其实大家已经发现，文字及图片的编辑排版本不需要太多的操作，简单地把文字对齐、大小适宜，图片清晰，文末加上历史文章的图片链接，再加一个公众号的关注项就很好了。

如果大家看到某个账号的某篇文章的排版想借鉴，但是直接复制图文粘贴到微信公众号编辑器里又发现格式已经错乱了，这时候你可以用壹伴插件来完成这一操作。第一种方式是找到该文章的微信链接，直接复制，再打开微信编辑器，点击右边工具栏"导入文章"即可。第二种方式是直接在浏览器打开链接，再点击插件显示的"采集图文"。如图7-24。

图 7-24

值得注意的是，壹伴的很多便捷性操作，比如直接采集图文之类的，拿来借鉴学习可以，但不能用来洗稿重发，那样会构成侵权行为。借鉴别人的文章是说通过"采集图文"这一功能，能够把优质账号的优质图文直接复刻到自己的微信编辑器上，从而近距离地临摹人家的排版及文章布局格式。

2. 清博平台

清博平台在前面的章节中介绍过，本章节也用该平台对几个优质账号做过简单的分析。清博平台更多是给各个公众号做了一个量化评分的系统（主要是针对公众号的总阅读量、头条阅读量、排名、点赞量、平均阅读量、WCI），在这里能直接查看公众号排名，能对头部账号的近期推送进行直接访问，免去了去单独点击的烦扰。它的基本定位就是一个浅显却又生动的数据分析平台（全域覆盖的新媒体大数据平台）。

除了其"排名系统"之外，清博平台最近上线的清博事件库也是一个不错的综合舆论大事件整理统计数据库，正如它自己所宣称的"多领域、多专题、多维度事件分析"。如图7-25。

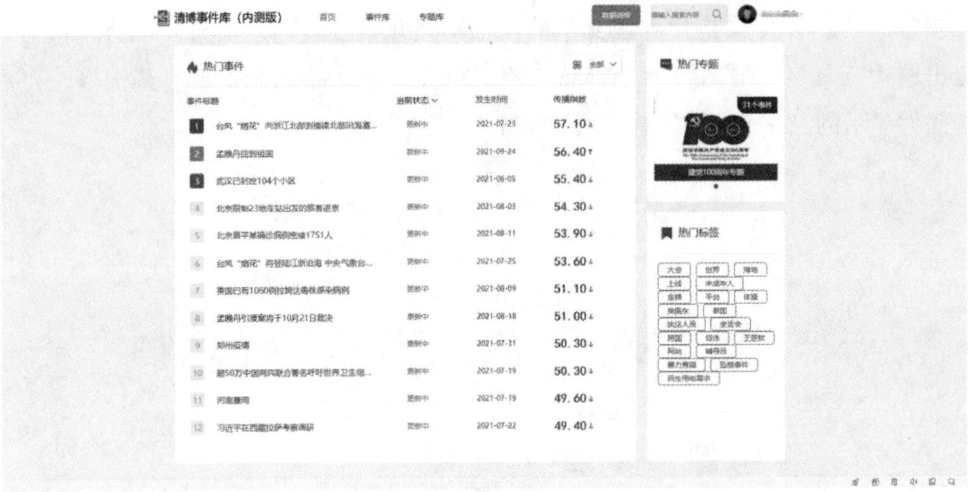

图 7-25

清博事件库的首页是热点事件排行，另外的"事件库"和"专题库"对从事舆情工作或者需要关注舆情工作的运营主体来说都是很值得关注的。这些专题库的事件都会有"事件概况、事件经过、传播分析、媒体和KOL聚焦、舆论聚焦"等子项供大家参考，所以这对于政府职能单位或宣传机构来说很有价值。如图7-26。

图 7-26

第七章 微信、微博自媒体的运营

最后，该平台还有一个只针对政府、国企、高校、私企开放试用权限的智能融媒体平台，该平台对暂时无力独立搭建全媒体平台的企事业单位来说尤其值得一试。如图7-27。

图 7-27

3.爱微数据平台

爱微帮能查看每日各行业、各地区的热门文章排行，还支持爆文推荐、文章关键词搜索、热门话题等等。除了微信公众号领域，还有百度热搜、微博热搜等相关数据，全网的热门文章素材都能找到。爱微数据平台的优势在于能够区分行业进行排名，但其界面设计等方面都略逊于清博平台。如图7-28。

图 7-28

4. 秀米、135、小蚂蚁

这三个编辑平台在前面的章节中也或多或少有过介绍，功能上大同小异，伴有收费项，且不像壹伴插件可以直接在微信公众号自带编辑器中进行编辑，还得走一道复制图文的程序。

5. 微信第三方服务商

微信第三方服务商有很多，通过第三方服务平台，可以让微信账号实现更为丰富细腻的营销功能。如餐厅的微菜单、商场的微商城等等。这些内容一般不直接与微信公众号发生关联，但是微信公众号可以通过它自身的传播及宣传功能对这些第三方服务进行推送，从而实现效益最大化。

（1）微盟（https://www.weimob.com）是一家基于微信为企业提供开发、运营、培训、推广等一体化解决方案，帮助企业实现线上线下互通、社会化客户关系管理等多个层面业务的开发公司。如果我们的运营主体是小微企业之类，可以通过微盟达成运营助力。如图7-29。

图 7-29

（2）掌上大学（http://www.wxhand.com）当属国内进入该领域较早的平台了，发展势头一直很好。它的主要功能是课表查询、微信上墙、校园兼职、投票等，而且免费，这对于自媒体运营者来说是一个值得一试的平台。如图7-30。

第七章　微信、微博自媒体的运营

图 7-30

（3）小猪创梦（http://www.pigcms.com）主要提供微信营销服务。旗下产品有微信营销系统、微电商系统和 O2O 系统。如图 7-31。

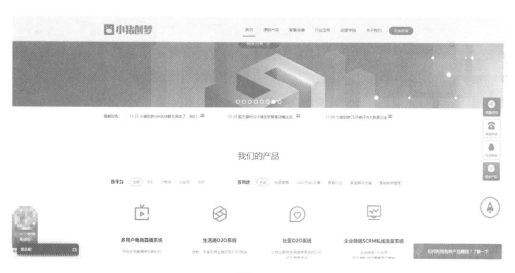

图 7-31

（4）腾讯微校（http://weixiao.qq.com）是腾讯公司官方创办的公众号服务平台，而且免费。高校宣传部门人员可以多看看，如果在校生对媒体传播感兴趣也可以直接上平台实践。如图 7-32。

图 7-32

三、活动策划

这里所说的活动策划是针对微信公众号而言,与前文所述有联系但也有区别,毕竟不同的平台有不同的算法与运营手段。微信公众号的活动策划主要是指公众号后台管理员以吸纳用户和提升阅读量为导向,根据提前设定好的明确可量化目标,通过策划并执行短期或长期的活动,最终在特定时间段内吸引用户参与活动,并提高品牌或产品的运营指标的运营过程。

纸质媒体风行时期,如一家报社要想策划一场活动,大多限于客观条件只能以发行量为参考依据来安排活动,但在全媒体盛行的今日,通过技术的革新、理念的革新,已经有了更多的参考标准来好好筹备一场活动,大到"京东618购物节""淘宝双十一",小到"支付宝扫码领大白菜""关注店铺公众号可抵扣现金",这些都是活动带给运营主体的加惠和为用户带来的实际让利。

(一)策划思路

微信公众号的活动策划,实际上是运营主体自导自演的一场宣传、推广和引流的沉浸式表演,目的是希望借助各种渠道将自家品牌或者产品推出去,以获得更多的用户、更多的曝光,从而实现更全面的媒体效应。

一场活动除了前期策划,如确定主题、策划方案、人员分工等,还有物料的筹备(线上活动一样需要筹备物料),如宣传的文案、活动的奖励物料等,而活

第七章　微信、微博自媒体的运营

动中关键的一环还是执行，即推广、宣传环节。

微信公众号的运营不能只着眼于公众号本身，不要忘记了它是挂靠在强大的腾讯系社交矩阵上的，微信是微信公众号的靠山。所以在策划微信公众平台的相关活动时，不要忘记微信这一内部平台，在活动可支持的最大限度范围内，要优先利用好它。当宣传文案出炉后，可以将它大致投放到这四种场景。

1. 订阅号消息列表

订阅号消息列表或微信用户消息列表（这是服务号才能做到的），可以是己方账号的推送，也可以邀请其他账号来背书，其中以头部账号为最优，如果能做成多个账号一同首发，其活动效果可想而知。如图7-33。

图7-33

2. 企业号或者个人账号直接私聊

这种私聊会显得更加"用心、有诚意"，并且这种消息也是直接显示到用户消息列表的，送达率可以说是100%。但是这种方式就像打营销电话，虽然人家可能第一次接你电话跟你客气一下，但基本不会有第二次，所以选择这种方式去推送己方的宣传推广内容时要注意不要广撒网，尽量去寻找其中有影响力的KOL用户，毕竟用相同的时间如果能精准说服几个KOL用户，那么他们潜在的二次推广宣传能力是不容小觑的。

3. 朋友圈

"得朋友圈者得公众号"绝不是仅是一句玩笑话。运营者的朋友圈、KOL用

· 139 ·

户的朋友圈、普通用户的朋友圈，还有他们的"看一看"栏，如果能被运营者的活动文案内容填满，这就说明活动已经成功了一半，但必须保证文案内容要引人入胜、广告要合情合理（公益广告还好，商业广告要特别注意），不能直来直去。要想"站着还把钱给挣了"，就得自己"手底下出的活儿干净"。例如公众号"Sir电影"，它自己的广告也好，接别人的推广也好，基本上你从标题及封面，甚至文章前半段都看不出来，让人禁不住想直呼好活当赏。

4. 私域流量用户社群

运营主体方自建的关于品牌或者产品的微信群，用户无论出于什么样的目的选择加群或者接受你的入群邀请，肯定对你不排斥，这些用户极有可能支持运营方所策划的活动。另外，除了自建社群，也可联合互补行业其他运营主体建立社群系统，如医疗行业与保险行业、体育行业与运动装备厂商等等。

最大限度的曝光与最能勾人的内容，永远是活动成功的第一步。

（二）引流涨粉，维护变现

有了曝光量与相应关注度还不足以让辛苦策划的活动取得一个完美的收官效果，运营者还需要将活动之前与之后的用户运营做好。活动之前的用户运营，能为后续的活动提供一个良好的开局，这主要表现为用户的引流与涨粉量。活动之后的用户运营才是最终让用户认可品牌或直接下单产品的关键，这是对用户的维护与变现能力。

微信公众号的用户引流与涨粉，从用户的底层逻辑来看实际上是用户心理学，满足用户朋友圈的情感和社交需求才能真正投其所好。如果仅仅靠分享原创文章或者转载文章来吸引用户以达到涨粉目的，恐怕不是最有效的。那么如何能达成用户快速增长的运营目标呢？大致有这么三种方法。

1. 内容引流

因为转载他人文章或者直接发布别人的原创文章是需要标明原作者的，只要文章质量好，编辑方与原作方就会双赢。只有文章内容质量高，别人才会接受你的投稿请求，你的文章就会引起相应的分享传播，是为"双输"。投稿平台就算没有稿酬，你也可以得到相应的投稿平台方既有粉丝的二次关注，而且投稿平台的粉丝是经过筛选的，你的文章推上去自然能得到认可，具体形式就是关注。如图7-34。

第七章 微信、微博自媒体的运营

图 7-34

2. 账号互推，曝光引流

这种方法需要有一定的粉丝量后才能操作，如果本身只有寥寥几个关注的账号互推，那效果也不会太好。所以使用这个方法引流积累用户需要自身拥有一定的用户流量，然后各个账号一起约定时间进行推广。当然直接付费推广也有之，但这种并非长久之计，做运营还是坚持内容为王得好，不然走偏锋容易招致反噬。另外，有些公众号在接互推文章时自己刷阅读量数据造假，这需要在互推时或付费推广时提前做好公众号数据监控。如图 7-35。

图 7-35

3. 资源引流

这是除了内容引流和曝光引流之外的第三种比较通行的方法，包括优惠和投票两种。其一，可以在其他平台，比如微博、知乎、头条号文章上直接说"关注公众号XXX，回复XXX领取XXX礼包"；其二，将公众号文章转发分享至朋友圈还要保留几天并截图；其三，在其他平台介绍栏直接把公众号名称放出来，但这种做法在有些平台是违规行为，视平台具体要求而定。如图7-36。至于发起公众号内的投票就再简单不过了，无论是什么样的投票都必须先关注才能投票，这种做法要求被投票的内容有极大的流量。这种投票的发起对一些公益项目评比的主办方来说，是一个不错的涨粉契机，比如公众号"中国青年报"在2021年夏季发起过"全国大学生暑期三下乡志愿活动，全国百强实践队"的投票，就需要先关注其微信公众号然后回复相应数字才能算投票成功。

图7-36

微信公众号的维护与变现，主要是从用户运营的角度来说的。当一场活动策划、执行下来，后续就是一个持久的维护过程，而至于变现也有多种形式（用户对品牌认可度、熟悉度的提升是一种变现，对产品的口碑宣传与买单也是一种变现）。运营者（或者客服）在直接对接用户时是有一定要求的，暂且把它称为微信活动运营中的"人情味"。全媒体运营最好能为产品或者品牌赋予人格，使其人格化，而产品与品牌归根结底都不是自然人，自然也就不可能真正具有所谓人格，但客服的服务就是来完成这一目标的。

第七章　微信、微博自媒体的运营

全媒体运营是在与用户直接打交道，所以能让用户感到满意的客服是不可或缺的，你能想象知名企业没有前台或者后台客服吗？我想答案是否定的。就像淘宝App里卖家与买家的互动，微博账号的运营者与粉丝的互动，微信公众号的粉丝后台交流，这些都少不了客服的运营功效。尽管现在已经出现很多诸如人工智能客服机器人的新技术，但这不能说明人工客服被淘汰，正好反向证明了客服服务的重要性与不可或缺性。公众号客服大致可分为线上与线下两个类，我们分别来看。

（1）线下客服，热情、耐心、细致。线下客服运营多半是热线电话的接听与活动现场的问询。这其实是企业基本的职能部门，不过由于企业规模的不同，有的叫前台，有的叫大堂礼仪，甚至有的叫现场工作人员（可以理解为临时客服）等等。可以看出，凡是要接受用户对产品及品牌问询的人员，无论是否其职责所系，都可能主动或被动地充当了客服的角色，活动运营就少不了这样的现场客服。

由于是现场直接面对客户，所以这时的客服人员没有预先打稿的机会，呈现给客户的几乎都是现场发挥与脱口而出的反应。如此一来，为产品及品牌的长远影响考量，他们也不得不力求自己的一言一行做到热情回复、耐心聆听、细致解答。这些都是一个企业或者一个品牌所应基本具有的客户服务内容。一个原则，从客户角度出发，客服服务归根结底是运营主体方的利益延伸。

（2）线上客服，简短、活泼、有趣。全媒体运营中的线上客服方可谓是最有运营及讲究之处的，因为线上客服面对的用户或者客户你往往连名字都不知道，所以在客户服务的过程中往往充满了变数与不确定性。由于是线上而非面对面那种需要即时给出反馈的场景，线上客服大多可以思索一二后再发言，并且多是以文字形式完成客户服务的。

前文说到的社群运营其实更多也是社群运营者在做着客服的工作，而用户运营更是要通过客服人员的一字一句去打动别人，让人产生亲切感与信任感，他们都或多或少要与客服这边的工作人员交接工作，甚至可能大多数情况下会出现一人身兼数职的情况。

既然很多情况下是一人身兼数职在完成相关运营工作，那么就会出现两个问题：第一，身兼数职的工作人员不可能在单个用户的服务过程中花费过多时间，所以回复或者服务过程中的风格基本都是言简意赅，尽量少说废话，这是客观条件所致；第二，前面说过线上客服的工作量可能并不比线下客服少，但运营方要尽量为产品或者品牌赋予人格使其人格化，那么在工作过程中就应该刻意地跳脱点、活泼点、有趣点。前面例举过微信公众号"河南疾控"的神回复，诸如别人问打完新冠疫苗有什么禁忌事项，它说："别嘚瑟，小心被没打疫苗的人打。"这样一个不呆板、有温度的人设就立了起来，它火爆全网也说明了这一点。

还是说这个例子，照理说一个官方账号是不会这么人见人爱的，因为大多数党政账号由于自身的严肃性难免让人望而却步，但河南疾控短短几个字就改变了人们原本对它的刻板印象，这是花多少钱都无法达到的运营效果——这可能是运营方也没想到的意外之喜。

这也再次给了所有运营者一个启示，一个早已事实存在但如今有必要被郑重拿出来说道的规律：客服回复还得简短，有趣活泼人人喜欢。简单的字符才不会给人以压迫感，读起来也会容易得多；有趣才能在恰当时机幽你一默，给人留下良好的印象；活泼最可能不经意间出圈，获得意想不到的宣传推广效果。人们见惯了宏大叙事之后，若是有人能轻快活泼地跟他交流，换作你不喜欢吗？

这一点做得相对较好的，微信公众号"广东共青团"可以算一个。在历次各省共青团官方账号的影响力排名中，广东共青团这个账号多数时间都是名列前茅的。单单只看它在回复别人留言时的表现就能发现它受欢迎的原因了。比如它在七夕节发布了一篇文章《七夕磕糖指南》，有网友评论："学习才是真爱"（狗头Emoji），它则顺势回复："作业写完了吗（狗头）论文写完了吗（狗头）"。这个账号已经不失礼仪地用年轻人的加密黑话回复网友有意为之的"挑衅"留言，高明至极！这比普通回复"那你真爱学习，祝你好好学习天天向上"之类的话少了几分阴阳怪气，却多了几分"打不赢就加入其中""只有魔法才能打败魔法"的混不吝气质……

四、案例解析

这里来看几个优质账号的实际操作案例，前面用清博平台分析过微信公众号"洞见"，以下再用三个账号作为例子，带大家看看优质账号的"优"在何处。

（一）十点读书

十点读书绝对是微信公众号中运营优秀的典范了，其认证主体为厦门十点文化传播有限公司，该公司旗下还有"十点系"多平台同主体账号共12个，诸如同样运营状况良好的十点人物志、十点读书会、小十点等。这也说明单靠一个平台的一个账号对体量大一点的单位来说是远远不够的，一个账号不可能无所不包地将各领域、各专业方向的内容一网打尽，所以可以在多平台、运营多账号共同服务于同一运营主体。如图7-37。

第七章 微信、微博自媒体的运营

图 7-37

"十点系"公众号矩阵当然以主体账号十点读书为大本营，而十点读书的运营也可以说是承担着先锋官、排头兵的运营角色，无论是微信总排名还是单篇文章阅读量都是遥遥领先的。这种结果的缘由，除了它算是较早便有意识地看准机会进入微信公众号运营领域之外，再有就是它定位相对准确，较早就完成了第一波原始用户积累，并在后来的平台红利期将用户雪球越滚越大。通过清博平台的清博指数数据可以得知十点读书账号近 30 天的文章数据，这里按照"在看数"进行筛选排名，大致可以看到其近期的文章选题及标题使用的情况。如图 7-38。

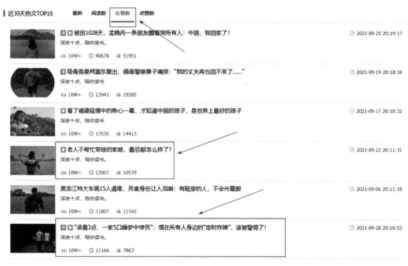

图 7-38

这些以在看数为指标而名列前茅的文章大致三分之一属于原创文，也就是说运营方也有自己撰稿发布的，并非完全依靠转载他人图文——那样不利于形成品牌意识，让人觉得是因人成事。文章都有视频、音频等多种格式的编排，有暗合"全息媒体"之意。另外标题多以故事式、热点式为主，多以设疑、数字等手段来拟标题。老实说标题不算太出彩，但对普通用户来说却又恰到好处，既没有太过浮夸，也不至于一文不值。而且这里还可以看到，文章的摘要统一为其公众号介绍"深夜十点，陪你读书"，这对一个老品牌、大IP来说，无疑每一次更文都是一次自我营销。当用户积累到一定量，阅读量也基本比较可观时，这种不算摘要的摘要可以一试。最后简单看一下封面图，可以发现基本都是人物和风景的网络图片，这本身不算什么值得称道的地方，但细想之下也能发现这其实比较符合账号本身的标签"情感、故事、读书"。

所以大致总结一下十点读书账号在选题、标题、摘要以及封面图设置等方面的可借鉴之处：第一，一切形式及内容都是为公众号本身的运营标签来服务的，最高级不一定比得上最适宜这一标准尺度；第二，在内容更新上，选题及主旨要能一以贯之，不能前后风格一变再变；第三，尽量做到日更，这一点不简单，并且日更时要注意每次推送的内容主侧重点，头条推送要放最热、最爆、最有情感深度或者其他价值维度的文章。

随便点开一篇历史文章，如图7-39，能发现其作者栏也带上了运营主体的前缀，比如这里是"十点嘉莉妹妹"这种运营主体前缀加作者昵称的格式。而文章开头就是一个自我内部推介营销的超链接图片封面，既有了一个相对高级的GIF动图内文封面（图片的先声夺人之用能给人一个相对较好的第一观感；它区别于一般文章封面），也能宣传自家客户端App及近期主打内容。

图7-39

通过壹伴插件采集图文，将之转存为草稿，再跳转至微信编辑器，就能直接分析这篇文章的"骨骼、血肉、组织形态"了。如图7-40。

图 7-40

1. 文字排版

字号 15px，强调段有字体加粗显示，两端对齐格式排列，尚属常规；以句为段，空行分段，总字数 3000 左右，配图二十几张，阅读观感不会太局促，无压迫感；小标题为图片格式，是大号阿拉伯数字并英文标识加小图点缀，这比单纯用大字号的数字要大气、高级，值得学习。

2. 内容布局

新闻式布局，引语加正文加结束语，中间几个部分没有明显逻辑并列关系，只是随文意按照排版习惯再分段，分几段叙述了电动车起火的案例；文章后半段有消防单位模拟电瓶车蓄电池的实验和提醒注意事项，文章真实性、专业性得以彰显；文末还是常规的求关注、求在看内容。

3. 总结要点

第一，图文内容说的都是大家基本知晓的事情，但关键是排版上要利于阅读，不能太紧太密，密密麻麻的让人看了头大，不要吝惜空行分段；第二，小标题可以用图片代替，并且设计得出彩也并不是太难，如果每一个标题栏目都能带上自己品牌或账号的 logo、缩略字符或者头像元素等，都是不错的选择；第三，文章价值更多体现在结尾收束那一部分，所以这一部分如果要想对文章作一个升华，要么能抚慰到用户的痛点，要么能挠到用户的爽点，抑或是能平复用户的怒点。

（二）国家人文历史

国家人文历史绝对算是一个老牌账号，"国字头"的名称让它不敢不老牌，刊物的前身让它有着自己的老牌资格，人民日报社主办主管的新媒体账号这一加持，让它也敢于坦坦荡荡地说出自己的宣言："真相、趣味、良知"。其多平台同主体账号一共五个，其他几个要么是像"故宫文具"这样本身就占不到平台优势的账号（故宫文具、文创官方店在淘宝购物平台可比这火多了），要么就是像"党建参阅"这种本身就难以直接做到趣味性的账号，所以国家人文历史公众号算是其运营主体在微信矩阵中一枝独秀的存在。如图7-41。

图 7-41

另外查看其近30天的发布数据可知，该账号有两个发文时间点比较集中，一个是中午1点左右，另一个则是晚上8点左右。因为其本身就是认证类媒体账号，理论上来说虽属订阅号但每天的发文次数是可以不止一次的，所以大致推测是有专门的新媒体职员在负责一天两次且一次多条图文并发的更新工作。只要条件允许，建议所有期刊类媒体账号都应设有专职人员负责微信公众号的运营。如图7-42。

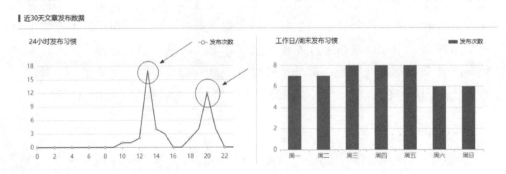

图 7-42

第七章 微信、微博自媒体的运营

再看该账号近一个月的更新内容，从选题来看，几乎都是与时下热点相关的主题。比如三星堆又出土新文物了，它就讲讲黄金面具；再如有热播的电视剧，它就把电视剧中所涉及的人文历史知识做一个梳理。再看标题大多是以设问呈现，对本身就对历史比较感兴趣的用户来说是明刀明枪的俘获。值得注意的一点是，这些阅读量靠前的文章基本都是原创文章，要么是作者直接在平台署名首发，要么是编辑部的运营者以"历史君"的公用昵称发表文章，这对本身就宣称以"真相、良知"为运营宗旨的账号来说是很可取的。如图7-43。

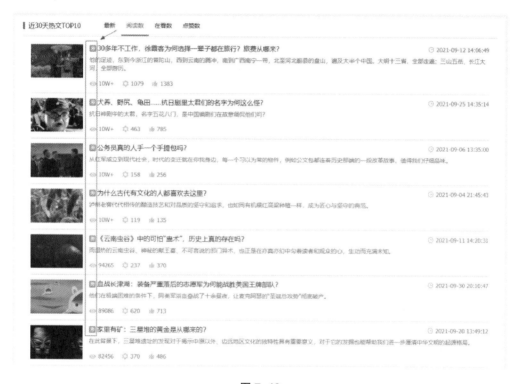

图 7-43

同样的，还是选取一篇文章，将其用壹伴插件采集进微信公众平台的编辑器之后，再来看看它的文字排版及布局方面的筋骨、血肉还有组织形式。如图7-44。

1. 文字排版

字号都是16px，略大，但是对于国家人文历史这种动辄长段叙述的文本来看，还是稍微大一点点更为适合，显得典雅、大气，看着不会那么累眼；对齐格式也是常见的两端对齐，这对长文来说尤其要注意到，不然三四行文字一段，结果发现文字右边如锯齿状，参差不齐，影响观感；文字总数七千多字，但文中没有过多空行，基本是四五行文字才有一个空行，这样总体阅读起来感觉也还好，而且篇首也有提示总字数和预计阅读时间，这样让人能有一个心理预期。再注意篇头的 GIF 动图 logo 标志，这个能凸显出一定的高级感，而且设计也是红白阴文印章加中英文 ID 阐释，这就很有混搭感了——头部账号要想做出特色来，就看小细节处的处理与把握。

图 7-44

另外文章首图也是比较出彩的地方，是 logo 加图再加文章摘要与作者名称，这种带有设计感的首图就很好，既能帮助用户快速抓取文章主要信息，也给了文章作者一个二次署名的机会。文章开头这两处小细节，值得所有做严肃、专业内容的账号学习。南风窗的文章封面也有类似设计，尤其是当用户查看历史文章时就能感受到这种物质层面的齐整排列的美感，能让文章更具专业感、系列感、品牌感。

2. 内容布局

国家人文历史的文末大概由三部分组成：一是推广其电子杂志的内容，也属于内部资源互推内容，而且是一个变现项目；再是历史文章推荐，这是比较普遍的做法，如果用壹伴插件的"往期推荐"功能来插入历史文章的超链接会更好；三是最后的公众号名片，其设计也颇具美感，想必该账号应该是有一个美工负责运营，其本身审美意识较强。如图 7-45。

第七章 微信、微博自媒体的运营

图 7-45

纵观全文，我们不难发现该账号的部分文章没有直接用序号标示段落。照理来说，这种长文类图文最好用数字序号进行分章分段，但是这里也能理解，毕竟有些专业性文本不需要画蛇添足再去给每个段落标序号，只需要把小标题写出，能区分章节段落就可以了。如图 7-46。

图 7-46

布局上再把目光投射到上图红色方框标示的地方，这里有两点需要注意：第一，如果有插图，那么图片应该有标注，并且无论图片多大，其宽度不能比正文宽，如果是宽图要通过设置两端缩进调整至适合宽度。微信公众号文章的插图怕宽不怕长，就是可以是极长的图，但不能是稍宽的图——这里的宽指的是显示效果比正文宽度大。第二，文中特别值得学习一点就是，图片标注、正文括号里的内容及文末的"参考资料"部分（看吧，这个公众号多么严谨！）要与正文在字号、字体颜色上区别开（比如它这里就是 14px 字号、灰色字体），这样正文与标注性

· 151 ·

内容才有区别性。

3. 总结要点

国家人文历史这一账号是一个有格调、细节处考究、严谨又不失活泼的模范账号，其排版格式、文章封面及公众号名片的设计，热点选题与文章风格近乎完美的统一，都是值得我们学习借鉴之处，尤其是严肃类账号。

（三）字媒体

公众号"字媒体"是一个玩梗类账号的代表，更文多是结合热点事件的趣味吐槽，从语言文字的角度可谓真正做到了它自己所宣称的"热梗天天见，言值不下线"。如图 7-47。

图 7-47

字媒体微信总排名 1000 名开外，但据它自己介绍，它是搜狗输入法出品，这应该是可信的。

查看它的发文规律能发现，它不是日更（周一、三、五更新），但是固定在每次发送当天的上午 8 点推送。如图 7-48。这其实也说明账号可以不是日更，但是发文频率要有迹可循，不要乱无章法。可能是受不是日更的影响，字媒体没有像前面两个账号一样 10W+ 阅读的热文一抓大把，但是换一个角度想，字媒体能够不日更却有头部账号的影响力，估计是拜它高质量的内容所赐吧。如图 7-49。

第七章 微信、微博自媒体的运营

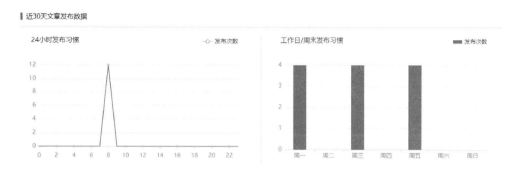

图 7-48

图 7-49

字媒体近期的热文中 10W+ 的文章也有，所以它是有能力和影响力的，看它其他文章的阅读量基本都是可观的。其实单篇文章，按照头条算，阅读量能有 1W 就已经很不错了。做运营虽然要时刻关注数据，但是也不能完全唯数据论。回到字媒体，其文章选题都是契合热点的，然后根据自身在语言文字及文化习俗方面的优势去编辑文案；而标题也是常见的设问式，封面配图是趣味图片加账号 logo

以及必要的辅助性文字，让人只是看封面都有兴趣去文章中探个究竟了。

还是一样，我们就拿阅读量排行第一的文章做个简单分析，看看有哪些是可供学习、值得参考借鉴的。这篇文章采集进微信公众平台的编辑器后，能明显感觉到与前面几篇文章的不同之处：文章带有浅色方格底纹，文字只有14px，句式短，段与段之间却相隔不大，文章版式极具特色且自带体系性。比如其文章首图"字媒体日课"信息量就颇大：有文章关键词，也有趣味配图，再加上对此关键词看似一本正经、实则幽默暗藏的"释义"。如图7-50。

图7-50

1. 文字排版

细灰色网格底纹是其重要代表，这与文段居中排列的风格加在一起显得相得益彰，非常具有跳脱性；加上它具体文本的内容又是庄谐并出的，所以整体感觉就会有一定的"化学反应"——但是这种反应，可能爱的人极爱，不感兴趣的人极度无感。另外文字的字号也相对偏小，只有14px，往好了说这是精细感、精致感，往不好了说就是字体小而已，好在它排版时文字间隔没有过密，段落间隔没有过宽，否则便会感觉不连贯，前后不搭调了。全篇文字总数两千多字，不算多，但是配图极为丰富，包括但不限于来源于自媒体社交平台的用户发言截图、自制的文章功能图（小标题图、过渡段等）、表情包、符合文章语境的影视频截图等。如图7-51。

图 7-51

再比如这个转场，也即小版块之间的过渡，它用图片标题隔开，而且这个图片标题够有梗：有拼音，有文字，有图形 logo 的色号。如图 7-52。

图 7-52

2. 布局安排

字媒体在布局与安排上需要注意的有这几个地方：第一，他们有专门负责策划的人员安排，这说明哪怕是非严肃性内容的选题也需要经过审慎的策划流程，否则都是无的放矢；第二，文末循例都会放公众号名片，要么是直接插入公众号，要么是自制图片插入；第三，这里公众号名片上说的更新时间是 8:30，清博平台显示每日 8:00 点更新，而实际查看其近期历史文章的发布时间却多是"8:27""8:29"之类的，这是怎么了？其实也好理解，估计是运营方确实有设定一个固定时间来推送图文，但是微信公众平台使用固定时间推送这一功能的账号太多了，所以就导致了实际推送到用户界面的时间看起来并非那么准时准点。这也提醒我们，如果要定时发布一篇或者一组文章，发布时是有网络延迟等问题的。如图 7–53。

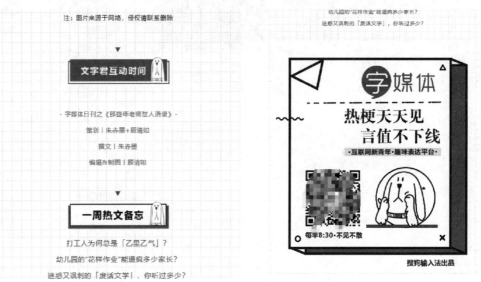

图 7–53

（四）实践操作

前面三个示例公众号算是平台上可称翘楚的头部账号，在实践中借鉴学习时要摆正自己的定位，不要盲目去因袭它们的具体文本内容，而要去领会学习其形式安排上的内在逻辑；不要直接拿己方运营主体账号去类比它们，毕竟大家的运营目标、方式等都不能一概而论，具体情况还得具体分析。关于微信公众号什么时候发送效果最佳这个问题，简言之就是寻求微信公众号的最佳推送时间，大家想到的答案多是上班时间、午饭时间，以及下班后的休息时间段。然而这还是一个以偏概全且似是而非的回答，没有统一的时间，只有具体账号根据具体情况的便宜行事。关于推送时间，总结以下几点。

第一，运营方的推送时间不等于用户的实际点开时间，这里的时间差就决定了所谓最佳推送时间并不存在。但是，透过现象看本质也不是没有可操作性，比如可以通过一段时间的"试错"，即先大致划定一个时间范围，如一周，然后在各时间段分别发文,最后调取微信公众平台后台数据查看用户的文章点开发生在哪个时间段,通过这种方式去趋向那个针对我方运营账号的最佳推送时间。

第二,在用户的订阅号消息列表中往往都充斥着各种消息,所以推送出去要想获得更大的点击量,还真得在标题和封面上多下点功夫。

第三,多试错,多总结,要有意识地去复盘失败与成功经验,找到背后的根源性原因及逻辑,然后有的放矢。

微信公众号运营的实践操作,就是去实践操作运营微信公众号,从注册到设置信息,从选题策划到文案撰写,从编辑发布到活动操作,从数据获取到分析提炼!

第二节 微博的运营

"随时随地发现新鲜事"是新浪微博(国内版,以下简称微博)的手机App开屏宣传语。发展至今,微博所承担的传播及宣传功能可谓不容小觑。随着手机开始变成用户获取资讯信息的第一顺位选择,微博在全媒体运营中也起着至关重要的作用。它全时,"随时随地发现新鲜事"让它几乎全天候有着传播活动事实性发生;它全息,微博有140字短文、微博长文、图片、视频以及以视频格式呈现的音频等多种信息传递方式;它全员,职业媒体人及机构在微博,各领域专业人士在微博,数量庞大的用户更是微博制胜的撒手锏之一,另外算法生产内容或者叫机器生产内容在微博信息池中也屡见不鲜。你不得不承认,微博一定程度上成了我们生活的一部分。微博运营,势在必行。

一、认识与前期准备

公开资料显示,2014年3月27日新浪微博正式改名为"微博",并一同公布了其logo样式。要知道此时还有腾讯微博、网易微博等"微型Blog"之属的同类产品先后出场,但经过残酷的市场竞争及用户选择,只有新浪微博笑到了最后。所以若是没有特别说明,单提微博时我们一般指的是新浪微博。

将微博的发展历程大致梳理一下,可分为四个主要阶段。

第一阶段是2009年—2011年,发轫期。这一阶段微博主要是内测,以邀请用户使用为主,而被邀请者多是名人(意见领袖KOL的重要性显现出来了)。另外,比较值得关注的一点就是这一阶段的用户是需要进行实名认证的,这就比网易新闻那种几乎都是匿名用户的形式要好,起码在微博初期阶段,这种形式有效地规避了一些互联网平台容易出现的用户管理问题。本阶段的后期,微博开始开放了公众注册权限,并且通过名人拉新的形式,其用户增长开始呈几何级数发展。

第二阶段是 2011 年下半年—2013 年,上升期。这一阶段微博已经开启公测及版本更新,但是用户增长达到一定体量后,增长速度也开始有放缓之势。此外,腾讯主推的微信 App 及微信公众平台都开始隐约有与微博争雄的迹象。微博还未找到自己的核心竞争力与自己专属的细分赛道,开始出现了内部定位的举棋不定与外部繁荣景象之下的隐忧。

第三阶段是 2014 年—2017 年,沉淀期。这一阶段微博开始发力,由于先期用户积累已近完成,微博开始下沉市场到二三线城市,相当于找到了自己的垂直细分领域。据 2016 年微博发布的第三季度财报显示:截至 2016 年 9 月 30 日,微博月活跃人数已达到 2.97 亿。微博站在了风口上,赶上了市场红利期,基本完成了这一阶段自己最好的亮相与定场。

第四阶段是 2018 年至今,再攀高峰期。在求稳中寻求新变,在新变中维持稳定,微博愈来愈成熟,俨然成为一代快捷资讯内容的提供者、话题营销推广的优胜者、内容互动与价值传递的开放平台。

如今,微博热搜已经发展成人们口中的"热搜"二字,是不必再单独强调新浪微博的明星产品。"两微一端"从实际操作层面承认了它在新闻传播与媒体宣传领域的一席之地,更重要的是微博还有很长远的路要走,其高光时刻不会一直停留在现在的某时某刻!

(一)运营特点

泛文娱时代,打造明星 IP(一种知识产权)的粉丝生态文化圈、粉丝经济是一干移动互联网公司主要的获利及运作方式。这里的明星 IP 并不一定指某一个人或者某一群人,它也可以是一件事、一个物件、一个虚拟的角色,总之只要是社会大众或者用户大量关注的事物都可以成为一个 IP。比如就有微博用户"电影长津湖""北京卫视上新了故宫"等。微博之所以能一路走来并成就大器,与它成立之初便与生俱来的独特气质是分不开的。

1. 便捷广泛性

我们能感知到,"快"就是微博的最大特点及最大的优势,但我们应该想到一个问题:何以如此之快,是它家网络没有延迟?答案自然是否定的,"延迟之下，安有例外"，归根结底是微博的便捷性在起作用。简单对比，微信公众号一般用户一天只能发布一次图文消息，微博用户却无限制；微信公众号用户的注册与使用还是具有一定门槛的（比如得有一点排版意识），微博用户能打字、能拍照就能发布信息；微信公众号用户发布或者删除信息要在网页端（近年推出了订阅号助手App）登录之后由管理员扫码确认才能操作，微博用户只需打开新浪微博App，或者打开保存的新浪账号主页就能进行操作。当然微信公众号有其不可替代性，但明显微博的使用及管理更具有便捷性及广泛性，这才是它制胜的法宝。

无须经过繁复的编辑与管理员审批流程，加之用户的即时接受与大V的名人效应，微博的便捷广泛性可谓显露无遗。

2. 立体即时性

要想对某一事件进行更加直观的了解，无疑得从多角度、多时空去获取信息，微博在这一点上可谓得心应手。微博运营可以借助文字、图片、视频等形式对事件进行连贯地、全天候地宣传推广，让公众能简单明了地获取其所关注内容的立体概况及细节信息。

3. 高效传播性

微博对用户来说门槛极低，任何人只要能打字或拍照，且有表达的需求或欲望，就能实现由沉默的大多数到活跃的用户之间的转变。没有谁生来是想默默无闻的，平凡人也有英雄梦想。用户即便不是名人，只要碰到了新鲜事都有可能出名10分钟，个人互联网时代已经到来！用户根据自己的喜好去关注其他用户，被关注的用户可能是隔壁邻居，也可能是某个远房三舅妈，还可能是跟自己有着业缘关系的领导同事，或者单纯只是用户自己所喜欢、所关注、所欣赏的公共博主。由此而产生的网络社交联络才具有了更广泛、更针对、更高效的传播性。

微博的特征就是短、平、快，而我们在运营微博时也要抓住它的这个特点去进行有意识、有目的地运营。

（二）运营准备

1. 账号注册与设置

运营微博首先要有微博，即微博App及微博账号，前者应用商店都能下载，后者有手机号就能注册。账号注册可以直接在手机App上的登录首页完成，也可以在网页端登录页点击右上角注册完成。如图7-54。

图 7-54

微博注册虽然简单，但大家需要注意两点：第一，官方账号注册并不是只有政府单位才是官方，它这里的官方账号之官方，当取其广义，包括政府、企业、媒体、网站、应用、机构、公益组织、校园组织这几类；第二，官方注册微博名只是参考，而不是只能输入组织、企业、品牌全称，而个人如果是属于某一官方组织的，也可以在注册个人账号时把组织名称前缀带上，比如BTV某某、中青报某某之类的。

注册完成后进入个人主页，自我介绍部分的信息设置也需要注意三点：一是简介，类似于公众号的介绍；二是标签，微博里的个人标签是自己给自己键入的；三是头像，要尽量确保圆形框适用，不能原图是方形，结果因为微博头像是圆形显示而看不清头像原本要表达的某些元素内容。因为这些信息基本是一直显示在最显眼处的，所以这些内容的择取与填写其实也算一种先期运营。如图7-55。

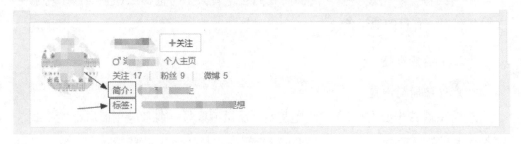

图 7-55

其他的，诸如昵称的设置基本与微信公众号并无二致，大家按照运营目标去具体选用即可。

第七章 微信、微博自媒体的运营

2. 运营目标

工欲善其事，必先利其器，亦必先有其目的，无的放矢则大可不必。微博普通用户与全媒体运营者之间的最大差别在于是否有目的地去发微博、看微博。很多人都知晓微博是个热闹地方，但自己除了注册有一个微博账号之外，好像也没什么小波大浪，具体表现为：写了很多博文，粉丝量却没见涨几个——不发连仅有的那几个关注都没有；关注了好多博主，可是除了热搜时常点开看看，其他时间都只是消磨时光似的在刷，微博一退，谁也不记得谁；想发微博又觉无聊，不发微博又怕被（仅有的那几个关注用户）忘掉。放心，你发了微博人家也还是不记得你。问题的关键在哪？在有意识、有目的地去玩微博。

微博是个全新且陌生化的社交平台，它确实简单好用，但如果想用微信公众号那种发文章的形式来发微博并博取关注就不应该了。我们要有意识，这个意识就是：微博是以内容为王的新媒体社交工具，关键是要有一贯特色的内容输出，可以是观点够奇，也可以是图片够趣，以此再去吸引关注或者达成你的现实目的——运营目的，无非就是吸引用户、笼络用户、套现用户，哪怕他只是夸你一句你好幽默，都是一个运营成果。

政府、企事业单位类型账号的运营目的多半是提供即时、准确的资讯信息，并能在所发布信息有误的情况下火速更正并做好舆情安抚，否则对运营主体来说就是一次失败的运营。例如2021年10月5日晚间，微博用户"四川省地震局"发布更正公告：经核实，"2021年10月05日21时09分22秒，在四川泸州市纳溪区上马镇附近（北纬28.52度、东经105.30度）发生8.1级地震，震源深度5公里。"此地震预警信息为自动处理系统技术故障误报，四川泸州未发生3.0级以上的地震，给您带来不便，深表歉意。如图7-56。

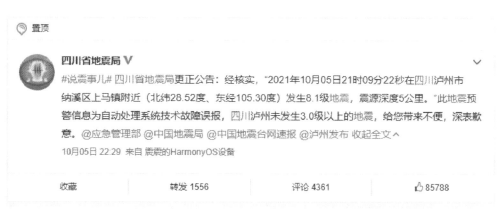

图 7-56

发布时间为22:29，照理来说这不是一家政府机关单位的工作时间，但既然该单位注册有微博账号，那么就应该第一时间更正错误信息并发表声明；如果置若罔闻，睡等第二天上班再来处理，那时就已经不是发一条更正微博的事，而是舆情事件了。对于这种涉及社会公众重大关切的事件，无论多晚、无论什么时间，都应该由政府相关职能部门出面说明，否则就是失职——起码是负责该平台运营工作人员的失职。就像四川省地震局预警信息的误发事件，因为更新消息还算及时，大家都能表示理解，并且还有表示希望所有的地震预警都是误报的玩笑性质的安慰。

企业品牌类型账号在运营微博时，就应该多想想如何更好地讲好品牌故事、宣传企业文化，通过账号人格化的形式来拉近用户与运营主体之间的距离。比如"鸿星尔克"官方微博在宣传活动时自称克克并将粉丝用户称作宝宝就是人格化，把没有生命意识的品牌方或者企业当作人来看待，运营时就好像不是自然人在背后操作，而是人格化了的品牌人（或企业人）在自己运营。这种方式高级且有效用，很值得借鉴并使用起来。如图7-57。

图7-57

至于自媒体账号，也即个人账号，就需要尽力去创造出有特色、有个性的内容。一方面实现"我表达，我存在"的价值理念；另一方面则要吸引到更多目标用户、留存住最大量的粉丝用户。粉丝用户的多少，就是微博自媒体账号价值大小的第一量化标准。

有了运营的总体运营思路及目标，还得明白微博能给运营主体提供的服务及功能是哪些。总的来说，由于微博自身的高便捷性及强大的传播属性，其价值大致体现在这几个方面：第一是用户管理及笼络，由于账号粉丝用户基本可以等同于机构、品牌或者个人粉丝，那么在与用户的日常互动中也能基本由运营方主导他们对运营主体的情绪及情感价值判断等，甚至可以在某些舆情事件中提前感知并做好应对预案，防止事态恶化；第二是了解用户的个体性需求（这种个体性需

第七章 微信、微博自媒体的运营

求往往不容易被运营主体直接感知），比如前面提到的鸿星尔克官方微博的博文下面就有人说"能不能把小码也做起来，真的不必每款女鞋都带粉色，男鞋那么好看女生买不了真的很痛苦"，个体性需求与群体性需求有时候就是一体两面；第三是无差别零度沟通，账号背后的运营主体能直接与用户无障碍交流，基本不受时空限制，能与用户交流才知其真实需求，了解用户需求才有后续重点运营方向及目标。

定位既识，目标既定，那么后续就得在具体实际中去操练了，但运营微博归根结底就是一句话：内容为王，唯快不破。

一、内容编辑

微博网页版和手机 App（包括国际版微博）的文案写作基本还是遵循前面第四章内容运营板块和本章微信文案编辑的基本要求，但这里要注意具体针对微博运营的文案内容的编辑还是有其自身鲜明特征及要求的。所以，这里不再讲认识微博文案之类的理论，而是直接提出几个基本要点供大家写作文案时参考。

（一）140 字与一秒钟

微博的短、平、快特征决定了其文案内容的写作与编辑也基本要按照这个思路去执行。对于微博博文的写作，网页版的写作体验会优于手机应用，当然手机 App 上写作也比较方便快捷，并且当有配图时可以直接从手机图库插入这点也确实吸引人。但要说明的是，无论是网页端还是手机端的文案编辑写作都需要运营者好好掌握并能熟练运用，具体选择哪一种方式只是个人习惯而已。如图 7-58。

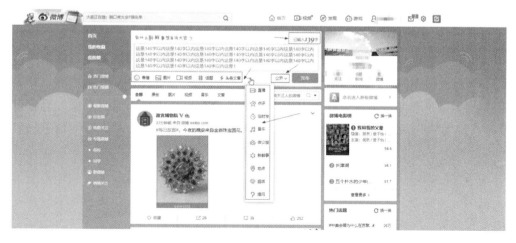

图 7-58

· 163 ·

网页端登录后直接点击右上角橙黄色标志即可进入文案编辑状态，手机上的操作与此相差不大。微博以简单文本为主要内容形式，一次可输入1—5000字。当输入字符统计显示为140字以内时，文本框右上角的字符统计字样为灰色，140—5000字时显示为橙黄色，超过5000字时显示为红色（并会同时显示超出字符多少个，文案内容将不可发布）。如果要写作超过5000字的文章，可以头条文章形式发出，其编辑排版大致与微信公众号文章相同。如图7-59。

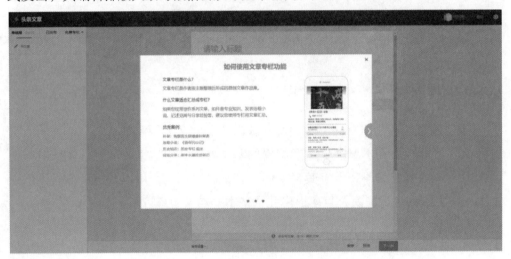

图 7-59

写作微博文案时可以插入图片、视频等常见内容，另外还有微博专有的用户、超话、定位及提问等内容。并且用户或者超话内容也是直接计入字符统计的。文案写作的最终文本等内容可以选择公开发布或者指定可查看权限（粉丝可见、好友圈可见等），这一功能与腾讯QQ空间的动态有异曲同工之妙。

互联网发展至今，一切都在改变，人们都随着周遭事物的变化在不断改进自身。例如微博很难不让人想到博客，但博客已成过去式，微博还得继续往前。现在用着微博，也得适应它的种种规则，头一条就是字数限制在140字以内。以手机为第一阅读媒介的用户已经习惯了不看长文，用一秒钟就能抓取到的信息一般就不想去详细探究了。所以记住一点：140字不是微博的规定，而是刷微博的用户们用手指站队认可的潜规则。既然在微博平台做运营工作，就要改变一下原先那种发文章、讲道理的思路了。或许140字对大部分用户来说已经很多了，大家顶多只愿花一秒钟在某条博文上，如果有图片那么文字直接省略，如果有视频或许图片和文字统统省略掉都可。

用140字让用户在一秒钟左右的时间内弄清楚这条博文要说什么，就是运营者在编辑写作微博文案时的第一条纪律。

(二)不能忽视的"@"功能

编辑微博正文时可以插入"@"内容,这可以视为一种借他人之势来帮助自己完成推广目的、扩大影响力的做法。每一个微博账号都是一个品牌人,运营者可以找他们帮忙,因为有些品牌人本身就是名人(热点人物),当有其他用户搜索他的相关内容时,就有可能检索到被我们添加了"@"内容的博文,从而实现再度曝光。特别是某些企业,在自身本就有一定粉丝基数的情况下,可以有选择性地去"@"一些名人或者其他机构媒体之类的账号。

普通用户或者自媒体运营用户可以选择"@"互粉用户和经常评论、点赞、转发你微博的用户,尤其是其中粉丝多的用户。但是"@"功能也不能滥用,否则也有可能引起被"@"用户的厌烦,甚至使别人对你取关。对企业品牌类账号而言,"@"功能更需要好好使用,如果品牌有代言人就尽量"@"代言人,或者"@"跟你有过互动的粉丝用户。比如微博用户"益禾堂"就在2021年8月27日转发并"@"了东京奥运会举重冠军吕小军,可以看到无论是吕小军本人的微博,还是益禾堂转载的微博,转评、点赞数量都是可观的。"@"功能在精不在多,泛滥"@"反倒让人眼花缭乱。如图7-60。

图7-60

（三）热门话题助你热门

登录网页版微博后，点击上方热门标签，然后在左侧选择话题榜，就能看到相关的热门话题。运营者在编辑写作一段文案时可以多观察这个榜单以及热搜榜，根据自己宣传推广的方向，找到自己关注领域的话题，然后在编辑文本框键入这个话题就可以了。越是热门的话题，用户的关注度和阅读率就会越高。只需要连续输入两个"#"号键，并在之间插入话题即可。当输完第一个"#"号键后，系统会自动提示可供选择的话题，从中直接选择也行。如图7-61。

图 7-61

（四）基本要求

微博文案以内容为王，由于其本身短平快的特征，运营者不需要去长篇大论地总结所谓编辑技巧，大致注意下这么几点基本要求即可。

1. 简洁明了、通俗易懂

在微博里面装深沉是要被群嘲的，发发图、简单配点大家看得懂的文字比长篇累牍强万倍。微博本身就是个轻阅读、快阅读的产物，不适合理论阐述或者逻辑分析。比如在话题"中国男性平均身高增长世界第一"中导语显示：《柳叶刀》杂志一项覆盖全球的调查显示，在1985至2019这35年间，中国男性平均身高增长将近9厘米，全世界增幅第一；中国女性的身高增幅排第三，净身高排名东亚第一。那么无论是官方用户"小央视频"还是个人用户，在编辑文案时基本都是寥寥几句，简单把信息重复一遍而已，用的都是大家都看得懂的话语，没有说什么"据美国某某教授研究报告，我们发现身高的高矮与遗传……"等等一系列语句；就算是有些数据、理论非说不可的，也多半会把数据转成可视化图表内容以图片形式插入。如图7-62。

第七章 微信、微博自媒体的运营

图 7-62

2. 幽默、真情性

谁不喜欢同一个幽默有趣的人交朋友呢？或者他敢爱敢恨（哪怕只是看起来敢爱敢恨），属于真性情那种。真性情不好说，但如果讲真挚大家应该好理解些，微博虽然是一个以陌生人为主的社交场所，但这不妨碍运营者去表达自己的真情实感。事情无论大小，情感永远是勾人的第一把刷子。通过自己的情绪传递让大众（主要是微博用户）有情感共鸣，从而产生一波情感营销，这是一种所谓技巧，更应该是一种理所当然。如图 7-63。

图 7-63

3. 多讲故事、多用图片

好奇是人类的天性，运营者要能结合热点将要宣传推广的内容撰写成一则 140 字以内的小故事，这是个很考验文本编辑能力的事情；简单说就是传播品牌价值观或者产品特点，再结合用户群体特征。图片也是，能用图说话的就不要用文字，但图片还是尽量少用长图，9 张之内最佳。

4. 转发与评论

转发与评论也是一种内容创作，转发某个关注量特别大的博文时我们也可以写一段转发理由或跟帖观点，这时候的文字需要认真对待，如多用反问、疑问语气，再如"@"博文原作者吸引他与你进行互动等等。运营者给到其他用户或者博主的评论也是一种内容创作，如果能成为热门评论，你的用户头像及 id 也能前排显示，这也是一种内容营销。如图 7-64。

图 7-64

三、运营技巧

运营的本质就是通过平台上的一系列操作，涉及文案内容、用户群体、活跃社群以及系列活动，塑造人格化了的账号本身的人格并使其鲜活起来。讲到微博运营，还是回到运营那四个角度：微博内容运营、微博用户运营、微博社群运营、微博活动运营，而长期持续更新、主动关注、引导互动是微博运营者的基本功。

（一）内容运营

微博的内容运营不等于微博的文案运营，前者的范畴要比后者大，可以说凡属于微博平台上的一切内容，不论其文本形式及着眼角度，统统属于微博内容运营，包括后面将要说到的用户运营、社群运营等，但其中又以文案运营为基础。这里讲微博内容运营还是以微博文案这种便捷、快速的信息分享方式为主。

1.140 字的功效与运营技巧

微博文案短、平、快的特点注定了它字数只能在 140 字之内的潜在规则，所以这短短 140 字要想出一个不错的运营效果，首先得跳出这 140 字之围。即一条微博只能发 140 字不假，多了反倒显得累赘，但要是连发 10 条微博呢，不就 1000 多字了吗？所以，这是在微博文案运营时要先弄明白的一点。

数条微博连发本身就不受限制，并且在微博喜欢热闹的话语体系里，反倒是日更会显得格格不入。微博，谐音唯快不破。

2. 借势大 V 与话题

大 V 指的是在微博上十分活跃又有着大群粉丝的公众人物；话题就是前面讲到的热门话题。前者用来"@"，后者是插入"#"。这两个功能的配合使用才能真正让我们理解到微博之短、平、快的特征。选择好合适的用户去"@"，再加上热门的话题，这样阅读量和浏览量才会高起来。另外，如果自身粉丝体量比较大，可以尝试自创话题，甚至制造新闻。这个新闻不是新闻报道，而是新闻性质的事件，通过热门事件去引导用户评论、点赞和转发。

（二）用户运营

微博的用户运营相对来讲是比较直接的，其获客成本也相对较低。从信息发布的角度来讲，微博更新便捷快速且没有频次限制，这为微博账号快速获得客户起到了积极作用；从用户留存的角度来讲，微博的点赞、评论和直接转发功能也相对易于操作；从用户变现的角度讲，微博平台本身及账号的变现模式相对直接。

所以，综合来说微博用户运营的根本还是以盈利变现为导向的：运营主体为政府、企事业单位的账号，想要更高的信任度和更大的话语影响力；运营主体为企业品牌类的账号，想要更多的曝光量和更为持久的消费需求；运营主体为自媒体人或个人的账号，则想要更为宽广的表达空间和综合的竞争力。

用户运营从将用户招徕并聚集起来开始，这一步要以持久的高质量内容更新为前提；在用户聚集的过程中，运营者能大致给他们贴上一个个标签，这个标签粉丝用户自身也有，但作为运营方在用户聚拢过来后还得再贴一次标签——用户是不清楚这些操作的。这之后运营者再根据标签提示的用户画像，去对用户池内的用户施加一系列目的，这是为了留存用户与激活用户的针对性活动。

网页版微博首页的左侧，就有对用户进行分组管理的选项。另外在关注列表还可以直接进入粉丝用户的个人主页，点击关注状态即可对该用户贴标签，这样如果有需要"@"用户或私聊用户沟通时便能方便查找。如图 7-65。

图 7-65

（三）社群运营

微博的社群运营其实是与用户运营相结合使用的，因为在微博账号的运营初期、自身关注量还不多时，经常会出现即使发再多的微博、更新得再频繁，到最后还是自说自话的情况。此时此刻你或许可以去微博超话和微博群聊试试，超话内容直接在网页端搜索框输入相关内容即可，而微博群聊建议在手机微博上点击"消息—发现群—搜索"去检索相关内容。另外，话题内容也可以当作一个社群来用。

在超话社区或者微博群内，运营者可以看到别人的发言，自己也可以发言，并且这里的发言是该社群内所有人可见的——这样你的内容就有了曝光。而优质的发言（微博文案）才有可能获得用户的关注，所以我们在社群内的发言尽量要审慎，别人跟你有互动时要及时回应并主动关注（引导达成互关）。万事开头难，当慢慢有了初始阶段的粉丝积累，后面的运营过程就会相对简单。如图 7-66。

图 7-66

（四）活动运营

任何移动 App 都可以是社交 App。这句话看似没头没脑，但是细想之下也不无道理，因为只要是移动 App 都会有用户好友类别的功能存在，相应的就有线上虚拟社交。而微博 App 更是如此，它本身就是它们中的执牛耳者。所以说，"微博没有用户，只有客户"。

对大多数微博账号背后的运营主体来说，用户即客户，这是毫无疑问的。既然是客户，那么肯定少不了诸如新品预告、让利优惠、节日促销等内容，只不过具体客户与商户之间的交易，并非直接发生在微博平台。四全媒体之全效媒体放在微博这儿是比较合适的。

四、推广策略

在进行全媒体运营的实践过程中，微博的推广策略归结起来就一句话：以用户为导向，以数据为导向，以内容为抓手。

（一）以用户为导向

不同运营主体运营的微博账号要想真正达成一定的运营目标，应尽最大努力去找寻潜在客户群体，这样后续所有运营手段才能有针对性，不至于放空枪。前面介绍过的话题、超话、微博群就是绝佳的获客途径，当然这也需要运营者提供相应优质的内容或者信息。

（二）以数据为导向

微博内容在编辑之初就涉及相关热点内容的分析等项目，所以运营者还需要借助一定的数据分析平台来完成数据分析。因此，利用好第三方工具来分析账号是十分有必要且有其用处的。比如采用就近原则可以选用新浪微博自己的微数据，再如微博开放平台的微博分析家，还有诸如微博风云榜、微博 51 爆点之类。总的来说，微博开放平台不如微信开放平台开放，很多应用功能还不是很健全。其实只要用好微博搜索引擎即可，其热搜榜也是一个很好的内容热度数据平台。

（三）以内容为抓手

现在编辑微博内容一般离不开文、图、链接三部分，其实质就是：内容为王，内容决定一切。这也是当下微博大 V 在细分领域也有众多粉丝的原因。内容是一个微博账号生存的必要条件,如果微博运营者找不到好的文字内容而又亟需,可以借助微博内容库和皮皮时光机。

思考题

一、微信、微博的平台定位与运营定位涉及哪些内容?

二、微信、微博运营前对文案的创作有哪些具体要求?

三、简述你在微信、微博运营中会用到哪些推广策略?

四、微信公众号说:"再小的个体都有自己的品牌",那么你设想自己的品牌定位是什么呢?

五、在腾讯系应用产品矩阵中,微信公众平台只是一个方面而已,那么如何将其与其他产品融起来呢,有无思路?

六、新浪微博与腾讯微博相比有何优势,为什么我们经常直接默认微博为新浪微博而非其他?

第八章　移动客户端App的运营

【目标】

通过本章的学习，使学生理解移动客户端App的基本概念和相关的理论知识，熟悉App的运营定位与用户需求；通过对新闻类、社交类、电商类、音乐类等App运营案例的分析，使学生掌握移动客户端App实践操作的任务目标、推广方式、运用策略，拓宽学生知识视野，提升学生的实践实训能力。

新技术改变着当今世界信息的内容生产、表现形式和传播渠道。信息传播的载体不再是广播、电视、报纸、杂志等传统媒体，而涌现出层出不穷的新平台，App运营随着移动客户端技术的高速发展应运而生。伴随着智能手机的普及，App用户的数量逐渐增加，越来越多的企业和个人都关注到这种新科技平台的巨大潜力，无论是信息的有效传达，还是提升用户的黏性，App都有着得天独厚的优势。

App是"Application"即应用程序的缩写，在IT术语中，Application表示某种技术、系统或者产品的应用。一开始App只是作为一种第三方应用的合作形式参与到互联网商业活动中去，随着互联网越来越开放化，App开始作为一种商业盈利模式被更多的互联网商业大亨看重，并围绕各种功能性模块开发手机应用程序。但这些应用程序主要依托运营商的系统开发，目前主要的App系统有四种：分别是安卓系统（Android）、苹果系统（iOS）、塞班系统（Symbian）、微软系统（Windows Phone），中国也在不断发力，开发出华为鸿蒙系统（HarmonyOS）。广大企业用户依托这些系统开发出大量的软件，如新闻、视频、交通、钱包、购物、游戏、娱乐等App，并开启运营模式，收获了大量用户和粉丝。

对于诸多开发商而言只是设计了一个程序，而对于用户来说却是打开了一扇新世界的大门。无论是"双十一"全民点击淘宝App，还是阅读新浪、环球、凤凰、人民网等新闻App上的新闻头条，抑或打开腾讯、土豆、爱奇艺等视频App收看电影、电视剧，处处都可以看到App的身影。如今，App已和PC端网站、微信公众号共同成为企业发展的三驾马车。诸多企业都在App上发力，因为它带来的好处是显而易见的：一方面可以积聚不同类型的程序用户；另一方面可以借助App平台获取流量，其中包括大众流量和定向流量。对于用户而言，随着智能手机的普及，在软件商店下载不同类型、不同功能的App已经成为日常生活中的一部分。

这种现代生活方式为 App 运营打开了巨大的商业空间。

与其他热门运营平台相比，App 同样具有巨大优势，方便快捷且功能全面的使用感受是 PC 端网站很难做到的，带着电脑或者笔记本与一部手机走天下是没有可比性的，且手机上的软件功能也日益强大，甚至可以媲美电脑软件。微信公众号虽然也进入了千家万户，但是微信相对于 App 来说功能过于简单，内容多以图文为主，缺乏操作性和拓展性，何况微信本身还依托于 App 基础上。因此，众多企业和自媒体都开始推出移动客户端 App 进行营销变革，希望获得比其他企业更多的发展机会。本章就针对 App 运营来进行介绍，帮助学习者进一步扩大全媒体运营的矩阵。

第一节　App 的运营推广

一、认识与前期准备

App 运营主要指的是网络营销体系中一切与 App 的运营推广有关的工作。企业将开发的 App 投放到移动设备上，用户下载并使用 App 的功能及其提供的其他服务。在这一系列过程中，企业以 App 为载体，通过各种运营手段来吸引用户、推广产品及品牌，最终达到产品成交及转化的营销目的。App 运营的内容主要包括：App 流量监控分析、目标用户行为研究、App 内容编辑、网络营销策划推广、App 日常更新等。运营方式主要是通过手机、网页、社区、SNS（社交网络服务）等平台来开展各类营销活动。各种 App 如图 8-1。

图 8-1

第八章　移动客户端 App 的运营

同商业营销模式一样，App 运营具有明确的销售目标：不断扩大用户群数量、围绕用户群寻找合适的盈利模式、维护和提高用户活跃度，总之一切围绕用户群展开，这是任何一款 App 产生效益的必备条件。没有用户群或者用户群数量过少，App 的开发就难以为继，因此营销过程也要围绕用户展开：吸引用户、留住用户、引导用户消费。很多运营商在营销初期，都是采用优惠或者免费手段迅速集聚用户，利用系统功能和优势留住用户，最终实现盈利目的。

例如国内的滴滴出行 App，如图 8-2。滴滴出行是国内较早投入打车行业的应用，它改变了传统打车方式，建立并培养出大移动互联网时代下的用户现代化出行方式。它利用移动互联网的特点，将线上与线下相融合，从打车初始阶段到下车使用线上支付车费功能，画出一个乘客与司机紧密相连的 O2O 闭环，最大限度优化乘客打车体验，改变传统出租司机等客方式，让司机师傅根据乘客目的地按意愿接单，节约司机与乘客的沟通成本，降低空驶率，最大限度节省司乘双方的资源与时间。然而在刚刚投放市场时，滴滴为了积累用户，采用免费下载和送打车券的方式进行营销，可能乘客打车就花几块钱，平台还拿出大量补贴提供给司机，通过半年的运营迅速让打车软件深入人心，挤占了传统拦的或者电话预约的生存空间。

图 8-2

与传统的运营方式相比，App 运营的特点主要包括以下几个方面：一是具有良好的用户体验，与电脑端的软件相比，移动客户端的 App 简单快捷、重点突出，打开后的程序，文字、色彩、图片的排版与显示都非常注重用户的视觉习惯和使用习惯，多功能一键直达，针对性强，能够更好地满足用户的需要，有效地提升用户体验，同时也为企业品牌形象的传播积累了客户流量；二是种类丰富，随着市场的打开和用户数量的增多，如今的 App 种类丰富、功能齐全，如购物、社交、教育、娱乐、游戏、金融、新闻等，基本都有相关的 App，哪怕是同类型程序，开发商也在不断地提升功能、改善体验；三是下载方式灵活，用户获得 App 的途径非常方便灵活，可以直接到各平台商店中下载，也可以扫描平台商发布的二维码直接下载安装，企业也可以通过用户的下载激活统计相关信息，通过应用程序后台，运营商可以直接管理 App 中的功能与内容；四是互动性强，App 不仅仅是一个应用程序，除可以满足用户工作、生活和娱乐的需求外，还可以通过评价、分享等互动方式，增强运营商、企业与用户之间的联系，分析用户行为，帮助改善运营计划等。

通过认识 App 的基本理论，我们知晓了 App 的运营目标及其特点，那么如何才能做好 App 的运营推广呢？同传统方式相比，App 的运营推广既有相同点也有不同点，按照传统运营的分工和种类可以将 App 运营模式分为以下几类，如图 8-3。

图 8-3

（一）基础运营

基础运营指的是 App 被设计出来后，运营商对程序的日常管理与维护。这是 App 运营的前期基础，同时也为整个运营活动提供基础支撑。

（二）用户运营

用户运营指的是运营商负责用户的拓展与维护，提升用户的活跃度。这是

App 运营的重点，同时用户运营还需要通过用户管理来获得调研数据，以提升和改进运营效果。

（三）内容运营

内容运营指的是结合 App 运营的特点对产品内容进行设计、包装，在平台上进行推广和宣传，同时指导用户使用。

（四）活动运营

活动运营指的是围绕 App 平台中的产品定位，针对目标用户需求进行营销活动，并根据运营数据来分析和监控活动效果，及时做出调整，从而优化 App 的程序设置，最终实现对产品的推广运营。

（五）渠道运营

渠道运营指的是对 App 产品进行推广输出，往往通过媒介推广、商务合作、渠道合作、市场活动、媒体营销等方式对平台进行推销。

以上五种运营内容，仅仅是从市场角度对运营模式进行了分类，实际的运营方式五花八门、层出不穷，能够从硝烟中胜出的都是市场实战中的宝贵经验，因此想要做出一款被客户喜欢的 App，需要根据实际情况灵活变通。

二、目标定位与运营定位

找准市场最重要的是找准定位，如果定位不准，App 的运营就会跑错方向甚至错过发展机遇。在优胜劣汰的残酷竞争面前，运营者一旦投资失败，不仅不能集聚用户，而且还可能血本无归，毕竟投资一款应用程序所花费的时间和资金都是巨大的，因此产品只有卖给有需要的对象，才能卖出应有的价值。那么卖给有需要的对象就需要做好目标定位和运营定位。

（一）目标定位

目标定位就是平台服务的对象，运营者需要调查了解企业所要定位的营销目标，并根据目标的需求来重点打造相应的产品和服务，只有获得目标用户的认可，才算走出平台运营的关键一步。

目标定位并非都是宏大目标，一些小而精的目标定位同样具有广大市场，只要能够满足某一类人群的需求便能够拓展市场，获得用户青睐。"Keep"就属于在精准定位方面较为突出的 App，如图 8-4。其用户定位只有一类群体，那就是健身人群，尤其是年轻健身人群。它于2015年2月4日上线，致力于提供健身教学、跑步、骑行、交友、健身饮食指导、装备购买等一站式运动解决方案。

图8-4

Keep创始人王宁是一位90后创业者，毕业于北京信息科技大学，他追求极致产品设计和用户体验，是运动爱好者，也是减肥成功者。他希望通过Keep帮助更多的人爱上运动，科学运动，改善人们的运动生活方式。Keep中的内容主要是多种健身训练课程。如跑步功能主要是多维度记录运动轨迹和数据，户外跑步功能可记录用户的运动轨迹、跑步里程、配速等跑步数据，发布动态时配有专属跑步水印，可通过完成任务来获得跑步徽章。新版Keep还实现了室内跑步机跑步，户外跑步也增加了跑步路线功能。再如骑行功能，主要记录骑行轨迹和运动数据，Keep骑行功能数据整合了运动轨迹、时速表、累计爬坡以及消耗卡路里等数据，完成相应的骑行活动可获得Keep骑行徽章。Keep还提供专业健身教练服务，在它的城市运动空间提供数十种训练课程，通过线上与线下结合训练的方式，让用户的运动行为都可在线上展现，并为训练提供指导。

此外，社区版块主要用于用户之间分享健身成果，集中展示社区话题及活动，用户参与话题或活动时可以实现图片和视频分享。而Keep商城则转向线上线下配套设备的销售，让健身装备更专业。Keep商城线上销售自有品牌商品，包括器材和服装，自有品牌商品基于Keep课程设计，满足用户在各类运动场景下的装备需求。

2021年8月13日，国内移动运动应用Keep对外正式宣布注册用户数突破一亿大关，成功晋级亿级移动互联网俱乐部梯队。在国内上百个运动类App中，Keep用户数率先破亿，成为国内最大的运动社交平台。2023年3月，国内运动科技公司 Keep 向港交所提交上市申请书，7 月 12 日正式上市，成为国内健身圈的首个 IPO。

无论何种事物，只要是专业的往往就很容易成为用户的选择。当产品的专业性强悍到专业人士不能够缺少，而市场上该类产品又比较少甚至是没有时，该应用程序很可能就会因为"人无我有"而获得用户的青睐。

（二）运营定位

App 说到底也属于产品的一种，只不过相较于具体的产品，它更多以线上运营的形式出现。而要让应用软件脱颖而出，比较关键的一点在于专注运营定位，做到"人无我有，人有我优"。对此运营者需要做到先确定 App 的运营内容，然后围绕运营内容设计栏目，将用户最关心的信息尽可能地用板块展示出来。

这一点大多数 App 都做得比较好，比如作为一款由音频内容发展起来的 App "蜻蜓 FM"，如图 8-5。它不仅在首页上方的分类栏中分出了脱口秀、小说、儿童、相声小品、头条和情感等多种类别的内容，还在推荐界面列出了小说、直播、精品等类别。在广播板块，用户可以找到全国各地的电台。除此之外，随着时间的推移，该 App 的内容越来越多，甚至还推出了直播板块，这也让该 App 运营内容的全面性优于市面上大多数的音频 App。

图 8-5

运营内容随着企业发展也在不断提升。2017年，蜻蜓FM正式布局知识付费市场，接连推出了《蒋勋细说红楼梦》《矮大紧指北》《局座讲风云人物》《老梁的四大名著情商课》《艳遇图书馆》等一系列独家付费音频内容。其中《蒋勋细说红楼梦》专辑已拥有超2.2亿播放量，《矮大紧指北》上线首月突破10万付费订阅用户，刷新音频内容付费行业记录。

2018年，蜻蜓FM全新推出了九大内容矩阵，构建全新的品质和品类格局，这一体系包括文化名家、女性、新青年、财经、儿童成长、原创自制、超级广播剧、影视IP等，这也成了蜻蜓FM为满足不同场景下用户的差异化需求所做的全场景生态中的内容部署。同年平台加速布局有声书产业，战略合作纵横文学，并开启有声书主播选秀"天声计划"。

2019年，蜻蜓FM已完成音频全场景生态1.0布局，全场景生态的渠道布局包含移动互联网生态和物联网生态。在移动互联网生态中，蜻蜓FM与华为、vivo、小米、百度、今日头条等企业开展合作；在物联网生态中，蜻蜓FM已内置智能家居及可穿戴设备3700万台，汽车800万辆。蜻蜓FM也是天猫精灵、百度小度、小米小爱等智能音箱品牌，保时捷、宝马、沃尔沃、福特、上汽集团、标致雪铁龙等车厂，Apple、华为旗下可穿戴设备，及海尔、美的、TCL等智能家居厂商的合作伙伴。

由此可见，App的运营定位不仅能够更好地展示其核心的功能和特点，针对性强，还能够为企业带来大量的用户和平台流量。深入挖掘这些用户和流量，可以为企业带来更多的忠实用户，实现企业品牌的传播。

三、用户出发与迎合需求

App与大众生活的联系越来越紧密，但是对于大部分人而言，并不是很擅长设计App。对此运营者需要明白，从用户出发始终是软件设计的中心点，根据用户的属性，迎合用户的需求是必然的。迎合用户的需求，最重要的就是知道用户需要什么。对此运营者可以从四个方面进行分析。

（一）分析用户使用习惯

对于用户的研究，使用习惯往往是软件设计的突破口。具体的内容有很多，主要包括同类型软件功能、手机的类型、操作系统特点、软件的更新以及具体的操作习惯等。比如国内用户使用的操作系统主要有两种：安卓（Android）和苹果（iOS）。其中安卓系统由Google公司开发，是一种基于Linux内核的自由及开放源代码的操作系统。苹果系统是基于 Apple 的 Cocoa Touch 框架开发的移动操作系统，是一种属于 Unix 的商业操作系统。企业要根据用户自身定位与用户分析，确定开发和投放的平台，以便最大限度获取流量客户。

（二）分析用户使用环境特点

对于 App 而言，需要用户的下载和使用，想要增加用户的下载量和使用量，需要针对用户使用环境进行推广和传播。某些特殊软件，也需要在一定环境中才能使用。所以，对用户使用环境进行分析也就成为必然。什么是用户使用环境呢？具体说来，运营者需要了解用户在什么时间、什么地点和什么环境下会选择使用你的 App。例如，E 代驾、滴滴打车往往会在酒店、饭馆、商场、电梯中投放广告，制作一些餐巾纸盒、牙签盒放在桌上，而且往往以赠送给商家的方式来传播影响。

（三）强化功能显示设置

在每一款 App 的程序设置上，都会存在主要功能和附属功能，毕竟软件的出现就是为了强化用户的使用感受。例如，视听 App 的主要功能就是解决用户的视频、音频播放需求，其他功能是为了增强体验感和吸引力，因此强化功能显示设置主要是将主流用户最常用的 20% 功能进行显现，其他次要的功能进行适当辅助。例如，随着腾讯 QQ 的不断更新，其功能越来越强大，已经有了 QQ 空间、理财、音乐、微博等辅助功能，但是社交功能始终是其主要功能，应该放在操作最为便捷的位置，不能本末倒置。

（四）重要信息存储保留服务

用户登录 App 时，会涉及使用数据的保存，其中不仅有客户身份信息、登录信息，而且也包括使用痕迹的保存与进度数据存储。例如，购物、游戏、社交等 App 中用户信息的存储保留，使用户可随时调取上一次使用过程中存储的数据，而不必重新启用，从而优先保证了用户使用习惯。因此，很多 App 运营商越来越注重提升服务器功能，阿里与腾讯两大互联网信息巨头企业为了保存客户信息，都设置了容量巨大的用户信息存储阵列，并用强大算法推送客户最喜欢的信息和功能，提升用户使用体验。

四、界面设计与用户体验

一款成功的 App 不仅有精准的目标定位，也有良好的用户体验，这种体验感的获得一方面来自功能使用，另一方面来自界面设计。App界面是否符合用户的眼缘，甚至决定了软件的未来，如同买车对车型的第一感觉非常重要一样。如果运营者打造的App界面能够让用户接受，那么用户才有再次使用的冲动。如何设计App界面呢？在整个软件的视觉传达中，登录界面无疑是最需要被优先考虑的设计，目前市场主流的界面特点有三点。

（一）界面背景具有冲击感

当访客来到软件的登录界面时，优秀的背景能够直接给用户造成冲击感。因此对于App而言，背景图与色彩搭配是相当重要的，是构成界面的主要元素之一。例如，支付宝App一直采用蓝色调，中间是一个很大的汉字"支"，简洁明快，令使用者一看就能马上找到。而微信App则采用绿色调，有两个似小脸的聊天图标作为标识，同样一目了然。在目前的界面设计中，主要有亮色式、纯色式和模糊式三种类型，其中亮色式是以明亮的输入框为背景的主体，能够起到吸引用户注意力的作用；纯色式是以一种颜色或者单色调构成背景，起到适当突出登录界面的作用；模糊式则是用简单图标或线条来设计背景，烘托应用软件想要表现的内容。

（二）界面引导具有高效性

除了界面设计的冲击感，App使用时的体验感同样至关重要。对于很多软件而言，被重点关注的是能高效地进行信息输入的功能，也就是用户使用起来方便快捷。例如，微信App以聊天和信息沟通为主，所以界面简洁明快，此外人的视觉浏览习惯多为从上到下、从左到右，微信界面根据用户视觉浏览习惯打造的简单界面，符合用户心理预期，能够让用户简单高效地完成相关操作。还有一些游戏软件，尽管游戏环境设计得美轮美奂，但是界面引导却往往简单高效，便于用户进行软件操作。

（三）用户体验具有创新性

伴随着App的发展，各种应用可谓五花八门，如果想从同类型的软件程序中脱颖而出，运营者一定要注意用户的体验感。一般情况下，如果App不重视体验，不懂得培养核心客户，就会流失大量的普通用户。如何重视用户体验呢？以用户的体验感为核心出发点进行创新设计是非常有必要的。例如App去哪儿，就是一款注重用户体验的旅游软件。2005年5月，去哪儿上线，作为中国首创的旅游搜索引擎，使得中国旅行者第一次可以在线比较国内航班和酒店的价格和功能。从网页发展到手机 App 后，去哪儿不断提升用户体验，如今该软件已经能为旅游者提供国内外机票、酒店、会场、度假和签证服务的深度搜索，帮助中国旅游者做出更好的旅行选择。

总之，以上三点仅为 App 界面设计的一些主流观点，若是想提升 App 的使用体验、界面档次，还需要与时俱进地改进 App 的功能，同时结合用户感受改进用户体验，才能使 App 的运营形成良性循环。

第二节　App 的类型与盈利模式

一、新闻类 App

从 2014 年起，伴随着 3G 向 4G 时代的跨越，中国的移动互联网已经有了巨大的改变。在 iOS 或者 Android 这样的系统上，原本在电脑上才能使用的信息阅读、多媒体、移动搜索等需求，手机 App 同样可以完全实现，App 成为网民介入移动互联网的主要端口。新闻类 App 可谓"春江水暖鸭先知"，率先成为媒体跑马圈地、争夺移动互联网资讯入口的重要着力点。由于内容产生流量，流量可以广告变现，各大平台都在追求平台上流量的最大化，较早期的调查显示，门户网站新闻类 App 的市场渗透率明显优于传统媒体。在 2021 年中国手机新闻 App 活跃用户排行中，人民网、腾讯新闻、环球新闻分居前三甲，占比分别为 31.2%、29.4% 和 27.6%，远高于传统媒体。

（一）新闻类 App 的分类

1. 按照类型分类

新闻类 App 按照类型划分，主要分为三类。第一类是传统新闻媒体，主要包括报纸、杂志、广播、电视和通讯社；第二类是网络媒体，主要包括新闻综合门户网站、垂直类网站以及地方门户，其主力军是综合门户网站，比如新浪、凤凰、搜狐、腾讯等；第三类是新生的移动互联网公司，主要包括今日头条、一点资讯、知乎、豆瓣、虎扑等，这些互联网公司的盈利模式比较广泛，主要依靠广告分成模式的推荐、并读、分答等，也有论坛讨论模式的豆瓣和虎扑等从新闻类媒体。

2. 从产权归属分类

新闻类 App 从产权归属划分，主要分为三类。第一类是网络巨头类，大部分由互联网巨头主导，重于客户引流和功能延伸。如腾讯、搜狐、百度、网易、新浪、360 等新闻客户端。所谓近水楼台先得月，以渠道为王，他们可以持续性地推广自己的 App。此类 App 大体上延续了网站门户的发展思路，其用户数基本上以千万计。

第二类是传统媒体类，主要为国资背景，背靠母体，强于内容平移。如人民日报、学习强国、新华社发布、央视新闻，还有环球时报、凤凰新闻、澎湃新闻、财经报道等。此外，还有一批境外媒体的身影。一方面得益于政治力量的推动，另一方面出于发展的内在需要，主流传统媒体近年来纷纷推出微信公众号、订阅号、客户端 App 等，与网站、微博联动起来，立体化、互动式、全天候地传播新闻信息。在激烈的市场竞争中，它们很快崭露头角。

第三类是其他市场化公司，以民营资本和风险投资机构为主，优于内容集成和内容聚合。如今日头条、抖音、畅读、Flipboard、鲜果等。

（二）新闻类 App 的盈利模式

目前，新闻类 App 的主要盈利模式有四大类：广告业务、收费订阅、电子商务和 O2O 业务、游戏和其他增值业务等。

1. 广告业务

广告业务是新闻类 App 核心的盈利业务，目前主要以硬性品牌广告为主，如开屏广告、旗帜广告、新闻头条、新闻末广告、应用推荐广告等。此外，嵌入式软性广告也得到了运用，如部分新闻 App 的栏目中设有科技、时尚、汽车等板块，通过对相关产品信息的推广取得收益。DCCI 互联网数据中心调查显示，快速消费品、汽车、IT 硬件、通信等广告主对移动互联网广告投放充满信心，90% 的广告主将逐年增加在移动互联网领域的广告投放，超过六成的广告主已将移动新闻 App 纳入媒介计划。

2. 收费订阅

收费订阅盈利模式具体分为两类：一类是付费下载，另一类是平台应用利润分成。付费下载在各大应用商店中十分普遍，即用户付费下载，App 提供商和应用商店分成。平台应用利润分成模式，即手机新闻 App 作为平台，第三方谋求合作，双方进行利润分成。如百度新闻、搜狐新闻均设有应用推荐，用户可根据需要下载相关收费软件，新闻 App 可从中提成。

3. 电子商务和 O2O 业务

电商、O2O 等商业变现模式也是有效的营销突破口。如网易新闻 App 创建了积分商城，用户通过阅读新闻、跟帖、分享等方式累积积分，并在积分商城兑换礼品，或对栏目编辑进行打赏。此外网易为全国 300 多个城市设立了本地频道，同步提供美食、旅游、促销等信息，用户可直接在 App 内完成查询、预订及购买行为。

4. 游戏和其他增值业务

抢夺入口、聚集人气、搭建平台的商业应用，成为移动互联网布局的基本路径。部分新闻 App 除提供资讯外，还注重挖掘用户需求，提供表情下载等增值服务。同时开辟游戏频道，进一步强化用户黏性及活跃度，打通商业变现通道。尽管盈利模式尚处于培育和探索阶段，但由于新闻 App 在聚拢人气、引导流量方面具有超强优势，各家单位都不敢懈怠。移动互联时代来临，处在寒冬中的传统媒体被迫转型，新闻 App 成为其试水移动互联网的重要手段。人民网研究院 2014 年 6 月发布的《中国媒体移动传播指数报告》显示，中国影响力居前的 200 家报纸媒体中，136 家上线了新闻客户端。

二、社交类 App

社交类 App 长期占据应用商店下载排行榜的前列，沟通交流、分享互动是其核心功能，常见的社交类 App 有微信、QQ、豆瓣等。社交类 App 的设计要点有以下特征。

（一）选择适宜的 App 主体色

社交类 App 自身设定的主体色多会成为贯穿整个 App 设计的色彩，一般以绿色、蓝色等明快的色彩为主色调。

（二）突出 App 的主要功能

页面布局合理，突出主要功能，去除赘余的干扰性元素。社交类 App 应将交流分享这一核心功能置于最重要的页面位置。QQ 的核心功能是即时聊天，其 App 整体页面风格简约，主页面按优先级排序，分为消息、联系人、动态三大模块，切换模块即可显示对应内容。消息页面只显示收到的消息，按照时间先后排序，永远置顶最新消息。联系人页面分类明确，突出显示新朋友、创建群聊等模块，对于好友、群聊、设备、通信录等进行区分显示，方便查询。动态页面上方显示的是好友动态、附近、兴趣部落等互动性信息，下方显示游戏等其他拓展性功能服务。

（三）多样的交互方式

分享互动是社交类 App 的另一个重要功能，通过提供文字图片交流、视频语音通话、评论点赞、互送礼物、表情包等多样的互动方式，实现个人社交的分享和互动，以此来提高 App 的使用时长和活跃度。

三、电商类 App

随着 4G 的普及，人们几乎摆脱了 PC 端的束缚，可以自由自在地使用网络。电子商务平台 App 几乎成为人们手机里必备的应用之一，淘宝、天猫、京东、亚马逊等电商 App 安装量大幅度上升，而像什么值得买、蘑菇街、美丽说这样的 App 也获得了发展。

中国互联网络信息中心（CNNIC）发布的第 48 次《中国互联网络发展状况统计报告》显示，截至 2021 年 6 月，我国网民规模达 10.11 亿，互联网普及率达 71.6%。网络零售成为消费新引擎，我国网络购物用户规模达 8.12 亿，占网民整体的 80.3%。随着移动互联网的普及，网络购物市场逐渐走向成熟，网上购物市场交易规模开始快速增长。手机网络购物用户占网络购物用户的比重不断上升，截至 2020 年，手机网络购物用户规模达 7.80 亿，总的网络购物用户数量有 7.82 亿，手机网上购物占比已经超过了 99%。大数据还显示，2021 年上半年，国内网络购物用户规模达 8.2 亿，网上购物市场交易规模达 6.28 万亿元，社会消费品零售总额为 21.19 万亿元，网上购物市场规模占社会消费品零售总额的比例达到 29.63%，接近三成。据了解，2021 年京东 App 活跃用户总数达到 5.319 亿，同比增长 27.4%；拼多多 App 活跃买家数为 8.499 亿，同比增长 24%；淘宝 App 活跃用户数为 8.28 亿。

网络技术不断发展，随之而来的是国内大循环为主体、国内国际双循环的网络经济发展格局的加快形成，网络零售不断培育消费市场新动能，通过助力消费质与量的双升级，推动消费双循环。网上购物成为消费的新引擎，艾瑞咨询预测未来几年中国移动购物市场仍将继续保持较快增长，移动购物市场的企业份额中，阿里无线、手机京东、拼多多将会占据前三。移动购物 App 如图 8-6。

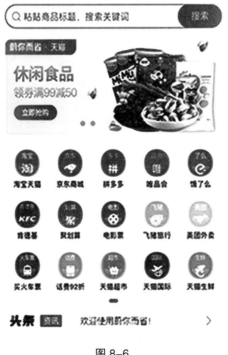

图 8-6

在设计移动 App 时，运营主体应重点关注以下几个方面。

（1）购买流程简洁方便，操作简单便于用户购买商品。

（2）海量的商品信息，便于搜索，屏幕布局清晰，让用户快速地找到想要的商品。

（3）底部标签导航各个模块划分清晰，方便用户进入相应的页面进行相关操作。

（4）页面层级分明，用户操作便捷，不能让用户迷失在页面中。

（5）页面信息要简洁、突出重点，引导用户访问相应的商品信息或者页面。

四、音乐类 App

音乐类 App 是使用率较高的 App，主要提供音乐和 MV 的播放和下载、新歌及歌单推荐、歌曲点评、音乐社交、自制音频上传等服务。音乐类 App 的设计要点如下。

（一）风格化

音乐类 App 页面设计的风格，通常将艺术、科技和体验紧密结合，多使用欢快明亮的色彩作为主色调，营造出轻松愉快和有艺术感的应用环境。

（二）个性化

音乐类 App 页面设计的个性化，可以通过个性化皮肤库功能彰显用户的个性和定制化服务。用户可选择自己喜欢的皮肤，也可自定义皮肤，满足了用户的个性化需求。音乐播放时的锁屏页面也体现了产品的特色，多采用歌曲或专辑的封面。

（三）互动性

音乐类 App 页面的交互性在设计上，可以通过多种方式增强。弹幕功能的开设增强了用户的参与感；自制音频上传服务和评论功能的开通，增强了用户的参与热情和交互积极性；通过朋友间互赠专辑、互相点赞等行为，拉近了人与人之间的距离。

第三节　实　践　操　作

一、任务目标

在新媒体移动化的大趋势下，越来越多的个人或企业加入了 App 运营的阵营，并将其作为企业整体运营战略中的一部分。App 运营的优势是不言而喻的，对用户来说 App 使用方便、操作简单、实用性强；对于企业来说 App 运营可以结合文字、图片、音频、视频、游戏等方式，展现企业的产品或品牌信息，有利于形成消费闭环。本节的任务目标是对 App 运营的特点、App 的推广、App 运营的策略等知识进行介绍，帮助运营者掌握 App 运营的相关知识。

二、App 运营的特点

App 运营能够为企业带来大量的用户和平台流量，深入挖掘这些用户和流量，可以为企业带来更多的忠实用户，实现企业品牌的传播。作为移动运营的一种特定形式，App 运营有其独特的优势，下面简单介绍 App 运营的特点。

（一）良好的用户体验

与 PC 软件相比，App 设计了更能满足移动用户需求的功能和界面，风格简洁清晰、突出重点，文字、图片的显示比例和排版更注重用户的视觉习惯。App 所有功能的开发都是为了展示其核心的功能和特点，针对性强，能够更好地吸引对 App 感兴趣的用户，提升用户的使用体验，最终形成良好的口碑，为企业品牌形象的传播积累了大量的流量。

（二）互动性强

App 是一个功能完整的应用程序，除了可以满足用户对各种生活娱乐的需求外，还能使用户产生评论、分享等互动行为，增加了用户与用户、用户与企业之间的联系。

（三）种类丰富

App 的种类十分丰富，如购物、社交、拍照、学习、游戏、教育等，企业可以根据自己的运营目的打造不同类型的 App，并进行推广运营。

（四）信息全面

App 中展示的信息非常全面，可以帮助用户快速、全面地了解产品或企业信息，这有助于打消用户对产品的顾虑，增强用户对企业的信心，提升用户的忠诚度，提高转化率。

（五）方式灵活

App 的运营方式较为灵活，用户可以通过扫描二维码直接下载安装 App，企业可以通过手机或计算机后台发布、管理 App 中展示的内容。同时，用户在 App 中进行的活动也可以被企业收集，使企业更好地进行用户行为分析，帮助企业改善运营计划。

目前 App 的主流支撑平台主要包括安卓（Android）系统和苹果（iOS）系统。其中，安卓系统是一种基于 Linux 的自由及开放源代码的操作系统；苹果系统只支持 iPhone、iPod touch、iPad 以及 Apple TV 等苹果公司的产品使用，是一种属于类 Unix 的商业操作系统。企业要根据自身定位与用户分析，确定开发和投放的平台，以便最大限度获取流量客户。

三、App 的推广

企业开发的 App 需要通过各种途径进行推广才能获取更多的用户，App 的推广主要有几种方法。

（一）应用推荐平台

各类 App 在应用推荐网站、商店中进行上架，如 App Store、安卓市场、小米应用、华为应用市场等。这些应用平台拥有大量的流量，其中的 App 可以被用户搜索并下载安装，但要注意对 App 进行排名优化，主要从用户的下载量和安装量、应用数据（如打开次数、停留时间、下载数量、评论数等）、App 标题关键词、应用评分、应用描述、应用视频等角度进行优化。

（二）发码内测

一款 App 在正式上线、投放给用户使用之前，还要进行内测。内测从广义上理解是指软件（或游戏）开发完成的初期，由企业发送限定数量的激活码给用户。应用在新媒体领域，App 发码内测时利用饥饿营销的方式，先对 App 进行造势和预热，打造 App 的形象和价值，再以有限的条件不断刺激用户，增加用户迫切希望获得的想法，如限时抢激活码等。此外发码内测能让企业通过用户的反馈，了解 App 的性能、风格设计、功能等情况和存在的问题，以对 App 进行改进和调整，最终为用户提供更好的使用体验。

内测分为封闭性内测和开放性内测。用于 App 运营的内测一般是封闭性内测，只邀请少量用户参与，以达到饥饿营销的效果。开放性内测一般不设限制，只要求用户注册登录即可参与。

（三）线下预装

有实力的企业可以和手机厂商合作，在手机出厂前将 App 直接预装到手机里，这样购买了手机的用户就直接成为该 App 的使用者。

（四）限时免费

部分收费的 App 可以通过限时免费等活动，吸引用户下载和使用 App，通过功能、界面、服务等方面的优势，引导用户进行后续的付费体验。

（五）官网引流

企业可以通过官方网站来吸引用户下载并使用 App，如在官方网站首页的

Banner 广告位进行推广或设置 App 二维码入口,将 PC 端的用户转移到 App,这种方式适合内容输出平台。企业还可以通过官方媒体来推广 App,如在官方微信中通过关注后的欢迎语、菜单栏、推文、服务号接入等功能进行推广,在官方微博的首页 Banner 中设置广告、发布活动宣传吸引用户下载等。

四、App 运营的策略

App 运营随着移动互联网的发展而快速兴起,目前越来越多的企业通过开发 App 来进行运营。而要想将 App 推广给用户,让用户知道并吸引他们使用 App,运营人员还需要掌握一定的运营策略,如广告运营策略、用户运营策略、内容运营策略和购物网站运营策略等。

(一)广告运营策略

广告运营策略的实现模式是:广告主通过动态广告栏链接进行广告植入,当用户点击广告栏时就会进入指定的界面或链接,用户了解广告详情或参与活动。这种运营策略是功能性 App 和游戏类 App 的常用运营策略,且具有操作简单、适用范围广的特点,广告主只要将广告投放到与自己产品和用户匹配的热门 App 上就能产生良好的传播效果。但这种广告植入方式会影响用户对 App 的使用体验,很容易影响 App 的持续发展。因此为了保证广告的效果,在进行广告运营时,运营人员可以借助一些营销方法进行广告的植入,如内容植入、道具植入和背景植入等。

1. 内容植入

内容植入是指在应用中自然地融入广告,且不影响用户对 App 的使用,甚至可以增加用户互动,达到更好的广告效果。如在拼图游戏中植入品牌图片,让游戏用户对碎片进行组合,最终拼成一张完整的品牌或商品图片。

2. 道具植入

是指将品牌融入 App 的道具中,在用户玩游戏的过程中增加品牌的曝光率和影响力,例如餐厅游戏中将某食品品牌、餐具品牌作为道具等。

3. 背景植入

背景植入是指将某品牌作为 App 中的某个界面、按钮、内容或主题的背景,还可以用奖励的方式引导用户使用该背景,从而达到对品牌进行宣传和深化的目的。

(二)用户运营策略

用户运营的目的是增加 App 的用户,让用户了解 App、产品或品牌,培养品牌的影响力和用户的忠诚度。用户运营策略常用于网站移植类和品牌应用类 App。其运营模式是:企业设计具有一定价值和作用的 App 供用户使用,用户通过该 App 可以很直观地了解企业信息,与企业品牌产生更多的联系,同时 App 又能够为用户提供便利。例如某化妆品品牌针对化妆定制相关应用,吸引目标用户进行下载,在 App 中设计一些化妆、搭配、时尚等游戏内容,让用户在玩游戏的过程中,不断强化对该品牌的印象,这有利于企业培养更精准的潜在用户群。

(三)内容运营策略

在内容至上的新媒体运营时代,App 运营也离不开对内容的依赖。App 内容运营的模式是:通过优质内容吸引精准用户和潜在用户,从而积累口碑和忠实用户,最终实现运营目的。在使用内容运营策略时需要做好市场调查,对目标用户群体进行精准的定位,以便对内容主题、营销平台等进行更加准确的定位,并通过文字、图片、音乐、动画、视频等形式传达有价值的、符合用户需求的信息,从而达到最佳的营销效果。例如一些介绍搭配知识的 App,通过为用户提供实用有效的搭配技巧,吸引有服饰搭配需求的用户,然后向其推荐合适的产品。

(四)购物网站运营策略

除了较为常见的广告运营、用户运营和内容运营外,购物网站运营是 App 所独有的运营模式。购物类 App 基于移动互联网和移动电子商务的发展而兴起,可以直接展示企业的产品或服务,引导用户产生消费转化。购物网站运营的模式是:企业开发出与购物网站相关的 App,投放到各大应用商店供用户免费下载使用。用户可以通过该 App 随时随地浏览商品或促销等信息,并完成下单和交易。购物网站运营模式的优势是显而易见的,对于用户来说购物网站 App 方便了用户选购商品;对于企业来说购物网站 App 的便捷性也大大增加了流量并提高了转化率,促成了更多的交易。

思考题

一、你是从哪些途径知道 App 的？简单描述你对 App 的理解。

二、在全媒体运营中，App 有哪些运营模式？

三、App 的类型与盈利模式有哪些？

四、实训题：根据以下内容要求，结合你对本章的学习与了解，策划 App 的运营流程与策略。

在互联网和全球经济一体化的环境下，人们越来越重视语言学习，随着网络科技的发达网络语言教育的发展也非常迅速，这也使传统语言培训机构纷纷转战线上，开发 App 来进行运营。作为一名全媒体运营人员，要求你对语言培训机构的 App 进行运营，吸引用户使用该 App。

1. 实训目标

策划 App 的推广方法、运营策略及运营方法。

2. 实训要求

从 App 推广、运营策略的角度出发，结合任务所述内容，从应用推荐平台、广告推广、用户吸引等方面进行运营策划。

3. 实训思路

开发 App 后，即可选择应用推荐平台进行上线运营。目前 App Store 和安卓应用平台的用户较多，可直接在这两个平台中进行投放。为了使用户能够在应用推荐平台中搜索到该培训公司的 App，需要注意对关键词、描述等进行设置，如教育、语言、培训等。

在微信、微博等平台中投放广告，或与其他企业合作，在其他 App 中推荐自己的 App，增加 App 的曝光量和用户的关注。

通过内测发码、活动赠送等方式吸引用户使用，增加 App 的用户数量，并通过 App 的功能来留住用户，如免费发放一些基础的学习考试资料等。然后再提供一些付费课程，如名师指导视频、考试真题等。

第九章　网络视频平台运营

【目标】

通过本章的学习，使学生了解网络视频平台运营的基本概念和相关的理论知识，熟悉网络视频发展的历史阶段与未来趋势；通过对网页视频、微电影、网络直播、短视频等经典案例的分析，使学生掌握全媒体网络视频平台运营的方式，并通过学习视频格式与常用软件，拓宽学生的知识视野，提升学生的实践实训能力。

伴随着5G技术应用于通信领域，移动互联网发展步入新时代。移动智能终端设备也逐渐普及，人们的网络使用习惯发生了改变，越来越多的网民青睐趣味丰富的新媒体视频节目，从抖音、快手等短视频平台的粉丝基数和使用热度可见一斑。

网络视频是指视频网站提供的在线视频播放服务，主要利用流媒体格式的视频文件，在众多的流媒体格式中，FLV格式由于文件小、占用客户端资源少等优点成为网络视频所依靠的主要文件格式。从网络技术的角度讲，网络视频的内容格式以WMV、RM、RMVB、FLV以及MOV等类型为主，可以在线通过Real-Player、Windows-Media、Flash、Quick-Time及DIVX等主流播放器播放。

中国互联网络信息中心（CNNIC）发布的第51次《中国互联网络发展状况统计报告》显示：截至2022年12月，中国短视频用户规模首次突破10亿。2018—2022五年间，短视频用户规模从6.48亿增长至10.12亿，年新增用户均在6000万以上，其中2020年、2021年，受疫情、技术、平台发展策略等多重因素的影响，年新增用户均在一亿以上，同时用户使用率从78.2%增长至94.8%，增长了16.6个百分点。

第一节　网络视频的运营推广

关注、研究并实践网络视频新媒体是传统媒体跨媒体发展战略的重要策略之一，网络视频在不同发展阶段有不同的概念，应明晰网络视频发展的五个阶段和六个趋势，了解网络视频发展历程。网络视频作为一种网络新媒体，凭借丰富的信息表达形式和快捷的信息传递通道，正吸引着越来越多的用户。网络视频在媒体市场中的占有率保持高速增长，当视频被赋予了交互和便携的特征后，在大数据来临的时代下，网络视频基于用户的个性化体验和用户感受成为变革的核心。伴随着网络视频相关概念的逐步演进，自2005年我国网络视频出现以来，历经了如下发展阶段。

一、网络视频四种概念的演进

（一）交互式网络电视

交互式网络电视是指通过IP网络传输交互式的视频。这一术语最早出现于1995年美国一家软件公司开发的一款互联网视频产品IPTV。1999年在英国、加拿大等国开始出现IPTV的商用服务，2008年前后在我国也成为产业热点。与传统的数字电视相比，IPTV通过宽带传输数据，在功能应用方面有了质的飞跃。IPTV除了提供传统影视节目外，还可实现多种交互式体验功能，如玩游戏、查询缴费等，使电视变得更加智能与便民。另外，IPTV的多画面直播等功能也是数字电视和有线电视所不具备的。与普通网络机顶盒不同，IPTV网络电视是由获得IPTV牌照的运营商来提供的，确保所有影视节目都是合法、正版、高清的，提高了影视内容的质量。

（二）互联网电视

互联网电视是指基于开放互联网的视频服务，终端可以是电视机、计算机、机顶盒、智能手机等。从消费者的角度出发，互联网电视满足了消费者的需求，如现在比较流行的小米电视、银河奇异果、芒果TV等。

（三）手机电视

手机电视是指以手机等便携式手持终端为设备，传播视听类节目的一项技术或应用。手机电视具有电视媒体的直观性、广播媒体的便携性、报刊媒体的滞留性以及网络媒体的交互性。手机电视是一种新型的数字化电视，为手机增加了丰富的音频和视频内容。手机电视不仅能够提供传统的音视频，还可以利用手机网络方便地完成交互功能，更适合于多媒体增值业务的开展。早期的手机电视设备出现在1997年，韩国最早采用3G移动网络及地面微波传输数字、多媒体广播，提供手机电视服务。

中国手机电视业务于2018年博鳌亚洲论坛期间首次在国内推出,在此期间手机电视项目涵盖移动、联通两家手机网络运营商,共同向用户发送了由海南电视新闻中心制作的"博鳌亚洲论坛"相关视频新闻。在短短三天时间里,全国各地有过亿人使用了这项全新的手机电视服务。国内第一张手机电视运营牌照的拥有者是上海文广新闻传媒集团,其内容主要是基于中国移动或中国联通移动通信网络的一种流媒体的影音直播、点播业务。

2005年5月,中国移动和上海文广新闻传媒集团签署了战略合作协议,协定共同推出手机电视流媒体业务。自2009年3G移动网络技术推出以来,我国手机电视的发展也开始升温,在2011—2012年开始爆发。2019年6月18日,中国国际卫视手机电视台正式开播,昭显着我国国际传播实力的不断增强。

(四)智能电视

智能电视是指可以与互联网连接、具备开放式操作系统与芯片、拥有开放式应用平台、可以对应用功能进行升级的新型电视产品。2011年是我国家电行业的智能电视元年。智能电视主要有以下特征:具备较强的硬件设备,包括高速处理器和一定的存储空间,用于应用程序的运行和存储;搭载智能操作系统,用户可自行安装、运行和卸载软件、游戏等应用;可以连接公共互联网,具备多种方式的交互式应用,如新的人机交互方式、多屏互动、内容共享等。

《2022—2028中国智能电视终端市场现状研究分析与发展前景预测报告》的数据显示:我国智能电视产量从2017年的9666万台增长到2021年的12315万台,年均复合增长率达到了6.24%。随着居民经济水平的提升及消费需求的改变,消费者对产品的设计和品质不断提出新的更高的要求,促使行业内企业不断向产品智能化、高端化、互联互通等方向进行创新和探索,用差异化的产品满足用户的新需求。

二、网络视频发展的五个阶段

(一)萌芽和成长阶段

2004—2005年,国内开始出现以用户需求为驱动的网络视频商业网站,如乐视、土豆、优酷等。这些网站成立的前期,内容资源较为匮乏,一方面移植传统内容,另一方面仰赖用户上传内容,平台自制的内容相对较少。

视听网站的出现大大改变了用户以往的视听消费习惯,将人们的注意力和关注点转移到线上,开创了网络营销的新打法。

第九章　网络视频平台运营

（二）网络视频发展、规范阶段

2006—2008年，一批视频网站上线后，中国视频行业迎来了发展期。在此期间相继推出的视频网站，不断创新用户服务模式，加强细分市场的竞争。例如2006年正式上线的优酷网，树立"快者为王"的产品理念，随后提出"拍无处不在"的理念，引发全民狂拍热潮。进入2007年，中国网络视频行业依然快速发展。根据中国互联网络信息中心发布的《第21次中国互联网发展状况调查统计报告》：截至2007年年底，网络视频在线影视观看比例达到76.9%，在所有网络应用中位居第三，全国有1.6亿人曾通过网络视频欣赏影视节目。中国网络视频行业发展初期，门槛低、市场较为分散，涌现了数百家视频网站。为了加强管理，2007年年底，国家新闻出版广电总局与工业和信息化部联合发布了《互联网视听节目服务管理规定》，对网络视频提供的服务进行了严格的管理，并查处了一批不合规的视频网站。

（三）网络视频发展、壮大阶段

2009—2012年，在此期间各视频网站开始集中上市。2010年8月，乐视网在深圳证券交易所登陆创业板；同年12月，优酷网成功在纽约证券交易所上市；2011年8月，土豆网登陆纳斯达克。除通过上市获得资金优势以外，各视频网站也试图在其他方面壮大自身的优势，腾讯视频和爱奇艺凭借广大的用户量和强大的资本优势，也加入网络视频行业并迅速占据了一部分市场。2012年，优酷网与土豆网合并成立合一集团，成为中国视频行业的领头羊。

（四）网络视频寡头市场形成阶段

2013—2015年，随着智能手机的普及，网络视频市场（尤其是移动端市场）越来越大。截至2015年6月，网络视频用户规模达到4.61亿，用户使用率为69.1%。网络视频态势在稳定增长的同时，市场也趋于饱和，一些大型视频网站为了加强竞争力选择了并购重组、强强联合的模式。2013年，爱奇艺与PPS合并；2015年，乐视网入股酷派。中国网络视频行业进入以爱奇艺、腾讯视频、优酷土豆和乐视网为主的寡头阶段。

（五）网络视频跨界合作、多样发展、不断深化阶段

2016年至今。2016年中国网络视频（含短视频）用户规模达1.53亿人，网络视频平台进一步细分内容品类，并对其进行专业化生产和运营。行业的娱乐内

容以电视剧、电影、综艺、动漫等核心产品为基础，不间断开发电竞、音乐等新兴产品，通过IP（知识产权）整合平台内外资源实现联动发展，形成视频内容与音乐、文学、游戏、电竞等领域协同发展的娱乐内容生态。2018年，中国短视频用户规模发展到6.48亿人，短视频以更强的个人属性占据微信、微博两大重要平台入口，使其拥有较大的社交潜能。在网络优化5G技术的加持下，社交作为视频时代最具基础性的价值，或助推短视频成为下一个风口。

随着互联网应用的持续发展，短视频业务增长最为明显。中国互联网络信息中心（CNNIC）在京发布的第50次《中国互联网络发展状况统计报告》显示：截至2022年6月，我国短视频用户规模达9.62亿，较2021年12月增长2805万，占网民整体的91.5%；即时通信用户规模达10.27亿，较2021年12月增长2042万，占网民整体的97.7%；网络新闻用户规模达7.88亿，较2021年12月增长1698万，占网民整体的75%；网络直播用户规模达7.16亿，较2021年12月增长1290万，占网民整体的68.1%；在线医疗用户规模达3亿，较2021年12月增长196万，占网民整体的28.5%。中国短视频用户规模数据如图9-1。

图9-1

三、网络视频发展的趋势

目前，网络视频市场已经进入竞争加剧的阶段，因此呈现出与以往不同的新趋势：一方面是与相关领域的融合，另一方面是与新技术和新应用的融合。政策规制在技术发展和市场竞争中发挥着定海神针的作用，助推网络视频朝着良性方向发展。从 2018 年底到 2022 年 6 月，网络视频（含短视频）用户规模从 6.48 亿人发展到 9.62 亿人，手机网民平均每天上网时长达 5.69 小时，在短视频的忠实用户中，30 岁以下群体占比接近七成，在校学生群体占比将近四成。

（一）加强监管，短视频尤为突出

2018 年，国家广播电视总局、国家互联网信息办公室等相关部门先后出台相关规范文件，要求短视频、网络直播企业坚持正确导向，坚持内容管理，严肃整治部分违规平台和节目，以维护网络视听节目传播秩序，保证行业健康和可持续发展。2019 年 1 月，中国网络视听节目服务协会发布《网络短视频平台管理规范》和《网络短视频内容审核标准细则》，从机构把关、内容审核两个层面为规范短视频传播秩序提供依据。2019 年 3 月，短视频平台试点上线青少年防沉迷系统，以呵护未成年人健康成长，营造良好的网络环境。

（二）"内容＋电商"推动短视频的发展

中国互联网络信息中心（CNNIC）发布的第 51 次《中国互联网络发展状况统计报告》显示：截至 2022 年 12 月，短视频用户规模首次突破十亿，用户使用率高达 94.8%。短视频用户的增长主要表现在三个方面：一是用户规模快速增长，短视频成全民化应用，2018—2022 年五年间，短视频用户规模从 6.48 亿增长至 10.12 亿，年新增用户均在 6000 万以上；二是持续带来更加多元、优质的直播内容，直播生态与运营体系进一步成熟，近年来短视频平台不断加大直播内容供给，拓展直播边界，直播多元化趋势进一步显现，非遗传承、知识普惠、助农惠农、线上招工、线上相亲等直播类型不断成熟；三是与电商融合加速，逐步完善电商产业的生态，短视频平台持续拓展电商业务，"内容＋电商"的种草变现模式已深度影响用户消费习惯。2022 年 6 月，抖音短视频播放量同比增长 44%，用户通过内容消费产生商品消费，短视频带来的商品交易总额同比增长 161%。2022 年第三季度，快手电商商品交易总额达 2225 亿元，同比增长 26.6%，依托流量和效率优势，持续吸引更多商家入驻，新开店商家数量同比增长近 80%。短视频对新增网民的拉动作用最为明显。

（三）应用发展的趋势

随着智能手机的发展，短视频应用在中老年、低学历、低收入人群中的使用率明显提升。根据第 51 次《中国互联网络发展状况统计报告》，40 岁以上用户的使用率在半年内提升了 12 个百分点，低收入、低学历人群的使用率分别提升了

12.6个百分点，这些人群在短视频用户中的占比也进一步上升，高学历、高收入人群的视频使用率也提升了7个百分点以上。

网络视频这一新型媒体形式仍在发展与完善中，普遍认为其中存在巨大的新商机。就媒体形式的特点而言，重点在于现有的多屏互动，也就是现有新型终端形式的融合。创新表现形态（如短视频平台）通过简短有趣的视频吸引受众，进而促使媒体与受众的互动，形成新的媒体运作方式和新的媒体市场。

第二节　网络视频的发展与盈利模式

随着通信技术的不断发展，互联网顶层设计的不断完善，我国的互联网事业正在朝着网络强国的方向发展。人们的信息消费需求也不再满足于被动的信息接收和单调的版面形态，而是朝着多样化、视觉化的方向发展。新媒体视频形态也随着用户的需求不断调整自身形态，从网页视频到微电影，从网络直播到短视频，种类日益繁多，用户划分日益精细，对用户个性化需求的满足也更加精准。

一、网页视频

一部门户网站发展史就如一部中国互联网史，门户网站中网页视频的兴起和发展是中国新媒体视频形态变迁的重要见证。门户网站进入中国的时候，是主流门户网站开始主导互联网商业化进程的时刻。美国在线（AOL）和雅虎（Yahoo）等第一代成熟形态的门户网站在国际市场强势崛起，这些网站主要是基于实用程序的静态链接和功能聚合，如股票信息、天气网站、搜索网站、新闻链接，形成了门户主要的功能模式和服务形态。

1994年4月20日，中国互联网正式国际联网。这一年杨致远和大卫·费罗开始创办未来的门户之王——雅虎。1998年，搜狐正式成立，早期的搜狐网站还未形成网页视频，大多数新闻报道采用组图的方式进行现场呈现。1999年，搜狐推出新闻及内容频道，形成了综合门户网站的雏形，正式开启中国互联网门户网站时代。受制于当时的通信技术和传输设备，大量信息内容通过文字文本和图片的形式进行传播，但网站经营者已经开始逐步尝试在信息内容中增加网页视频的容量和数量，通过截取或制作部分视频内容，或者通过Flash动画较为形象地还原事件原貌，帮助用户理解事件的前因后果和来龙去脉。这种网页视频形态改善了用户的阅读体验，但由于当时的技术条件和设备终端不成熟，造成了延时播放或不支持播放等问题。搜狐网站如图9-2。

图 9-2

二、微电影

微电影即微型影视,又称微影。微电影是指专门运用在各种新媒体平台上播放、适合在移动状态和短时休闲状态下观看、具有完整策划和系统制作体系支持、具有完整故事情节的电影。微电影的微表现在制作周期短、投资规模小,内容融合了幽默搞怪、时尚潮流、公益教育、商业定制等主题,可以单独成篇,也可系列成剧。虽然业内至今没有一个公开且让各方都认可的完整定义,但它的微播出平台、微规模投资、微周期制作、微时放映的"四微"特征已被业界认可。

微电影的最初尝试可追溯到 2001 年,宝马北美公司集结 8 位世界级一流导演,推出 8 部具有鲜明个人风格和创新性的电影短片。2010 年年底,被称为史上第一部微电影的《一触即发》将品牌理念融入电影故事情节中,使观众在消费品牌的同时也获得了美的享受,提升了品牌的影响力和美誉度,广告中的系列车型在部分城市热销,获得了市场效益与用户口碑,之后微电影风暴也一触即发。

2019 年 8 月中国银联云闪付推出《大唐漠北的最后一次转账》广告微电影,契合中国人自古以来爱国、诚信的文化传统,将中国银联"虽远必分文不差"的企业使命传递得淋漓尽致。很多网友看过后纷纷表示"这不是广告传播,而是国家形象"。

随着网络视频业务的发展壮大,互联网已成为一个重要的影视剧播放平台,各大门户和视频网站在视频领域的竞争异常激烈,热门影视剧版权价格也随之提升,高昂的版权购买费带来了巨大的运营成本,网络平台开始纷纷制作微电影充实网站内容,吸引网络用户。微电影的兴起既是对传媒市场同质化内容的改革,也是根据用户需求及时调整广告宣传策略的关键举措。网络视频同质化竞争严重,网站需要寻找差异化的竞争路线提升原创能力。在这种竞争环境下,自制微电影是一个很好的选择。自制微电影不但成本低,而且能保证网站在运营中享有更多主动权,微电影的灵活性更高,投资决策的风险更加可控。

随着中国网民素质的提高、网民自我意识的崛起,广大网民对广告的容忍度越来越低,尤其是那些生硬、直白、单调的叫卖式硬广告,有些浏览器甚至可以直接过滤掉这些广告。如今,广告需要采用更软性、更灵活、更易接受的营销方式,而定制专属于品牌自身的微电影成为新的行业趋势。一方面,微电影广告比传统广告更有针对性,观看它的人群主要是具有较强购买力的年轻人;另一方面,微电影可以把产品功能和品牌理念与微电影的故事情节巧妙结合,用电影的视听效果达到与观众情感交流的目的,使观众形成对品牌的认同感。

在信息碎片化、文化快餐化的今天,微博、微信、微小说、微经济等微文化大行其道,我们显然已跨入微时代。北京大学新闻与传播学院教授胡冰认为,微时代媒体的表现因人们消费媒体的需求而不断改变。当人们面对日益加快的生活节奏时,希望以最短的时间获取最多的信息。微电影这种短小精悍的电影形式更符合现代人的收视心理,尤其受年轻观众的青睐。广受欢迎的背后是因为它契合了人们碎片化的消费特征,由于时间压力和资金压力,广大用户在空闲之余往往通过观看免费微电影陶冶情操,满足娱乐消费需求。爱奇艺影视平台如图9-3。

图9-3

三、网络直播

网络直播是新兴的高互动性视频娱乐方式，这种直播通常是主播通过视频录制工具在互联网直播平台上直播自己唱歌、玩游戏、带货等活动，而受众通过弹幕与主播互动。网络直播分为两类：一类是在网络环境中观看节目的现场直播；另一类是利用流媒体技术在网络上直播或录播，通过连接摄像头的手机或计算机直播唱歌、带货等自主性的表演形式。总而言之，网络直播主要依托互联网这一技术基础，是通过视讯方式展开的视频直播，基于现场实况进行连续不断的网络视频播送。

（一）起步期：2005—2013年

网络直播市场随着互联网模式演化起步，以YY、六间房等为代表的PC端秀场直播模式开始为众人所熟知。这段时期，用户消费主要用于社交关系消费（用户等级体系，白名单特权等）和道具打赏。2013年12月4日，工业和信息化部发放了4G牌照，标志着我国电信产业正式进入4G时代，也意味着网络直播由起步期向发展期过渡。

（二）发展期：2014—2015年

这个阶段以游戏直播为主，电竞游戏直播出现，在大量游戏玩家的推动下，网络直播一夜爆红。这个阶段形成了多人同时在线竞技的游戏模式，产生了社交需求和学习、提升游戏水平的需求，观看、娱乐、游戏视频本身内容的可观赏性等因素推动了游戏直播平台的诞生。

（三）爆发期：2016年

2016年，网络直播市场迎来了爆发期。这一年被称为"中国网络直播元年"，各种网络直播平台呈现井喷式发展。在这个阶段，网络直播向泛娱乐、"直播+"演进，网络直播进入更多垂直细分行业。在社群经济上，各行业与网络直播结合，与用户进行互动，增加用户黏性；在商业模式上，除了虚拟道具的使用外，会员等级制等其他互联网商业模式均与网络直播进行对接整合。根据国内运营商规划，2016年国内4G网络建设继续稳步推进，三家网络运营商集体步入"4G+"时代，推进了移动直播发展。用户在脱离计算机后通过移动手机客户端实现移动直播，其全场景和更加敏捷的直播形式备受各大网络直播平台的青睐，其中以映客、花椒、易直播等移动直播、泛娱乐直播平台为代表。

（四）成熟期：2017 年

2017 年至今，随着自制综艺、5G 技术、虚拟直播等在线直播新浪潮的出现，在线直播平台用户规模持续上涨。2019 年第二季度，在娱乐内容类直播平台中，花椒直播月活跃用户数量超 2600 万。在自制综艺方面，近六成受访直播用户愿意观看直播平台的自制综艺，且男女比例基本持平。其中，花椒直播平台自制节目较受直播用户青睐，大批专业主持人进驻花椒直播平台，为花椒直播输出优质内容提供了重要保障。

内容垂直化或将成为在线直播行业竞争的主旋律，平台把内容更多聚焦于某一特定用户群体的需求。未来直播行业内容垂直化趋势将更加明显，除了娱乐、游戏直播外，教育、电商等细分市场将涌现新的市场机会。VR 直播崭露头角，作为虚拟现实与直播的结合，与现在流行的直播平台不同的是，VR 直播对设备的要求较高，普通的手机摄像头和 PC 摄像头难以满足要求，需要采用 360° 全景的拍摄设备，以捕捉超清晰、多角度的画面，每一帧画面都是一个 360° 的全景，观看者还能选择上、下、左、右任意角度，体验更逼真的沉浸感。其中，微吼直播是国内首家能做 VR 商业直播的平台。VR 直播无可比拟的沉浸感能使观众瞬间穿越时空，进入他人的角色。虽然目前技术条件不够成熟，体验还不完美，但是 VR 直播的趋势已经明朗。

四、短视频

2005 年视频网站在国内刚兴起时，以用户上传分享的短视频见长。美国是较早涉足移动短视频社交应用领域的国家，YouTube、Viddy、Instagram 等短视频平台受众广泛，其发展经验和成功模式引起国内互联网企业关注，它们结合国内市场不断推出新应用。内容爆款对短视频发展也有影响，早期国内短视频的广告价值并未全面发挥，而版权和带宽也导致长视频缺乏市场基础。直到 2010 年，随着技术、受众、资本和内容生态的变化，人们重新把视线转向投资少、成本低、内容易掌控的短视频，从而拉开了短视频时代的序幕。

（一）短视频平台应用的火爆，向青少年群体渗透

95 后群体触网加速普及，00 后被称为触屏一代。腾讯视频、爱奇艺、优酷土豆居于短视频的传统第一阵营。年轻人聚集的 B 站、A 站等二次元弹幕网站异军突起。快手、抖音、秒拍、小咖秀、微视、火山小视频等短视频和直播类应用持

续火爆，占据了非常庞大的市场。另外，微博、微信、今日头条、一点资讯、央视新闻客户端、芒果TV、人民日报客户端等也纷纷上线短视频频道，实现了强大的流量导入。

（二）我国互联网进入短视频时代，头部社交媒体账号抢滩短视频行业

2013年12月正式上线的新浪秒拍，10秒时长，有滤镜和编辑功能，成为新浪微博的视频拍摄附属工具，吸引了网红的增长。2014年被称为中国互联网短视频元年，美图公司推出的美拍依托于美图秀秀，很快获得大量用户；腾讯微信于2014年10月推出小视频功能，6秒时长，可以在聊天和朋友圈中发布。

近年来，短视频党争进入白热化，除了腾讯视频、优酷土豆、爱奇艺和"两微一端"等，快手、美拍、秒拍、微视、西瓜视频、抖音火山版等纷纷募集了一批优秀的内容制作团队入驻，各门户和互联网企业纷纷推出短视频应用。

（三）短视频、网络直播催生了网红热潮

2016年以来，淘宝、京东上开始用短视频展现产品特性，娱乐业、旅游业、美妆业等纷纷进入短视频领域，网红现象开始出现，我国视频行业逐渐崛起一批优质的用户生产内容（UGC）、专业生产内容（PGC）制作者。例如抖音红人的音乐短视频作品，所吸引的关往量就达1300多万。用户生产内容不但有效增添了平台的内容存量，而且用户通过上传自制短视频吸引平台其他用户关注，可以赢得更高的关注量和曝光度，为上传内容商业变现提供了受众基础。

近年来，短视频和直播领域也出现了逻辑思维、吴晓波频道等新的知识网红。科普视频内容大为流行，知识付费、知识问答也成为短视频发展的引爆点。处于短视频平台第一梯队的抖音和快手用户活跃数量维持在2亿左右，位居其后的西瓜视频和抖音火山版用户活跃数量分别约为6700万和5000万。短视频行业热度不减，市场规模仍将维持高速增长。短视频作为新型媒介载体，能够为众多行业注入新活力，而当前行业仍处在商业化道路探索初期，行业价值有待进一步挖掘。随着短视频平台方的发展更加规范，内容制作方的出品质量逐渐提高，短视频与各行业的融合会越来越深入，市场规模也将维持高速增长态势。

短视频存量用户价值凸显，稳定的商业模式是关键。目前大部分短视频平台基本完成用户积淀，未来用户数量难以出现爆发式增长，平台的商业价值将从流量用户的增长向单个用户的深度价值挖掘调整，然而用户价值的持续输出、传导、实现都离不开完善、稳定的商业模式。视频营销在原生内容和表现形式方面的创新和突破更加成熟化，跨界整合也将成为常态。通过产品跨界、渠道跨界、文化

跨界等多种方式，企业将各自品牌的特点和优势进行融合，突破传统固化的界限，发挥各自在不同领域的优势，从多个角度诠释品牌价值，从而加强用户对品牌的感知度，并借助短视频的传播和社交属性提升营销效果。

随着技术的不断进步以及社会各界持续的监督，短视频平台的价值观也将逐渐形成和确立，行业标准将不断完善。新兴技术助力短视频平台降低运营成本、提升用户体验。5G 商用加速落地将会给短视频行业带来一波强动力，加速推进行业发展。人工智能技术的应用有助于提升短视频平台的审核效率，降低运营成本，提升用户体验，同时能协助平台更好地洞察用户、更快推进商业化进程。

五、网络视频的盈利模式

随着互联网进入 Web 3.0 时代，作为互联网第五大应用的网络视频行业，在近几年也有飞速的发展。网络视频的盈利也逐渐从单一的广告收费朝多元化方向发展，虽然视频网站的盈利模式形成了多种体系，但盈利之路还是很艰难。除去为抢夺用户支出的版权或者宽带等费用过于庞大的因素，再去除投入资金创作优质的内容、做好用户体验以获取长期稳健运营的因素，主要原因还是策划与运营的综合实力没有突破性的进展。中国的网络视频运营目前还在发展与逐步完善的过程中，营销的道路才刚刚开始。下面介绍目前视频网站的几种常见盈利模式。

（一）广告收入

主流的视频广告一般有视频前广告、缓冲时广告、暂停时的静态广告，以及网页上的弹幕广告这几种方式。网络视频广告无处不在、无时不在，其实很多用户难以接受其骚扰，广告多了甚至会导致用户反感。对用户而言到一个视频网站最重要的是能快速找到自己需要的东西，而且能流畅播放，用户的目的性主要来源于视频网站的内容，如电影、电视剧、综艺栏目等。

1. 植入视频广告

植入视频短片广告更适合在内容视频网站操作，比如在电影、电视剧、栏目等内容播放前移植一些很简单的广告视频短片。这种短片通过人物的语言和镜头可以达到宣传某一品牌的目的，例如爱奇艺公司在播放电影、电视剧前植入的牛奶、视频、汽车等广告。

2. 弹幕广告

最早出现弹幕功能的是日本的分享性网站 Niconico，它的页面设计十分有趣，主要用于发表观看动漫的观点，跟今天的 B 站相似。随着网络视频的快速发展，视频网站的弹幕功能也逐渐被人们接受并积极投入其中。通过2018年爱奇艺年度弹幕热词占比可以发现，77%的弹幕词条都反映了观众对视频内剧情或人物的情绪表达，如"套路、真香、大猪蹄子、劝你善良"等等。弹幕成为年轻视频用户抒发情绪的最直接社交场景。

观众看视频时，每当剧情的情绪达到高潮——弹幕高峰时段，品牌广告如果跟随高能情节，以情绪化表达的广告文案第一时间占领观众视线，将获得更多的品牌好感与观众情感认同。目前，爱奇艺通过AI智能系统，可以智能筛选弹幕发送高峰时段，为品牌提供更精准的广告营销黄金情绪点位。

基于同一视频内容下观影交流沟通的强大功能，弹幕可谓是当代年轻人最喜爱的社交工具之一。鉴于此，农夫山泉利用网络视频平台，联动热门IP《我是唱作人》，试水全新人气弹幕广告合作，邀请更多弹幕用户为明星助力，并获得品牌礼包。以此，农夫山泉又一次以全新的形态出现在节目内容中，实现与用户的即时交流沟通，让消费者感受到前所未有的互动新鲜感，刷出新品的好感度。

3. 分享型视频广告

新媒体的发展让更多的人加入自媒体的阵营中，智能手机的普及更是让自媒体如虎添翼，一时网络上视频满天飞，让人感觉到无处不媒体。视频平台允许个人或团体提供自己制作的视频作品，经审核后发布在视频网站上。视频网站根据作者视频的流量转化为利润和视频作者分享其广告收入。这种方式可以促进用户发布原创作品的积极性，增加优质视频内容，还可以使网站拥有更多的原创作品，以区别同行竞争，避免同质化现象，提高视频网站的竞争力。

分享型视频广告的作用在网络视频运营中，其优点是显而易见的，它可以增加网站收益，增加用户黏度，保持用户对站点的忠诚度。类似这样的分享型视频广告如小红书、抖音星图计划等近几年都取得了不错的收益。

（二）点播付费

前期的网络视频网站由于盈利模式太过单一，各大视频网站都面临着不同程度的亏损，在巨大的成本压力下，点播付费成为网络视频的救命稻草。一些视频网站，如QQLive、PPTV、PPS、迅雷看看等成立电影网络院线联盟，通过点播付费的方式在网络上发行视频节目。

当下的网络视频网站在保留点播付费的基础上实行会员制，会员通过缴纳会费享受网络视频的优惠权益。主流视频网站在会员设置上主打享受去广告、1080P画质观影、下载加速、点播券赠送、海量优惠等众多权益，多方面提升了受众的观影体验与使用满意度。

这种模式还有一种收益不可忽视，就是点播附加值收入，比如通过手机付费时在提示收费等环节中，加入广告成分或者其他会员服务，使附加值大幅提升。

（三）自制节目

互联网科技的快速发展必将推动网络视频成为未来全媒体运营的大趋势，但电影、电视在全年龄、全范围内的影响力还是巨大的。早先网络视频内容中的电影、电视剧、栏目都是影院或者电视台发行后的二手资源，较好的情况也是同步直播，基于此现状，网络视频网站要求制片方独家出售版权资源，于是独家在网络视频中成为一大亮点，反应较好的电影、电视剧往往可以吸收一大批受众用户，独家首播也为视频网站带来了一笔巨大的收益。

当买不到独家资源后，网络视频平台就开始自主制作电影、电视剧、栏目等内容。就目前来看，大视频网站整合文娱资源、打造IP、引进人才队伍自制的视频内容不亚于专业影视公司、电视台制作的内容。这一点可以借鉴芒果TV的自制剧，在同时段收视率夺冠，并且占据各大热门搜索排行榜的前列。

未来网络视频中的广告收益比重会越来越低，要将视频网站做大做强，更要关注自制剧等优质内容的生产。客户营销将是未来的主要运营方式，其版权收入和优质内容收费机制建立起后的收入，将是视频网站的主要收入。

（四）直播业务

目前头部视频网站很少将直播作为网站的主要产品形态，但是抖音、快手、淘宝直播、京东直播等网站却将直播当作其重要产品。因此，直播为主干的可时移和点播业态，对于三网融合后的全媒体运营，无疑是很好的盈利模式。

网络视频直播从一开始的泛娱乐直播、游戏直播，慢慢发展到2019年大火的"电商+直播"，以及2020年后新冠疫情下的"直播+内容"模式。网络直播给网络视频平台带来大量的用户，直播带货、网红直播、打赏、粉丝经济给视频网站带来巨大的收益。目前发展较好的直播盈利模式有，淘宝直播、抖音直播、京东直播、快手直播等。

（五）技术服务

以技术为企业提供高质量的视频展示渠道，是目前视频网站的主要服务盈利模式。全媒体时代，很多中大型企业希望借助视频内容在网站上推广企业形象，但企业受到技术限制，自身很难制作清晰、流畅的视频节目。如果视频网站能解决这些企业的困难，满足其视频推广的要求，则能够成功地获得用户的支持，让技术服务成为广告之外的另一盈利渠道。

（六）跨界合作

跨界合作是指开发产业链视频对自身价值进行深度挖掘，视频网站开始尝试与电商、游戏商进行合作，优势互补，意在创造更好的积极效益。

在与电商的合作基础上，视频网站借助粉丝经济实现产品的捆绑销售。如爱奇艺与京东商城进行合作，推出了视频电商模式——随视购。凭借智能算法，系统会精准地识别视频内的商品，并在视频播放时推荐购买，直接导流到电商平台。

在与游戏开发商的合作上，视频网站为其自制节目开发的定制游戏，实现了内容产业链的扩展。如优酷土豆的《男神女神》就推出了官方手游。此外，爱奇艺的《我去上学啦》等，也推出了相应的手机游戏，彰显出视频网站的节目变现能力。

第三节 实 践 操 作

常见的新媒体视频格式有 AVI、MPEG、RealVideo、QuickTime、FLV、MP4等。不同的视频格式有不同的特点，影视工作者要根据硬件设备和产品用途灵活选取输出的视频格式。新媒体视频常用的制作软件有会声会影、Adobe Premiere、Adobe After Effects、快剪辑等，不同的制作软件可以产生不同的制作效果。建议初学者由易到难，利用会声会影、快剪辑等软件尝试剪辑，形成一定基础后再使用较为专业的视频剪辑软件 Adobe Premiere 和特效视频合成软件 Adobe Affer Effects 提升作品视觉效果。

一、视频格式

视频格式是视频播放软件为了能够播放视频文件而赋予视频文件的一种识别符号。视频格式可以分为适合本地播放的本地影像视频和适合在网络中播放的网络流媒体影像视频两大类。尽管后者在播放的稳定性和播放画面质量上没有前者优秀，但网络流媒体影像视频的广泛传播性，使其被广泛应用于视频点播、网络演示、远程教育、网络视频广告等互联网信息服务领域。

（一）AVI 文件

音频视频交错格式（audio video interleaved, AVI）是 Microsoft 公司开发的一种符合 RIFF 文件规范的数字音频与视频文件格式，允许视频和音频交错在一起同步播放，支持 256 色和 RLE 压缩，但 AVI 文件并未限定压缩标准。因此 AVI 文件格式只是作为控制界面上的标准，不具有兼容性，用不同的压缩算法生成的 AVI 文件必须使用相应的解压缩算法才能播放出来。常用的 AVI 播放驱动程序有 Microsoft Video for Windows 和暴风影音。

（二）MPEG 文件

MPEG 文件格式是运动图像压缩算法的国际标准，采用有损压缩方法减少运动图像中的冗余信息，同时保证每秒 30 帧的图像动态刷新率，已被所有的计算机平台共同支持。MPEG 标准包括 MPEG 视频、MPEG 音频和 MPEG 系统（视频、音频同步）三个部分，MP3 音频文件就是 MPEG 音频的一个典型应用，而 Video CD（VCD）、Super VCD（SVCD）、DVD（digital versatile disk）是全面采用 MPEG 技术所产生出来的新型消费类电子产品。其基本方法是：在单位时间内采集并保存第一帧信息，然后只存储其余帧相对第一帧发生变化的部分，从而达到压缩的目的。它主要采用两种基本压缩技术：一种是运动补偿技术（预测编码和插补码）实现时间上的压缩，另一种是变换域（离散余弦变换 DCT）压缩技术实现空间上的压缩。MPEG 的平均压缩比为 50∶1，最高可达 200∶1，压缩效率非常高，同时图像和音响的质量非常好，兼容性也相当好。

（三）RealVideo 文件

RealVideo 是 RealNetworks 公司开发的一种新型流式视频文件格式，包含在 RealNetworks 公司所制定的音频视频压缩规范 RealMedia 中，主要用来在低速率的广域网上实时传输活动视频影像，可以根据网络数据传输速率的不同而采用不同的压缩比率，从而实现影像数据的实时传送和实时播放。RealVideo 除了可以以普通的视频文件形式播放之外，还可以与 RealServer 服务器相配合，在数据传输过程中边下载边播放视频影像，而不必像大多数视频文件必须先下载然后才能播放。互联网上已有不少网站利用 RealVideo 技术进行重大事件的实况转播。

（四）QuickTime 文件

QuickTime 是苹果公司开发的一种音频、视频文件格式，用于保存音频和视频信息，具有先进的视频和音频功能，可被包括 Apple Mac OS、Microsoft

Windows 在内的所有主流计算机平台支持。QuickTime 文件格式支持 25 位色彩，支持 RLE、JPEG 等领先的集成压缩技术，提供 150 多种视频效果，并提供了 200 多种 MIDI 兼容音响和设备的声音装置。新版的 QuickTime 进一步扩展了原有功能，包含了基于互联网应用的关键特性，能够通过互联网提供实时的数字化信息流、工作流与文件回放功能。此外，QuickTime 还采用了一种名为 QuickTime VR（QTVR）技术的虚拟现实技术，用户通过鼠标或键盘的交互式控制，可以观看 360 度景象，或者从空间任何角度观察某一物体。QuickTime 以先进的多媒体技术和跨平台特性、较小的存储空间要求、技术细节的独立性、系统的高度开放性得到业界的广泛认可，成为数字媒体软件技术领域事实上的工业标准。

（五）FLV 文件

流媒体格式（flash video，FLV）是一种新的视频格式，它形成的文件极小、加载速度极快，使网络观看视频文件成为可能。它的出现有效地解决了视频文件导入 Flash 后，因导出的 SWF 文件体积庞大而不能在网络上很好地使用等问题。

（六）MP4 文件

MP4 是一套用于音频、视频信息的压缩编码标准视频格式，由国际标准化组织（ISO）和国际电工委员会（IEC）下属的动态图像专家组（moving picture experts group，MPEG）制定，第一版在 1998 年 10 月通过，第二版在 1999 年 12 月通过。MPEG-4 格式主要用于网上流、光盘、语音发送（视频电话）以及电视广播。MPEG-4 包含了 MPEG-1 及 MPEG-2 的大部分功能及其他格式的长处，并加入及扩充对虚拟现实模型语言（virtual reality modeling language，VRML）的支持、面向对象的合成档案（包括音效、视讯及 VRML 对象）以及数字版权管理（DRM）及其他互动功能。MPEG-4 比 MPEG-2 更先进的一个特点是不再使用宏区块做影像分析，而是以影像上的个体为变化记录，因此即使影像变化速度很快、码率不足，也不会出现方块画面。

二、新媒体视频常用软件

一般情况下，为了去掉多余的片段，视频都要经过剪辑编辑后才会被发布到本地或网上。视频剪辑常用的软件如下。

（一）会声会影

会声会影是加拿大 Corel 公司制作的收费视频编辑软件，目前较新版为会声会影 2019。该软件功能比较齐全，有多摄像头视频编辑器、视频运动轨迹等功能，支持制作 360 度全景视频，可导出多种常见的视频格式，甚至可以直接制作成 DVD 和 VCD 光盘。

（二）Adobe Premiere

Adobe Premiere 是美国 Adobe 公司出售的一款强大的视频编辑软件，也是市场使用比较广泛的视频编辑软件，目前较新版本为 Adobe Premiere Pro CC 2019。该软件功能齐全，用户可以自定义界面按钮的位置，只要计算机配置足够强大就可以无限添加视频轨道，而且将 Premiere 关键帧的属性修改为不同的值会形成不同的动画。

（三）Adobe After Effects

Adobe After Effects 是美国 Adobe 公司出售的一款强大的视频特效制作软件，主要用于视频的后期特效制作，目前较新版本为 Adobe After Effects CC 2019。该软件功能齐全，可以制作各种震撼人心的视觉效果，如果用户的技术足够强大，那么好莱坞电影特效都可以轻易制作出来。

（四）快剪辑

快剪辑是由 360 公司推出的免费视频剪辑软件，特别简单易学，上手非常容易，其官方网站推出有 PC、苹果和安卓版。快剪辑最大的亮点是在使用 360 浏览器播放视频时可以边播边录制视频。在制作视频时如果需要用到某段视频，就可以使用该软件直接录制下来，而不需要把整个视频下载下来，非常方便，专业剪辑一用即会。

如果想制作专业级视频，而且具备一定的剪辑知识，建议选择 Premiere 等比较专业的视频编辑软件；如果是新手，建议先接触快剪辑之类比较简单的视频编辑软件，后期再转用 Premiere 这类专业的软件。新媒体视频制作不同于微电影和直播，短视频制作流程简单、制作门槛低、参与性强，超短的制作周期和趣味化的内容对短视频制作的文案要求不高，优秀的短视频制作团队通常依托于运营成熟的自媒体，除了高频稳定的内容输出外，还要有强大的粉丝渠道。掌握短视频制作的常用软件及其规范使用只是进行短视频制作的第一步。

思考题

一、简单地说说你对网络视频的理解,它的发展经历了哪些阶段?

二、结合 App 的未来发展趋势,试分析网络视频未来的商业模式有哪些?

三、新媒体制作短视频的软件很多,常见的移动编辑软件有哪些?

四、请结合视频门户网站,谈谈视频运营的经验与方法?

五、通过本章介绍的知识,尝试制作一部短视频作品并分发到三个不同的 App 平台。

第十章 其他新媒体的运营

【目标】

通过本章的学习,使学生了解其他新媒体运营的基本概念和相关的理论知识,熟悉全媒体运用的多样性和丰富性,通过对自媒体运用、二维码运用、知识运营等新媒体经典案例的分析,使学生掌握新媒体运用的特点和策略,拓宽学生的知识视野,提升学生的实践实训能力。

第一节 自媒体运营

一、自媒体的概念

早在20世纪60年代,著名传播学家麦克卢汉就提出过媒介即讯息的相似理论,其含义是:媒介本身才是真正有意义的讯息,即人类只有在拥有了某种媒介之后,才有可能从事与之相适应的传播和其他社会活动。媒介最重要的作用是影响了我们理解和思考的习惯。因此,对于社会来说,真正有意义、有价值的讯息不是各个时代的媒体所传播的内容,而是这个时代使用的传播工具所开创的可能性以及带来的社会变革。

自媒体的本质是信息共享的即时交互平台,是利用网络新技术进行自主信息发布的个人传播主体。用一句话概括:自媒体就是自己做媒体。自媒体包含两个主要因素:运用互联网技术,依托头条号、大鱼号等自媒体平台;个人作为传播者。从广义上讲,新媒体和自媒体是相同的,都是依赖新技术的新型媒体形态;从狭义上讲,新媒体和自媒体是不同的,新媒体是形式,是载体,而自媒体是内容,是核心,二者相互依存,不可分割。例如,各网站平台是新媒体,为这些平台提供内容的创作者则是自媒体。主流的自媒体平台有今日头条、网易号、搜狐号、一点号、大鱼号、企鹅号、百家号、凤凰号、新浪看点、新浪微博、微信公众号、百度贴吧、论坛等网络社区。

二、自媒体的特点

自媒体是一种信息传播的形式和载体，是基于个人的、实时的、可交互的互联网媒体。自媒体不同于传统媒体之处在于其传播主体的多样化、平民化和普泛化。

（一）多样化

自媒体的传播主体来自各行各业，相对于传统媒体从业人员在单个行业的知晓力，其覆盖面更广。在一定程度上，不同领域的自媒体传播者对于新闻事件的把握可以汇集成更具体、更清楚、更切合实际的信息。

（二）平民化

自媒体的传播主体来自社会大众，自媒体的传播者因此被定义为草根阶层业余的新闻爱好者，相对于传统媒体的从业人员体现出更强烈的无功利性，他们的参与带有更少的预设立场和偏见，其对新闻事件的判断往往更客观、公正，缺点是看问题的角度不够全面。

（三）普泛化

自媒体最重要的作用是将话语权授予草根阶层和普通民众，体现民意这种普泛化的特点使自我声音的表达成为一种趋势。

三、自媒体现状

自媒体以悄无声息的姿态潜移默化地改变着人们的生活方式、学习方式、娱乐方式，甚至语言习惯。充分认识以互联网为代表的自媒体对大学生的影响，对于了解新时代大学生的世界观、价值观、认知世界的角度具有重大意义，进而对于学校在新形势下加强和改进大学生教育工作也具有十分重要的意义。大学生使用自媒体技术的现状及其影响体现在接触时间早、上网时间长、自媒体成为信息获取的重要通道等方面。大部分大学生在初中时期甚至小学时期就开始接触网络，随着社会经济的发展、家庭经济收入的提高，电子产品迅速普及，智能手机几乎人手一部。电子产品的大范围普及为大学生使用新媒体技术奠定了物质基础，同

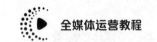

时也使大学生接触自媒体的时间大大提前。

自媒体是大学生获取信息的重要途径。对于从互联网获得的信息，一半左右的大学生会通过自己的综合判断来得出自己的看法，而不是简单地相信网上的言论。当今大学生对微博、微信、QQ博客等自媒体已经再熟悉不过了，这些工具对信息的发布与传播起到了非常好的作用。同样一个事件信息会从各种不同的渠道传播，人们不但可以通过电视、广播、报刊等传统媒体了解各类实时热点事件，判断事件的是非，而且可以通过自媒体从多方面、多角度去分析事件的真相。

当然，这对人们的分析能力是一个挑战，这也说明了自媒体的传播力度是相当大的。自媒体行业的核心是内容，内容质量是决定能否在自媒体方面取得成功的重要因素。现在很多自媒体平台大致将内容分为五种形式，即图文、图集、量提领、小视频、问答。头条号在自媒体平台中处于领军位置，流量相对较大，在头条号中，流量大的内容形式是小视频和短视频。

四、网红的自媒体化

网红自媒体的出现是由于社交网络的兴起，每个个体都具备了与媒体、媒介的传播功能相同的个人网络分享行为。网红伴随着直播行业的发展已然演变成为一种职业，甚至是一种经济代名词，但要成为网红还需要借助良好的自媒体平台。目前网络红人分为文字时代的网络红人、图文时代的网络红人和短视频时代的网络红人。

文字时代的网络红人是最早的网络红人，他们处于互联网带宽技术不成熟的时代（属于文字激扬的时代），其共同的特点是以文字安身立命并走红。

图文时代的网络红人处于当互联网进入高速的图文时代，此时网络红人开始如时尚杂志般绚丽多彩起来，其中女性占尽优势，内容以图文的形式传播。这时候的互联网有图时代的味道。

短视频时代的网络红人处于当互联网带宽成熟后的宽频时代，网络短视频的流行是宽频时代网络红人到来的显著特征。

五、常用自媒体工具

如果想制作优秀的自媒体作品，就要使用一些得心应手的工具，如新媒体管家、H5制作工具等。

（一）内容素材搜集整理工具

经营自媒体与经营淘宝店铺是一样的，爆款的打造，运营技巧固然重要，但最后拼的还是内容，对于大多数运营者来说，内容是决定性的因素。运营者要追踪热点、快速锁定热点、准确评估热点的发展走势、搜集并整理相关资料。对于创作者快速打造爆款产品内容而言，利用搜狗搜索特别重要，搜狗搜索提供了搜狗微信搜索和搜狗知乎搜索大量的内容素材。

百度搜索风云榜以数亿网民的单日搜索行为作为数据基础，建立全面的关键词排行榜与分类热点门户，实时更新网络热点，一站式解读热点信息。新媒体管家是一款排版、编辑、账号管理工具，用来管理用户的所有新媒体账号，包括：微信公众平台、今日头条、一点资讯、微博、知乎、网易媒体平台、搜狐开放平台、企鹅媒体平台、UC大鱼号、简书、百度百家等新媒体平台。

（二）文章排版编辑工具

文字排版、广告和宣传行业经常使用图文编辑工具，135编辑器是一款第三方在线编辑工具，它样式多、更新快，并提供了一键排版、收藏模板、全文换色和图片上传等免费功能，包含海量图片素材和简单直观的排版方式，可以使图文排版更轻松、高效，效果更加惊艳。这款编辑器主要应用于微信公众号、新闻网站以及邮箱等多种平台。

（三）H5制作工具

H5是HTML5的简称，是移动端推广运营的必备工具。现在很多自媒体运营者会使用H5的场景制作功能将一件事融入场景中，它的互动性、可读性高，成为自媒体运营者的必选工具。排名靠前的工具有易企秀、MAKA、人人秀。

（四）移动端建站工具

很多自媒体工作者会借助第三方平台来进行自媒体的内容运营，如企鹅媒体平台、今日头条、搜狐新闻客户端等，不需要使用手机建站工具。还有一部分群体有自己独立的自媒体平台，如个人博客。要想让自己的文章信息更容易传达给手机端的用户，就需要手机建站工具，如快站、凡科等。

（五）二维码制作工具

随着移动互联网和智能手机的快速发展，二维码被越来越多的人所接受。一方面扫描二维码十分方便；另一方面二维码可以携带很多信息，只要使用者扫一扫，就可以快速准确地传递到手机上。文字、图形、网址等都可以编码成二维码，现在电子支付的便捷也促使二维码迅速流行。草料二维码是比较流行的二维码制作工具。

第二节　二维码运营

二维码是将特定的几何图形按照一定的规律在二维方向上分布的黑白相间的图形，含有可读取的相应信息。企业通过对二维码的运营，可以将二维码所链接的内容设置为企业需要推广的内容，如软文、购物网站、产品介绍、服务资讯或活动等，然后引导用户扫描二维码，使用户了解相关的产品资讯或推广活动，从而刺激用户产生消费行为。

一、二维码运营

二维码运营就是将企业的营销信息植入二维码的链接内容中，通过二维码图案的传播来推广企业的各种信息，刺激用户产生消费行为。二维码运营是一种十分具有潜力的运营方式，也是新媒体运营中的重要组成部分之一。它不仅可以通过各种新媒体平台进行线上推广，还能印刷到纸张、卡片上，通过传统线下途径进行传播。

二、二维码运营的优势

二维码是移动运营的典型代表，它凭借成本低廉、应用广泛、可塑性强、操作简单等特点，轻松打通了企业新媒体运营线上线下发展的瓶颈，成为新媒体运营、O2O融合运营的最佳载体。从企业的角度来看，二维码运营主要有以下几种比较明显的优势。

随着移动互联网的快速发展和二维码在人们工作和生活中的广泛普及，功能齐全、人性化、省时实用的二维码运营将更容易打入市场。

企业可以通过二维码便捷地为用户提供扫码下单、促销活动、礼品赠送、在线预订等服务。

企业通过对用户的来源、路径、扫码次数等进行统计分析，可以制定出更精准、细分的运营计划，提高运营效果。

企业进行二维码运营时，可以将视频、文字、图片、促销信息、活动信息等链接到一个二维码上，并将二维码通过社交平台、媒体平台、门户网站、贴吧论坛、企业网站等线上途径进行投放，也可以通过名片、报刊、展会、宣传单、公交站牌、地铁墙、公交车身等线下途径进行投放，方便企业实现线上线下的整合营销。

二维码链接的内容可以根据企业的运营计划进行实时调整，需要更改内容信息时只需在系统后台操作即可，无须重新制作投放二维码，有效地减少了企业重新制作的成本。

用户只需要通过手机扫描二维码，即可随时随地浏览、查询、支付等。二维码的信息传播十分便捷，对企业宣传、产品展示、活动促销、用户服务等，都具有十分不错的效果。

三、二维码运营的方式

二维码运营是移动运营背景下非常受企业青睐的一种运营方式，运营人员在进行二维码运营前需要根据产品或品牌的定位选择合适的运营方式，如通过微博运营、通过宣传品线下运营等。根据二维码投放的途径，二维码运营的方式可分为线上运营和线下运营。

（一）线上运营

二维码的线上运营平台比较多，企业通常会选择用户定位比较精准的平台或用户基数比较大的平台，如微博、微信等平台，或与产品有关联的论坛、贴吧、网站等平台。

1. 微博

微博是用户基数非常大且活跃度非常高的社交平台，微博上的热门话题通常能在短的时间内引起广泛的关注。企业通过在微博上进行相关活动宣传推广二维码，可以获得不错的效果。

2. 微信

微信作为主流的即时通信工具，不仅具有二维码的传播能力，可以将二维码快速传播到具有相同特征和消费习惯的精准人群中，还可以利用微信扫一扫功能，方便用户进行二维码信息的读取，这是企业进行二维码运营的主要方式之一，如扫码骑车、扫码取款和支付等新型的二维码运营模式在微信上均可实现。除了微信本身的功能可以用于二维码运营外，微信公众平台也是二维码运营的一大途径。企业在微信公众平台进行推送时附带相关二维码信息，也能够获得非常好的运营效果。

3. 网站

随着新媒体运营朝媒体整合运营的方向发展，企业在进行二维码运营时，还可结合相关网站进行推广，如在新浪、腾讯等大型综合门户网站的广告位中投放二维码，或在豆瓣、百家号等新媒体写作平台中发布信息时附带相关的二维码，引导用户扫描。这些方式均可以达到增加用户数量、强化宣传效果的目的。此外，如果企业官网访问量大，还可直接在网站的醒目位置（如导航、菜单栏、Banner等）放置二维码，吸引用户扫描。专家指导类二维码的线上运营渠道比较丰富，除了比较热门的社交应用和相关网站之外，贴吧、网络论坛、社区、社交网络服务中心、新闻网站、视频网站、问答平台、社群等均可实现二维码的有效传播。

（二）线下运营

二维码线下运营具有非常强的适应性，特别是随着二维码对人们的生活渗透得越来越深入，二维码应用的场所越来越多，二维码运营的渠道也越来越多。下面对较为常见的二维码线下运营方式进行介绍。

1. 宣传品

在新媒体运营的冲击下，传统运营方式虽然有一定的衰减，但仍然具有非常强大的运营效果，将传统运营、新媒体运营进行整合是未来企业运营的新趋势。现在很多企业开始通过平面、户外以及印刷品等媒体，结合二维码，策划整合线上线下运营方案，将二维码与传统媒体进行捆绑，使传统媒体的传播价值延伸至互联网中，积累更多不同渠道的新用户。

传统的宣传品包含的种类非常多，宣传单、宣传画册、宣传海报、产品包装、产品说明书、产品吊牌、服装、卡片、优惠券、小赠品、户外广告、报纸、杂志、鼠标垫、周边产品、购物清单等都是非常典型的宣传品媒介。图10-1所示为宣传单上的二维码，用户通过扫描该二维码可参与奖励活动、领取精美礼品。

图 10-1

2. 名片

名片是企业和企业职员形象的代表，也是展示、宣传企业信息的一种传统媒介。将二维码印刷在名片上，用户只需使用扫码软件进行扫描，就可以读取多于名片上企业信息的内容。企业可以将用户引导到指定页面，使用户了解企业的更多信息，如产品款式、产品参数等信息，让用户更快速地了解产品，从而提高转化率。印刷有企业二维码的名片如图 10-2。

二维码的线下运营如果方式得当，可以获得非常不错的营销效果。为了吸引用户扫码，可以适当采用一些营销小技巧，例如扫码有机会成为会员，获得优惠券、免单、赠品、打折、抽奖、辨别真伪、无线密码等好处，吸引用户主动对二维码进行扫描。

图 10-2

四、二维码运营的注意事项

二维码运营的目的是引导用户扫描二维码,使其查看企业的各种推广信息。因此,运营人员在制作二维码时需要注意以下事项,才能有效地调动用户积极性,吸引用户扫描二维码并达到运营的目标。

(一)提供有价值的内容

二维码所链接的内容必须是在充分考虑用户需求的前提下制作的,如促销优惠、抽奖活动、礼品领取等用户感兴趣的内容,内容要有一定的吸引力才能刺激用户进行扫描。运营时可以通过一些文字信息说明扫描二维码后能够获得的价值,促使用户扫描二维码。

(二)有效的推广方式

线上投放二维码需要商家结合各种推广手段提升二维码的用户体验,线下投放二维码则要注意投放的地点是否合适。一般来说,公交车、车站的灯箱、电影院候影区等人流较多的地方,其投放效果会比街道广告牌的效果更佳。公交车上的二维码如图 10-3。另外,扫描的落地页(指用户扫描二维码后跳转的页面)要移动化,该页面应是方便用户手机操作动态的页面,切忌链接到 PC 端的网站,避免给用户带来不好的视觉和操作体验,影响运营的效果。

二维码链接的内容一定要简洁明了,页面设计不能太复杂,以直观、易操作为宜，主要内容要展示在手机屏幕的中央，以方便用户阅读和操作。

图 10-3

第三节　知　识　运　营

一、关于知识运营

知识运营内容一直是新媒体运营的重中之重，互联网的快速发展虽然带来了更多的信息，但也产生了信息泛滥、信息超载等负面的影响，降低了用户获取信息的效率与质量。这也使用户对内容质量的要求越来越高，很多用户甚至愿意付费获取有用的内容。

了解并掌握知识运营的相关知识，可以帮助运营人员更好地树立企业形象、开展运营活动。知识运营是通过有效的知识传播方法和途径，将企业所拥有的对用户有价值的知识（包括专业研究成果、经营理念、管理思想以及优秀的企业文化等）传递给潜在用户，使其逐渐形成对企业产品或品牌的认知，并将潜在的用户最终转化为用户的过程和各种运营行为。知识运营是目前新媒体运营不可缺少的一种方式，本节将对知识运营的优势、知识运营的平台、知识运营的策略等进行介绍。

二、知识运营的优势

知识运营的核心是知识，知识的价值是企业开展新媒体运营，获取用户的好感、关注、兴趣，实现转化的关键。知识运营的优势主要表现在以下三个方面。

（一）用户黏性强

知识运营推崇更加理性与独立的消费行为，其目标用户一般只有基于对知识的理解、认可才会产生转化，用户行为比较理性，不容易受其他外在因素的影响。基于此，这种运营方式所带来的用户转化是比较牢靠的，用户黏性也更强。

（二）价值体现高

知识运营以知识的形式来传递运营信息，知识内容就是企业的产品或品牌价值的具体体现，如产品技术原理、产品使用方法、品牌价值延伸等，在本质上就与其他运营信息拉开了差距。知识的档次和价值在用户心中处于更高的地位，其价值体现也就更高。

（三）重新塑造认知

企业开展知识运营主要是通过传递知识信息的方式，增进用户对产品或品牌的了解，这样不仅能使用户接收新知识，还能改变用户对某些认知的错误印象，重新塑造用户对企业产品或品牌的认知体系。在用户越来越重视知识的环境下，企业通过知识运营的方式将运营信息广而告之，可以让用户对品牌产生基本的认知，进而影响用户的固有认知并传递品牌价值。

三、知识运营的平台

知识可以简单理解为一切有价值的内容，传统文化、科学、自然以及他人的经验、见解都可以看作知识。因此根据知识的表现形式，可以总结出目前常见的知识运营平台，主要包括知识写作平台和知识问答平台。

（一）知识写作平台

自媒体时代，越来越多的用户通过新媒体平台来表达自我，人人都是自媒体。而知识更注重的是优质和原创内容的输出，因此也诞生了很多的知识写作平台，除了博客、微博、公众号外，现在主流的自媒体写作平台还包括简书、大鱼号、今日头条、企鹅媒体平台、搜狐号、百家号等。

1. 简书

简书是一个优质的创作社区和内容输出平台，任何人都可以在其上创作自己的作品，并与其他用户交流。简书界面简洁、用户体验效果较好，深受文艺青年和大学生的青睐。简书对文章的原创性要求较高，要想文章入选首页推荐，文章必须为原创，并且具有一定的质量。

由于简书的准入门槛较低，其用户数量和流量都十分可观，所以十分有利于打造个人品牌。用户在简书上持续创作优质文章不仅可以获得大量粉丝，还可能与出版社或其他平台的大V号合作，进一步扩大自己的影响力。

2. 大鱼号

大鱼号是原UC订阅号、优酷自媒体频道账号的统一升级，内容创作者可轻松接入大鱼号，畅游阿里文娱生态的多点分发渠道，获得多产品、多平台的流量支持。第一阶段接入的平台为UC、UC头条、优酷、土豆、淘宝、神马搜索、豌豆荚；第二阶段接入的平台为天猫、支付宝等。

大鱼号升级后，阿里文娱在原有大鱼计划10亿元内容扶优基金的基础上，继续追加10亿元现金投入，为创作者提供现金扶持，进一步激励优秀原创作者及短视频创作的产出。

3. 今日头条

今日头条是一款基于数据挖掘的推荐引擎产品，它基于个性化推荐引擎技术，根据每个用户的兴趣、位置等多个维度进行个性化的信息推荐，推荐内容包括新闻、音乐、电影、游戏、购物等。今日头条还可以根据社交行为、阅读行为、地理位置、职业、年龄等挖掘用户兴趣，提取用户高维度特征，再根据用户特征、环境特征、文章特征的匹配程度快速完成资讯的推荐。今日头条精准的推送能力和丰富的资讯形式，为其赋予了较高的营销价值，其用户多、流量大等特点，也吸引了越来越多的自媒体用户入驻。

4. 企鹅媒体平台

企鹅媒体平台是由腾讯推出的自媒体写作平台，提供开放全网流量、开放内容生产、开放用户链接、开放商业变现四个方面的能力。媒体、自媒体在企鹅媒体平台发布的优质内容，可以通过手机QQ浏览器、天天快报、腾讯新闻客户端、微信新闻插件和手机QQ新闻插件进行一键分发，增加了内容的曝光度和曝光的精准度。通过微社区，该平台还可以帮助媒体、自媒体用户实现与粉丝的互动，方便快速沉淀粉丝群，建立起与粉丝的连接，实现粉丝资源的积累。

5. 搜狐号

搜狐号是搜狐门户网打造的分类内容分发平台，它集搜狐网、手机搜狐网、搜狐新闻客户端三个方面的资源进行推广，个人、媒体、企业、政府部门均可入驻。搜狐个人号面向个人，提供以文字、图片创作为主的内容管理、互动平台，帮助个人用户寻找自己的粉丝，打造自己的品牌。

搜狐媒体号面向报纸、杂志、广播电视台、电台、互联网等媒体开放内容发布平台，与搜狐共享亿万移动用户。搜狐企业号面向企业、机构以及其他提供内容或服务的组织，共享海量流量资源，帮助其扩大自身品牌影响力。

6. 百家号

百家号是百度公司为内容创作者提供的内容发布、内容变现和粉丝管理平台。百家号支持创作者轻松发布文章、图片、视频作品，未来还将进一步支持 H5（HTML5 的简称，即第 5 代超文本标记语言）、VR、直播、动图等更多内容形态。百家号为内容创作者提供广告分成、原生广告和用户运营等多种变现机制，在百家号上发布的内容可以通过手机百度、百度搜索、百度浏览器等多通道进行分发，以便企业获取更多流量，实现粉丝的积累。

（二）知识问答平台

知识问答平台是一种以第三方的角度来帮助用户解决问题的知识平台，其内容在搜索引擎中可以获得较高的权重，能够获得较好的排名，这种知识运营方式能够达到较为精准的运营效果。百度知道、知乎、在行等都是常见的知识问答平台，在这些平台中进行问答的方式有两种：一种是自问自答；另一种是回答别人的提问或者把问题发给其他人回答。不管是哪种方式，都要在剖析用户需求的前提下提供高质量的优质答案。

1. 百度知道

百度知道是由百度搜索自主研发的、基于搜索的互动式知识问答分享平台。在该平台中用户可以根据自身的需求有针对性地提出问题，这些问题的答案又将作为搜索结果，满足有相同或类似问题的用户需求。百度知道不仅可以通过回答问题分享经验与知识，还能在企业的专属问题页面中传播企业的具体业务范围，通过其专属的广告位帮助企业宣传，以便定位更加精确的消费群体并形成转化。

2. 知乎

知乎是一个网络问答社区，用户可以在知乎上提出问题，或与其他人分享知识经验和见解。知乎用户通常都有各自的标签，标签相似的人可以围绕着某一个感兴趣的话题进行讨论，也可以关注其他兴趣一致的人。在知乎上用户通过知识的解答、生产和分享，可以构建具有很高价值的人际关系网，通过交流的方式建立信任关系，从而打造自己的个人品牌。企业可以在知乎中建立自己的官方账号，通过发布专业知识来进行品牌形象建设。

3. 在行

在行是由北京我最在行信息技术有限公司开发的一个分享知识与技能的问答平台。它在传统面对面咨询的方式上进行了优化与改进，通过用户线上填写需求，由用户自由选择获得答案的方式，如一对一面谈、远程通话、小班组团课或个性化定制服务等。在在行中进行运营需要成为行家或顾问，以专家的身份进行知识运营，从而带动线上线下的产品升级，成功打造自己的品牌。

四、知识运营的策略

知识运营面对的是广大的网络用户群体，因此明确其运营策略才能更好地定位用户，将运营信息以知识的形式告知用户，让用户不仅知其然，而且知其所以然，使用户对企业产品或品牌产生深度认知，以激发用户兴趣并促使其决策，进而在用户消费后形成大量的自主传播和分享。

知识运营的策略主要包括自身定位策略、知识运营平台选择策略和转化入口策略。

（一）自身定位策略

要做好知识运营，企业首先要有明确的自我定位。企业在进行自身定位时，需要考虑自身能提供什么有价值的知识，知识的目标用户群体是谁。通常情况下，一个企业的产品、资源等都是有其自身优势的，但就知识运营而言，还需要思考究竟哪方面的优势才能通过知识的形式进行分享转化。

（二）平台选择策略

选择一个合适的知识运营平台，能够获得事半功倍的营销效果。好平台可以为营销提供更多的价值，对知识运营而言，平台的流量、规则和曝光度都非常重要。

1. 流量

流量是选择知识运营平台时的首要考虑因素，流量大的平台通常具有更大的影响力，能为运营内容提供更多的展示机会。一般来说，百度百科、知乎等知识运营平台具有天然的流量优势和推广优势，其用户属性明确、定位精准，且拥有较多的优质内容生产者，企业不管是用自建账号开展知识运营，还是与其他优质创作者合作，都是不错的选择，也容易获得高阅读量。

2. 规则

不同的平台有不同的规则，对于原创性的知识型内容创作者来说，平台规则直接影响着内容的最终影响力。保护原创内容的平台，能更好地树立内容生产者的品牌形象。例如百度知道有强大的搜索与收录功能，企业通过百度知道进行运营不仅能在运营中获得较高的权重，取得较好的排名，还能通过百度的专属广告位增加企业的曝光度，精准定位用户群体，并形成转化。知乎可以使企业通过问题的解答、知识的生产与分享来为用户贴上标签，构建具有很高价值的人际关系网，通过交流的方式建立用户信任关系，从而打造品牌。

好的内容必须依靠好的媒介和渠道进行推广与传播，让更多用户发现和关注，实现其运营价值，因此运营前选择合适的平台是非常重要的。现在的主流知识运营平台因其定位不同，吸引的用户也不同。例如简书的用户大多为文艺青年和大学生，文章类型也以励志故事、情感故事、专业的干货文章为主，其新闻、体育类文章的热度就相对低一些；今日头条的用户多为社会人群，他们对新闻、娱乐等文章比较感兴趣；豆瓣的用户则多为都市青年，他们更关注图书、歌曲、电影、生活等类型的文章。运营人员应该根据具体的运营目的选择适合企业的平台或者全平台进行推广。例如芬必得选择知乎进行知识运营，就是因为知乎是一个受用户认可的 UGC 创作平台，该平台上的用户对专业知识的接受度高，并且乐于传播和分享知识，这些用户都是芬必得的潜在用户，能够为芬必得的产品和品牌形象传播提供口碑。

（三）转化入口策略

不管是通过写作平台还是知识问答平台开展知识运营，任何优质的知识在推出时都需要一个方便用户行动的入口，例如快速关注、直接购买、了解更多、收藏转发等，让用户可以及时通过简单便捷的入口对所接收的信息进行关注。

一般来说，用户刚接收信息时是转化的最佳时刻，时间间隔越长，入口操作越复杂，用户的转化行为就越少。由于知识运营的发布渠道有很多，每个渠道都拥有不同的入口和功能，所以运营人员应选择合适的渠道进行内容的发布，或自己制作方便用户转化的二维码或导向链接。

五、运营模式及盈利

新媒体时代，任何运营方式都不是孤立的，一个合格的运营人员必须了解每一种运营方式，在综合运营的基础上才能获得最大的运营效果。下面将进一步介

第十章 其他新媒体的运营

绍 App 运营、二维码运营和知识运营的相关知识，帮助运营人员进一步理解和掌握新媒体运营的方法。

（一）App 模式进行盈利

1. 移动广告

移动广告是指广告主付费给应用开发者，以 App 为平台向该 App 的使用对象推送广告。这种盈利方式依靠 App 的下载量和使用量，如果 App 比较受欢迎，有较好的用户市场，就能够收到较好的广告宣传效果。

2. 付费下载

付费下载是指 App 开发者开发某应用后，通过应用商店将该应用出售给目标用户使用。该盈利方式的盈利效果根据 App 目标用户对 App 的接受程度而定，如果该目标用户对 App 有兴趣，愿意对其进行付费，则可以获得较好的盈利效果。目前很多小游戏、主题、实用工具等都通过 App 付费下载模式盈利。

3. 附加收费

附加收费是指 App 主程序免费使用，但部分附加功能需要额外收费，如 VIP 功能等。

4. 月租收费

月租收费是指用户在使用 App 时，每个月均需支付一定的费用，才能正常使用该 App 的全部功能。

5. 组合收费

组合收费是指开发者开发众多 App，通过用户比较欢迎的 App 向其他收费 App 进行引流，吸引用户消费其他 App 的功能并进行收费。

（二）二维码的优化

二维码的优化主要包括视觉优化和内容优化两个方面。二维码一般是黑白相间的图形，但二维码的外形可以重新进行设计，二维码的尺寸、颜色、类型或图片，都能够根据企业的需求进行设计。企业可以结合自己的产品特色、品牌理念，添加一些能够展示自身特点的元素，如房地产公司将二维码设计成建筑图片等内容。

二维码可以链接的内容十分丰富，可以是文本、网址、名片、文件、图片等，但由于二维码基于手机设备进行操作，所以首先要考虑手机屏幕的大小与用户操作的便捷性。为了方便用户快速了解二维码链接的内容，二维码被扫描后的打开速度不能太慢，因此不能链接太大的文件内容。对于链接网址来说，尽量设置短链，降低二维码的密度，避免因二维码过密而无法扫描。其次，还要注意二维码的引导

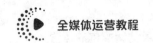

语，要求言简意赅，能够体现出营销目的，或指出消费者能够获得的利益，以引起消费者扫描的兴趣。

（三）知识写作平台的运营价值

知识写作平台的运营价值主要体现在以下几个方面。

1. 打造个人品牌

互联网背景下的网络营销，依靠自媒体这种形式创造价值的不在少数，同道大叔变现就是依靠自媒体渠道不断提升个人影响力，再通过持续不断的内容输出打造具有鲜明标志的个人品牌，积累庞大的粉丝群体，最终实现自媒体运营的变现。不管是哪一个知识写作平台，只要能够坚持提供高质量的内容服务，就能够打造出个人品牌。

2. 导入电商平台

很多自媒体人通过自媒体平台积累了人气后，会选择创建网上店铺，走上电子商务运营的道路，经营与自身定位比较相符的产品，利用自身在行业或圈子里的知名度引导粉丝进行购买，实现高效的价值产出，直接产生经济效益。例如逻辑思维的罗振宇就利用自媒体积累粉丝，再通过网上店铺出售产品。

3. 实行内容付费

现在主流的自媒体平台几乎都开通了打赏的模式，当内容创作者为用户产出了有价值的内容时，喜欢该内容的粉丝就可能进行打赏，这就是内容付费的一种形式。粉丝打赏可以保持创作者的创作热情，知名度大、专业度高的创作者甚至可以开设专栏，供用户选择订阅并进行付费。

思考题

一、什么是自媒体，它有哪些特点？
二、自媒体运营中要注意哪些事项？
三、谈谈你对 App 运营的看法，并列举典型的运营案例进行分析。
四、谈谈你对二维码运营的看法，它主要可应用在哪些行业或领域？
五、搜寻和查找知识运营的相关案例，总结知识运营的盈利模式和优缺点。

参考文献

[1] 陈昌勇."四全媒体"论域下主流意识形态话语影响力的提升[J].长治学院学报,2021,38(04):68-72.

[2] 方提,尹韵公.习近平的"四全媒体"论探析[J].马克思主义研究,2019(10):116-121.

[3] 沈正赋."四全媒体"框架下新闻生产与传播机制的重构[J].现代传播(中国传媒大学学报),2019,41(03):8-14.

[4] 沈阳."四全"媒体的新内涵与技术新要求[J].青年记者,2019(07):29-30.

[5] 崔士鑫.建设"全媒体",推动媒体融合向纵深发展——深入学习习近平总书记"1·25"重要讲话精神[J].传媒,2019(03):30-33.

[6] 陈国权.中国媒体"中央厨房"发展报告[J].新闻记者,2018(01):50-62.

[7] 张梅珍.全媒体时代的传媒发展与新闻传播教育重构[M].武汉:武汉大学出版社,2017.

[8] 余秀才,黄鹏程.全媒体语境下新媒体发展的四个维度[J].编辑之友,2012(08):70-73.

[9] 郜书锴.全媒体:概念解析与理论重构[J].浙江传媒学院学报,2012,19(04):37-42.

[10] 麦尚文.全媒体融合模式研究[M].北京:中国人民大学出版社:新闻传播学文库,2012.

[11] 姚君喜,刘春娟."全媒体"概念辨析[J].当代传播,2010(06):13-16.

[12] 罗鑫.什么是"全媒体"[J].中国记者,2010(03):82-83.

[13] 新华社新闻研究所课题组,刘光牛.中国传媒全媒体发展研究报告[J].科技传播,2010(04):81-87.

[14] 孙开晗.UGC模式下移动音频产品的生产与传播分析——以喜马拉雅FM为例[J].视听,2021(09):180-181.

[15] 唐燕.融媒体时代以UGC为核心的地方高校宣传策略研究[J].新闻传播,2021(17):39-40.

[16] 赵文哲.浅谈 PGC 再度崛起下的短视频转型[J].视听，2020(07):153-154.

[17] 杨茜.科技传播中 OGC、PGC、UGC 的舆论引导角力——以"韩春雨事件"传播为例[J].科技传播，2019,11(10):52-53.

[18] 张谦.浅谈 UGC 理念在广播媒体融合中的应用[J].西部广播电视，2019(04):66+69.

[19] 廖佩伊.UGC、PGC 的社交媒体内容生产方式比较[J].新闻研究导刊，2018,9(16):98.

[20] 傅丕毅,陈毅华.MGC 机器生产内容+AI 人工智能的化学反应——"媒体大脑"在新闻智能生产领域的迭代探索[J].中国记者，2018(07):30-32.

[21] 傅丕毅,徐常亮,陈毅华."媒体大脑"提供了怎样的深度融合新模式[J].新闻与写作，2018(04):11-15.

[22] 新华社发布国内首条 MGC 视频新闻[J].中国记者，2018(01):7.

[23] 西娜.基于 UGC 环境下我国移动短视频的传播现状与优化策略[D].内蒙古大学，2017.

[24] 周勇,郝君怡.全媒体时代的卓越新闻传播人才培养[J].出版广角，2021(07):6-8+25.

[25] 索东汇.全媒体人才队伍建设的三点经验[J].青年记者，2021(01):4-5.

[26] 黄之昊.融媒体背景下 NCRB 传媒集团全媒体人才招聘体系优化研究[D].江西师范大学，2020.

[27] 洪春华,沈天舒.高校传媒：全媒体人才培养的孵化器[J].中国编辑，2020(Z1):111-115.

[28] 唐丹,王安琪.融媒时代"四全媒体"人才培养策略研究[J].新闻世界，2019(12):78-80.

[29] 余清楚.新时代带给新闻人的新要求与新机遇[J].新闻与写作，2019(01):5-9.

[30] 廖茶香.新传播时代传媒人的社会责任[J].新媒体研究，2016,2(21):127-128+146.

[31] 李天宇."大众创业、万众创新"下电视新闻记者的创新之路[J].现代商贸工业，2016,37(23):91-92.

[32] 张昆.考量传媒人才的四个维度[J].青年记者，2015(25):68-69.

[33] 万小广.媒体融合新论[M].北京：新华出版社，2015.

[34] 李晴晴,冯媛媛.虚拟社区中的亚文化传播——以知乎网中的极客文化传播为例[J].新闻世界,2015(06):105-106.

[35] 马渌,郝红霞.跨界融合:全媒体人才的需求与培养路径[J].新闻战线,2014(11):98-100.

[36] 李艳红,龚彦方.作为反思性实践的新闻专业主义——以邓玉娇事件报道为例[J].新闻记者,2014(07):68-77.

[37] 徐承刚.全媒体时代新闻人才的综合素养分析与对策[J].新闻界,2014(02):71-75.

[38] 陈惠贞.服务分众、赢取大众——报业新闻产品创新的趋势和路径[J].新闻战线,2012(10):48 50.

[39] 董湃.传播学视角下的极客文化研究[D].辽宁大学,2011.

[40] 韩瑞芳,赵鑫鑫,李俊男.浅析资讯类自媒体的运营策略——以微信公众号"网易哒哒"为例[J].商展经济,2021(19):41-43.

[41] 吴霞.论新媒体下品牌运营模式[J].经济管理文摘,2021(17):175-176.

[42] 肖赞军,陈思颖.媒体融合"新闻+"运营模式之困及其应对[J].传媒观察,2021(08):29-34.

[43] 吴珂.全媒体时代行业期刊微信公众号的运营创新策略[J].科技传播,2021,13(15):120-122.

[44] 郭思雨.新媒体背景下的"饭圈"运营模式[J].新媒体研究,2021,7(14):65-67.

[45] 张颖.2020年地面频道调研报告 2020年地面频道"全速前进"——盘活资源、搞活经营、用活人才,地面频道推动改革纵深化[J].电视指南,2020(23):24-31.

[46] 崔倓然.情感类微信公众号"新世相"的文本运营及传播策略研究[D].广州体育学院,2020.

[47] 苏涛,彭兰."智媒"时代的消融与重塑——2017年新媒体研究综述[J].国际新闻界,2018,40(01):38-58.

[48] 勾俊伟,哈默,谢雄.新媒体数据分析:概念、工具、方法[M].北京:人民邮电出版社,互联网+新媒体营销规划丛书,2017.

[49] 彭兰.智媒化:未来媒体浪潮——新媒体发展趋势报告(2016)[J].国际新闻界,2016,38(11):6-24.

[50] 赵振.移动互联网时代下网络社群的建构[D].苏州大学,2015.

[51] 丁方舟."理想"与"新媒体":中国新闻社群的话语建构与权力关系[J].新闻与传播研究,2015,22(03):6-22+126.

[52] 潘曙雅,张煜祺.虚拟在场:网络粉丝社群的互动仪式链[J].国际新闻界,2014,36(09):35-46.

[53] 马得勇,孙梦欣.新媒体时代政府公信力的决定因素——透明性、回应性抑或公关技巧?[J].公共管理学报,2014,11(01):104-113+142.

[54] 赵鸿洋,梁振元.让媒体活动策划成为品牌经营的不竭动力[J].新闻传播,2004(08):22-23.

[55] 柯真.智能化背景下"澎湃新闻"全媒体传播的实践与启示[J].宁德师范学院学报(哲学社会科学版),2021(02):44-50.

[56] 段鹏,文喆,徐煜.技术变革视角下5G融媒体的智能转向与价值思考[J].现代传播(中国传媒大学学报),2020,42(02):29-34.

[57] 黄旦.试说"融媒体":历史的视角[J].新闻记者,2019(03):20-26.

[58] 谢新洲,朱垚颖.县级融媒体中心技术应用与发展趋势[J].青年记者,2019(04):9-11.

[59] 谢新洲.县级融媒体中心建设的四梁八柱——融合、创新、引导、服务[J].新闻战线,2019(03):45-47.

[60] 栾轶玫,杨宏生.从全媒体到融媒体:媒介融合理念嬗变研究[J].新闻爱好者,2017(09):28-31.

[61] 孙振虎,刘明君.融媒体环境下时政报道创新路径探析——以2017年两会报道为例[J].现代传播(中国传媒大学学报),2017,39(08):35-38.

[62] 李玮.跨媒体·全媒体·融媒体——媒体融合相关概念变迁与实践演进[J].新闻与写作,2017(06):38-40.

[63] 严三九.中国传统媒体与新兴媒体内容融合发展研究[J].新闻与传播研究,2017,24(03):101-118+128.

[64] 王倩.《光明日报》"融媒体"探索研究[D].湘潭大学,2016.

[65] 尚策.融媒体的构建原则与模式分析[J].出版广角,2015(14):26-29.

[66] 新华社新媒体中心.中国新兴媒体融合发展报告.2014-2015[M].北京:新华出版社,2015.

[67] 柳竹.国内关于"融媒体"的研究综述[J].传播与版权,2015(04):112-114.

[68] 郭全中. 媒体融合:现状、问题及策略 [J]. 新闻记者,2015(03):28-35.

[69] 李良荣,周宽玮. 媒体融合:老套路和新探索 [J]. 新闻记者,2014(08):16-20.

[70] 周建亮. 广东电视融媒体发展研究 [D]. 武汉大学,2013.

[71] 蔡雯. 从"超级记者"到"超级团队"——西方媒体"融合新闻"的实践和理论 [J]. 中国记者,2007(01):80-82.

[72] 高钢,陈绚. 关于媒体融合的几点思索 [J]. 国际新闻界,2006(09):51-56.

[73] 许颖. 互动·整合·大融合——媒体融合的三个层次 [J]. 国际新闻界,2006(07):32-36.

[74] 黄楚新,王丹. 微信公众号的现状、类型及发展趋势 [J]. 新闻与写作,2015(07):5-9.

[75] 谭前进,郭城. 新媒体运营的理论与实操 [M]. 南京:东南大学出版社,2018.

[76] 秋叶,萧秋水,刘勇. 微博营销与运营 [M]. 北京:人民邮电出版社,互联网+新媒体营销规划丛书,2017.

[77] 张向南,勾俊伟. 新媒体运营实战技能 [M]. 北京:人民邮电出版社,互联网+新媒体营销规划丛书,2017.

[78] 何凌南,胡灵舒,李威,张志安."标题党"与"负能量"——媒体类微信公众号的语言风格分析 [J]. 新闻战线,2016(13):42-47.

[79] 周玉兰. 微信公众号的传播特征及问题对策探析——以传统广电媒体微信公众号为例 [J]. 中国出版,2016(03):32-34.

[80] 郭春光. 微信公众号运营与推广一册通 [M]. 北京:人民邮电出版社,2015.

[81] 白佳丽. 自媒体时代微信公众号的传播特性 [J]. 新闻世界,2015(10):78-79.

[82] 刘娅. 新媒体运营与管理概论 [M]. 南京:南京大学出版社,"企业新闻与传播"系列教材,2018.

[83] 罗利琼. 传统媒体微信公众号的运营现状及问题探析——以"央视新闻、人民日报"等为例 [J]. 新闻研究导刊,2015,6(12):13-14.

[84] 王海燕. 传统媒体微信公众号编辑与运营策略分析 [J]. 编辑之友,2015(02):85-88.

[85] 刘景景,杨淑娟,沈阳. 2014年传统媒体微信公众号分析 [J]. 新闻与写作,2014(12):16-19.

[86] 彭巍然,解迎春. 微信自媒体盈利模式研究 [J]. 当代传播,2014(06):78-80.

[87] 王立影. 浅谈微信营销优势及发展前景 [J]. 中国证券期货,2013(09):262-

263.

[88] 蔡怡文.传统纸媒微博运营的新探索——以《人民日报》新浪官方微博为例[J].传媒观察,2013(01):24-25.

[89] 喻国明.中国媒体官方微博运营现状的定量分析[J].新闻与写作,2013(01):84-87.

[90] 瞿旭晟.政务微博的管理风险及运营策略[J].新闻大学,2011(02):151-155.

[91] 苏浩军,李国红.媒体微博营销的功能和类别[J].新闻战线,2011(03):52-54.